宮崎　勇
田谷禎三　著

世界経済図説

第二版

岩 波 新 書

657

目次

図版作製＝五島工房

一　世界経済の輪郭

「日本国民は、恒久の平和を念願し、人間相互の関係を支配する崇高な理想を深く自覚するのであつて、平和を愛する諸国民の公正と信義に信頼して、……」（日本国憲法・前文）

①国の数、国土　国家とは、一般的に、一定の領土とその住民を治める自主的な権力組織と統治権とをもつ政治社会で、国際的には領土、人民、主権をもつ独立の対象と認められているものをいう。いま、国の総数は一九〇ヵ国(一九九九年三月末)で、うち国連に加盟している国は一八五ヵ国である。

歴史的にみると、国の数は第二次大戦後、増加傾向にある。上述の一九〇ヵ国の独立した年をみると、一九六〇年代にアフリカで多くの国が独立したのについで、一九九〇年代は国の増加が多い年代になる。世界は、民族的な結びつきを中心に細分化していく方向にあるといえる。同時に、経済的に国境がなくなるにつれて、地域化という動きも強まっている。

これらの国家、それに特定国の領有下あるいは保護下にある地域もあり、それらの国・地域群が地球の陸地一億三六〇〇万平方キロメートル(南極を含めると一億五〇〇〇万平方キロ)に共存している。国土面積からみた大国はロシア、カナダ、アメリカ、中国、ブラジル、オーストラリアで、インドやアルゼンチン、カザフスタンなどがそれについでいる。逆に、狭い国は、カリブ海、ついで南太平洋の島嶼諸国に多い。ちなみに、日本は三七万八〇〇〇平方キロメートルで全陸地面積の〇・三%、世界の一ヵ国平均の約半分で、大きさの順序からいうと六〇番目になる。

東西ドイツは再統一され(一九九〇年一〇月)、香港もマカオも平和裡に中華人民共和国に返還された。しかし、朝鮮半島の二国はまだ人為的に分断されたままである。

世界の国とその国土

地域，主要国・グループ	国数	面積(万km²)	%
アジア	37	2,755.7	20.3
日本		37.8	0.3
中国		959.7	7.1
インド		328.8	2.4
ASEAN 諸国[1)]	9	430.1	3.2
中東	15	617.3	4.6
オセアニア	14	854.0	6.3
オーストラリア		774.1	5.7
アフリカ	53	2,998.3	22.1
サハラ以北	5	575.4	4.2
サハラ以南	48	2,422.9	17.9
南ア共和国		122.1	0.9
ヨーロッパ	39	506.6	3.7
EU 諸国[2)]	15	324.4	2.4
ドイツ		35.7	0.3
フランス		55.2	0.4
イタリア		30.1	0.2
イギリス		24.4	0.2
NIS 諸国[3)]	12	2,210.2	16.3
ロシア		1,707.5	12.6
カザフスタン		271.7	2.0
ウクライナ		60.4	0.4
北アメリカ	23	2,230.1	16.4
北米	2	1,960.0	14.4
中米	8	248.0	1.8
NAFTA 諸国[4)]	3	2,155.8	15.9
アメリカ		962.9	7.1
カリブ諸国	13	22.1	0.2
南アメリカ	12	1,776.5	13.1
ブラジル		854.7	6.3
計[5)]	190	13,564.1	100

世界190ヵ国の独立年

年	国数
1942年以前	67
1943－49	14
1950－59	8
1960－69	43
1970－79	25
1980－89	8
1990－99.3	25
合　計	190

注：1) 東南アジア諸国連合加盟諸国
インドネシア，フィリピン，マレーシア，シンガポール，タイ，ブルネイ，ベトナム，ラオス，ミャンマー.
2) 欧州連合
オーストリア，ベルギー，デンマーク，フィンランド，フランス，ドイツ，ギリシャ，アイルランド，イタリア，ルクセンブルク，オランダ，ポルトガル，スペイン，スウェーデン，イギリス.
3) 新独立国
旧ソ連の新独立国のうちエストニア，ラトビア，リトアニアを除く12ヵ国.
4) 北米自由貿易協定締結国
カナダ，メキシコ，アメリカ.
5) 世界面積は独立国以外の地域，特にグリーンランドを含めたりするため独立国合計より若干大きくなっている.

資料：外務省外務報道官編集「1999年版 世界の国一覧表」(財)世界の動き社.

②人口・民族　世界の人口は、一九九九年秋に約六〇億人に達したとみられる。大雑把にいえば、そのうち約六割はアジアに生き、また、アフリカ、西ヨーロッパ、南北アメリカにそれぞれ一割前後が暮らしている。

国別にみると、一億人以上の人口を持った国は一〇ヵ国で、大きい順からみると、中国、インド、アメリカ、インドネシア、ブラジル、ロシア、パキスタン、日本、バングラデシュ、ナイジェリアである。しかし、これらの国の中でも人口動態に変化があり、順位は中・長期的には変動がある。先進二三ヵ国(トルコを除くOECD加盟国)は世界人口の約一五%(約九億人)を占めるが、日本を典型として、増加率は低下傾向にある。

この世界人口は、約七〇〇〇〜八〇〇〇の民族から成り立っているといわれる。いわゆる国家が一九〇、行政組織としての地域が五〇ほどあるわけだから、ほとんどの国家・地域が多かれ少なかれ複数民族で構成され、そして少数民族を含んでいる場合が多い。最も細分化された地域の一つであるヨーロッパですら、多くの国が少数民族問題を抱え、ときに自治権拡大を求め、分離・独立を求める動きなどが見られる。イギリスのアイルランド問題は宗教問題を含んだものであり、さらにソ連の崩壊によって、旧ソ連・東欧内の民族がときに相争い、旧ユーゴスラビアでは武力的な抗争を惹き起している。イスラエルとアラブ諸国との抗争も、東チモールのインドネシアからの独立も複雑な民族対立である。民族は人種、言語、風俗だけでなく、宗教、価値観、帰属意識を共有し、それだけに異民族の共存の問題は重要である。

世界の人口分布(1998年)

地域，主要国・グループ	万人	%
アジア	355,076	60.0
日本・NIEs・ASEAN・中国	196,028	33.1
日　本	12,609	2.1
中　国	122,718	20.7
NIEs	7,747	1.3
ASEAN	52,954	8.9
その他中東以外のアジア	136,596	23.1
インド	96,238	16.3
中　東	22,071	3.7
オセアニア	2,948	0.5
オーストラリア	1,853	0.3
アフリカ	74,473	12.6
ナイジェリア	11,790	2.0
ヨーロッパ	51,485	8.7
EU	37,423	6.3
ドイツ	8,207	1.4
フランス	5,861	1.0
イタリア	5,752	1.0
イギリス	5,901	1.0
NIS 諸国	28,418	4.8
ロシア	14,731	2.5
カザフスタン	1,580	0.3
ウクライナ	5,070	0.9
南北アメリカ	79,325	13.4
NAFTA	39,227	6.6
アメリカ	26,764	4.5
カナダ	3,029	0.5
メキシコ	9,435	1.6
その他中南米・カリブ諸国	39,564	6.7
ブラジル	16,369	2.8
合　計	591,725	100

注：NIEsとASEANを同時に表記する場合，シンガポールはNIEsにいれ，ASEANからは除く．
資料：「The World Bank Atlas」1999.

主な母国語人口

(100万人)

中国語	1,069
マンダリン(標準語)	834
英　語	443
ヒンズー語	352
スペイン語	341
ロシア語	293
アラビア語	197
ベンガル語	184
ポルトガル語	173
マレー・インドネシア語	142
日本語	125
フランス語	121
ドイツ語	118
ウルドゥー語	92
パンジャブ語	84
韓国・朝鮮語	71
合　計	4,639

主な公用語人口比

(%)

英　語	27.0
中国語	19.0
ヒンズー語	13.5
スペイン語	5.4
ロシア語	5.2
フランス語	4.2
アラビア語	3.3
ポルトガル語	3.0
マレー語	3.0
ベンガル語	2.9
日本語	2.3
合　計	88.8

資料：「Philip's International World Atlas」1999.

主な宗教人口

(100万人)

キリスト教	1,667	ヒンズー教	663
カトリック	952	仏　教	312
プロテスタント	337	儒　教	172
ギリシャ正教	162	部族宗教	92
英国国教会	70	ユダヤ教	18
その他	148	シーク教	17
イスラム教	881	合　計	3,822
スンニ派	841		
シーア派	40		

資料：同上.

③国民総生産　国の経済力を表す指標には、所得(フロー)、富(ストック)のほか労働力、資本力、技術力、情報力などさまざまなものがあるが、一般的にGNP(国民総生産=一年間に生産した財・サービスの合計。国内生産にかかわるもののみの合計はGDP=国内総生産という)がよく使われる。為替換算に問題があるが、一九九七年の世界のGNPの総額は三〇・〇兆ドル程度と推計される。

一九六五年から九七年にかけて国別にも地域別にも、世界の中に占めるシェアが大きく変動してきている。別の言葉でいえば、この間の成長率に差があったということである。この間、シェアが上昇したのはアジアとヨーロッパであり、低下したのはアメリカ、それに旧ソ連・東欧であった。とくに目立ったのは日本とアジアNIEs(新興工業経済地域)で、シェアが四〜七倍になった。もちろん、シェア自体は二六%(一九九七年)とアメリカが最も大きく、ついで日本の一六・一%で、両者を合わせると四二・一%、それにEU(二八・六%)を加えると、この三極で七割を占める。旧ソ連・東欧はソ連崩壊後とくに低下していると思われる。

世界の人口の分布はGNPのそれと異なっているから、当然、一人当りのGNPの順位なども変わってくる。為替市場におけるレートで換算すると日本は三万八一六〇ドル(九七年)で、いちどはアメリカの二万九〇八〇ドルを追い越したが、その後日本の成長率低下で再び逆転した。

南北間の一人当り所得格差は、人口増加率の差もあって、これまで拡大してきている。

地域・国別GNPとその推移

地域・国	GNPシェア(%) 1965	75	85	95	97	65-97増減	GNP(100万ドル) 1997	1人当りGNP(ドル) 1997
アジア	13.8	20.5	20.9	30.0	26.8	13.0	8,027,552	12,694
日本・NIEs・ASEAN・中国	9.1	15.3	16.6	25.8	24.9	15.8	7,474,392	12,132
日本	4.1	8.1	10.9	17.9	16.1	12.0	4,812,103	38,160
中国	3.3	5.2	2.5	2.7	3.5	0.2	1,055,372	860
NIEs	0.5	0.8	1.6	3.3	3.4	2.9	1,028,435	20,350
ASEAN	1.3	1.1	1.6	1.9	1.9	0.6	578,483	4,193
その他中東以外のアジア	3.3	2.2	2.1	1.7	1.8	−1.5	553,159	563
インド	2.4	1.4	1.6	1.2	1.2	−1.2	357,391	370
中東	1.4	3.2	2.2	2.4	2.4	1.0	720,256	7,269
オセアニア	1.4	1.5	1.6	1.4	1.5	0.1	449,844	4,080
オーストラリア	1.1	1.3	1.4	1.2	1.3	0.2	382,705	20,650
アフリカ	2.3	2.7	3.0	1.7	1.7	−0.6	509,049	989
ヨーロッパ	28.4	31.8	25.6	31.6	31.5	3.1	9,440,828	17,215
EU	23.6	24.3	22.2	28.8	28.6	5.0	8,584,366	23,667
ドイツ	6.4	7.9	5.3	8.1	7.7	1.3	2,320,985	28,280
フランス	4.3	5.2	4.2	5.2	5.1	0.8	1,541,630	26,300
イタリア	2.7	2.6	3.0	3.9	3.9	1.2	1,160,444	20,170
イギリス	4.6	3.5	3.8	4.0	4.1	−0.5	1,231,269	20,870
NIS諸国	12.6*	10.7*	9.5*	1.8	1.8	–	534,957	1,000
ロシア	–	–	–	1.2	1.3	–	394,861	2,680
カザフスタン	–	–	–	0.1	0.1	–	21,317	1,350
ウクライナ	–	–	–	0.3	0.2	–	52,625	1,040
南北アメリカ	41.6	32.9	39.3	33.3	34.3	−7.3	10,294,234	4,365
NAFTA	37.7	28.6	35.3	28.8	29.1	−8.6	8,726,695	17,473
アメリカ	34.5	24.9	31.2	25.6	26.0	−8.5	7,783,092	29,080
カナダ	2.3	2.6	2.8	2.1	2.0	−0.3	594,976	19,640
メキシコ	1.0	1.0	1.3	1.1	1.2	0.2	348,627	3,700
その他中南米・カリブ諸国	3.7	4.2	3.9	4.6	5.2	1.5	1,567,539	3,090
ブラジル	1.0	1.8	1.8	2.1	2.6	1.6	784,044	4,790
合計/平均	100	100	100	100	100	0	29,976,720	6,724

注：EUは現15ヵ国の合計．NIS諸国は旧ソ連の新独立国のうちエストニア，ラトビア，リトアニアを除く12ヵ国の合計．＊旧ソ連の値．

資料：「The World Bank Atlas」1967, 1977, 1987, 25th Anniversary Edition, 1997, 1999,「World Debt Tables 1995」,「World Debt Tables」1996, vol. 2. 旧ソ連のGNPはIMF「The Economy of the Former USSR in 1991」およびIMF「World Economic Outlook」May 1992. 台湾の一部のデータは行政院主計処「国民経済動向統計季報」による．また，一部のデータは欠落のため推計による．

④産業構造　一般的に、開発途上国は農業・林業といった第一次産業のウェイトが高く、経済発展をするにつれて製造工業を中心にした第二次産業のウェイトが高まり、さらに商業・運輸・通信・情報などの第三次産業が伸びてくる（ウィリアム・ペティの法則、コーリン・クラークの法則）。もっともアメリカのように第二次、第三次産業のウェイトが高くなったからといって、第一次産業の生産性、規模が国際的に劣ってきたわけではなく、世界で最も生産性が高く、生産量も大きい農業をもっている国もある。それぞれの国の自然条件、資源条件によって、産業構造には特有のものがある。サウジアラビア、クウェートなどは高所得国ではあるが、鉱業（石油）のウェイトが高い。

産業構造は所得の分布、就業者の配分などからみることができるが、先進国の中でもドイツ、スイス、オーストリア、日本などは製造業の比重が高い。他方、アメリカ、カナダ、イギリス、オーストラリア、ベネルックス・スカンジナビア諸国などでは製造業のウェイトは低く、サービス産業、とくに近年は情報産業のウェイトが高い。ＮＩＥｓの中では、香港、シンガポールなどは第一次産業はほとんどなく、金融・商業などのウェイトが高い。

それぞれの国の特性があるから、同じような形で高度化（農→工→サービス）が進むわけではない。各国経済が完全に自由化されていれば、比較優位の原則が働いて、それぞれ所を得た分業体制ができるはずである。しかし、現実には国によって産業・貿易政策が異なり、また時には〝弱肉強食〟の法則が働いて、すっきりした分業体制ができているわけではない。

先進諸国の雇用構造の変化（OECD平均）

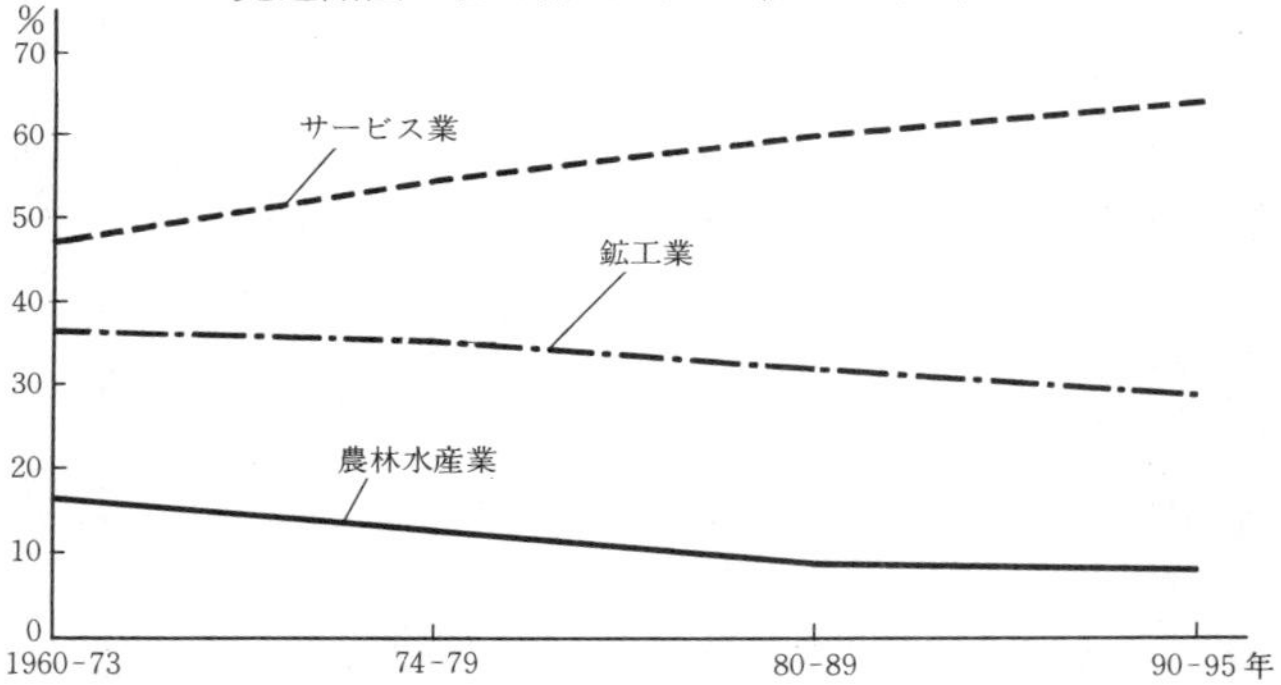

資料：OECD「Historical Statistics 1960-95」1997.

主要先進国の生産・雇用構造

（1995年，%）

	日本		アメリカ		ドイツ		OECD平均	
	生産額	雇用者	生産額	雇用者	生産額	雇用者	生産額	雇用者
第1次産業	1.9	5.7	1.8	2.9	1.0	3.3	2.4	8.0
第2次産業	38.0	33.6	26.3	24.0	33.1	37.5	29.4	27.4
製造業	24.7	22.5	18.0	16.4	24.1	27.0	19.8	17.8
第3次産業	60.0	60.7	71.9	73.1	65.8	59.1	68.2	64.6

注：第1次産業は農林水産業．第2次産業は鉱業，製造業，建設業に加えて電力・ガス・水道を含む．第3次産業はそれ以外のサービス業．ここで，雇用者は非軍事雇用者．アメリカの生産額は1994年．

資料：同上．

発展途上諸国の雇用構造

（1995年，%）

	アジア	中南米	東欧
第1次産業	54.8	22.7	32.7
第2次産業	20.8	22.6	31.4
製造業	14.3	14.1	22.7
第3次産業	24.4	54.7	35.9

注：雇用は非軍事雇用．アジアは中国を含む17ヵ国，中南米は21ヵ国，東欧は6ヵ国の加重平均．アフリカについてはデータ不足で含めず．

資料：同上．

⑤天然資源・エネルギー分布　人間は、さまざまな資源を直接または加工して使い、経済活動を営んでいる。広い意味では「人的資源」としての労働力や、最近のように「環境資源」も含まれるようになった。「観光資源」といった言葉も使われている。

このうち有形的な天然資源の中には、再生可能な資源と、反復ないし有効利用はできるが究極的には元に戻らず枯渇してしまうものがある。農林・水産資源はどちらかといえば前者であり、石油・鉱産物は後者で、そこから〝資源有限〟ということがいわれている。

主要エネルギー資源である石油、天然ガス、石炭の埋蔵量分布をみると、石油については中東が六四％、天然ガスについては中東、ロシアが六七％と圧倒的なシェアをもち、石炭についてはアメリカ、ロシア、中国、オーストラリアなどが大きいシェアを占めている。石炭の場合は世界に分散しており、OECD諸国で四五・四％のシェアを持っているが、石油は一〇・二％、天然ガスは九・七％のシェアしかない。

金属資源の埋蔵分布も一部の国、地域に偏在している。鉄鉱石は中国、ウクライナ、ロシア、オーストラリア、アメリカの五ヵ国で約七割を占めている。銀、銅、ボーキサイト、錫、ニッケルなどについても上位の三〜六ヵ国で全体の五〇〜七〇％を占めている。

しかし、経済の発展度合い、当該資源の品質などから、埋蔵分布と生産分布は必ずしも一致しない。以前は、「持てる国」と「持たざる国」の間で経済的利害が異なることから、しばしば政争、国際紛争の原因となった。今日でも、資源は一つの大きな国際的問題である。

石油埋蔵量分布

（1998年末）

確認埋蔵量：10,529億バーレル	確認埋蔵量のシェア(%)
北アメリカ	3.5
アメリカ	2.9
ラテン・アメリカ	13.0
メキシコ	4.5
ベネズエラ	6.9
ヨーロッパ	2.0
ノルウェー	1.0
イギリス	0.5
旧ソ連	6.3
ロシア	4.6
カザフスタン	0.8
アゼルバイジャン	0.7
中東	64.0
サウジアラビア	24.8
イラク	10.7
アラブ首長国連邦	9.3
クウェート	9.2
イラン	8.5
アフリカ	7.0
リビア	2.8
ナイジェリア	2.1
アジア，オセアニア	4.2
中国	2.3
世界合計	100.0
OPEC	76.0
OECD	10.2

天然ガス埋蔵量分布

（1998年末）

確認埋蔵量：146兆 m^3	確認埋蔵量のシェア(%)
北アメリカ	4.4
アメリカ	3.2
カナダ	1.2
ラテン・アメリカ	5.5
メキシコ	1.2
ベネズエラ	2.8
ヨーロッパ	3.6
オランダ	1.2
ノルウェー	0.8
旧ソ連	38.8
ロシア	32.9
トルクメニスタン	1.9
カザフスタン	1.3
中東	33.8
イラン	15.7
カタール	5.8
アラブ首長国連邦	4.1
サウジアラビア	4.0
イラク	2.1
アフリカ	7.0
アルジェリア	2.5
ナイジェリア	2.4
アジア，オセアニア	6.9
マレーシア	1.6
インドネシア	1.4
世界合計	100.0
OECD	9.7
EU	2.3

石炭埋蔵量分布

（1998年末）

埋蔵量：9,842億トン	確認埋蔵量のシェア(%)
北アメリカ	25.9
アメリカ	25.1
ラテン・アメリカ	2.4
ヨーロッパ	12.4
ドイツ	6.8
旧ソ連	23.4
ロシア	15.9
ウクライナ	3.5
カザフスタン	3.5
アフリカ，中東	6.2
南アフリカ	5.6
アジア，オセアニア	29.7
中国	11.6
オーストラリア	9.2
インド	7.6
世界合計	100.0
OECD	45.4

注：確認埋蔵量とは現在の技術・価格条件の下で採掘可能な量.

資料：BPAMOCO「Statistical Review of World Energy」1998.

主要国埋蔵鉱量の比率（1996年）

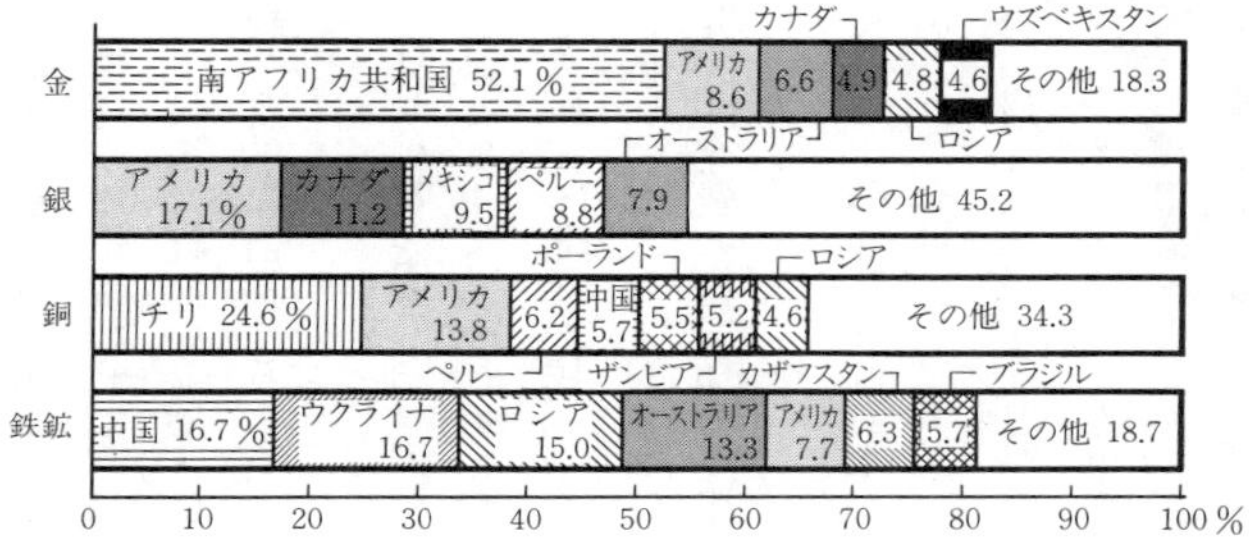

資料：U.S. Geological Survey「Mineral Commodity Summaries」January 1999.

⑥技術　財やサービスの生産は、原材料、労働力、資本が揃って行われるものであるが、その効率を決めるものは技術である。つまり、技術は生産要素をいかに巧みに組合わせて、効率的に品質のいいものを作るかという手法・技法である。したがって、技術は経済の発展・成長を左右するものである。しかし、技術の水準や進歩のスピードを経済学的に計測することは困難であり、したがって国際比較を厳密に行うこともむずかしい。

技術の向上は研究・開発・応用の各段階によって可能となる。OECD加盟二四ヵ国の研究・開発支出(R&D)は、GDP比で二%以上が基調的になっているのは日本、スウェーデン、ドイツ、アメリカ、スイス、フランスである。これらの国は例外なく研究・開発が民間企業中心に行われている。政府、教育機関(大学等)などの役割は相対的に低い。ただし、日本を除き各国、とくにアメリカでは最近減少しているものの軍部による研究・開発費の絶対額の支出は多い。

研究・開発努力の一つの成果として、特許の出願がある。国内特許の出願件数では日本が圧倒的に多く、アメリカの八倍近くになっている。その他の国ではドイツ、イギリス、フランスがそれに次いでいる。ただし、外国への特許出願件数ではアメリカが最も大きい。

技術は本質的に普遍的なものであり、発展の成果は万人を潤おすべきものである。しかし、現実にはそれが国際競争力を左右するものであるから、近代国家では、軍事機密と並んで民間技術の保護に意を払っている。知的所有権の問題が、その意味で注目されている。

主要国における研究費の対国内総生産(GDP)比の推移

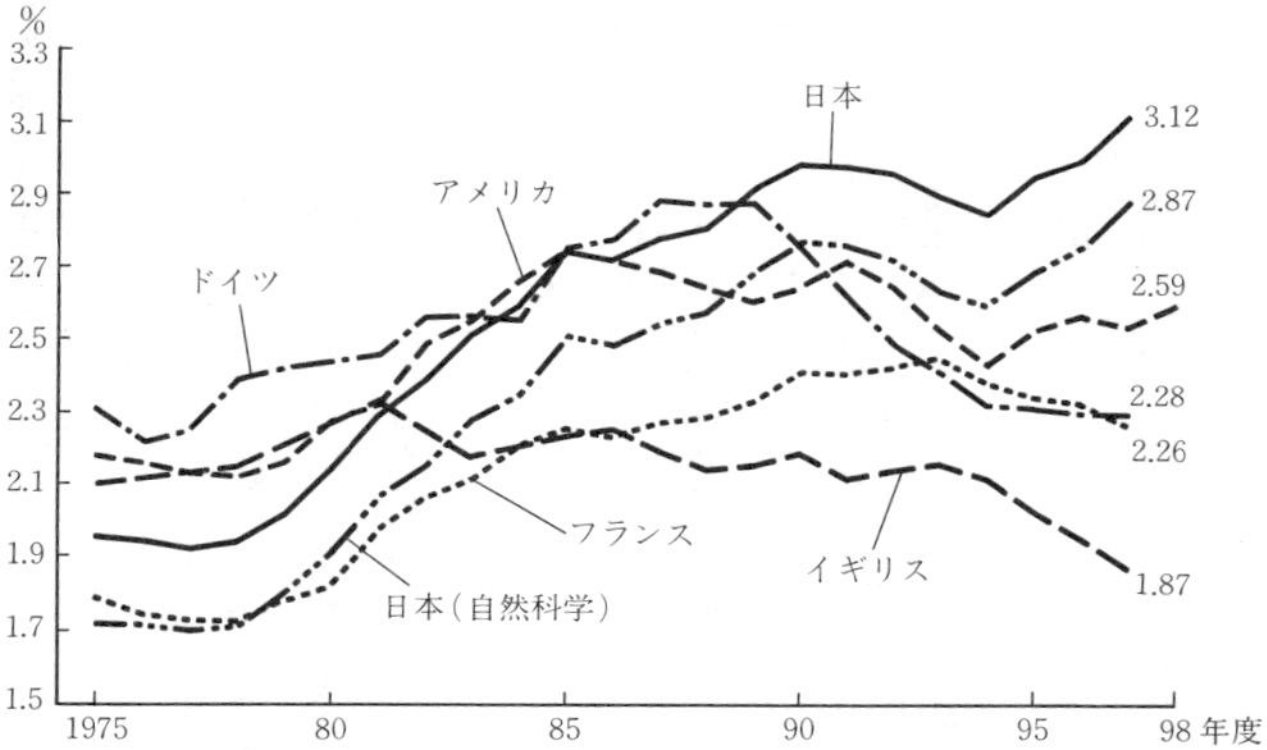

注：1)国際比較を行うため，各国とも人文・社会科学を含めている．
なお，日本については内数である自然科学のみの値を併せて表示している．
2)日本は，1996年度よりソフトウェア業が新たに調査対象業種になっている．
3)アメリカは暦年の値で，1997，98年度は暫定値である．
4)ドイツの1996，97年度，フランスの1997年度は暫定値である．
5)ドイツ，イギリスの統計数値のない年度は前後の年度を直線で結んでいる．

資料：「科学技術白書 平成11年版」．

主要国の研究開発活動シェア(1997年)

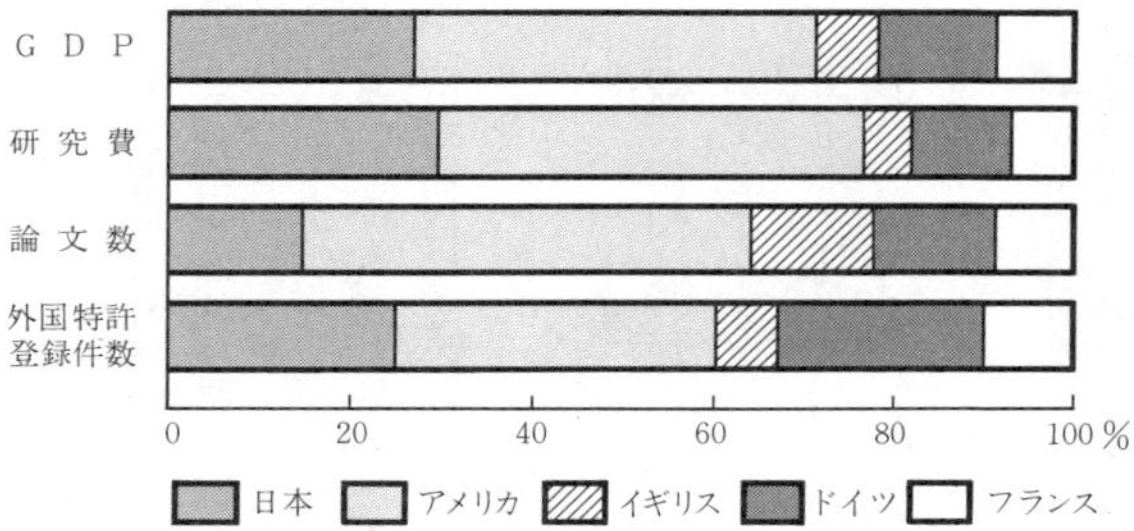

資料：同上．

⑦交通・情報通信　世界経済は、情報通信の発達を通じて情報化され、市場経済の一体化を加速化している。

人とモノの移動については産業革命以来、陸上、海上それに航空などの交通手段が果してきた役割は大きかった。これらの交通網は国際的に広がり、それぞれ大量輸送化とスピードアップが図られ、今でも役割が大きい。輸送機関別では船舶や鉄道による輸送は伸び率が低下し、航空機による輸送の伸びが高まっている。

しかし近年、交通より大量かつ高速で移動・伝達されるようになって、経済的・社会的に大きなインパクトを与えてきているのが、通信による情報である。情報通信はその媒体によって電気通信系と非電気通信系に分かれる。前者には電話、放送など、後者には郵便、新聞、雑誌などがある。このうち前者の方が伸び率が高く、後者の伸びは鈍い。とくに技術面での電気通信網のデジタル化、通信衛星や光ケーブルによる基幹通信網の整備、規制緩和などにともなう電話回線を使った情報伝達量の飛躍的な伸びが目立っている。なかでもインターネットの急速な普及は革命的なもので産業構造、物流構造、金融構造などを一新しつつあるだけでなく、教育、消費、医療などの分野でも内容が激変しつつある。

電話回線、放送、テレビなどを通じて最も強く結びついている地域は、ヨーロッパ、北米、日本とその周辺国で、三極化がみられる。ここでは為替、証券、それに商品先物の取引等が二四時間体制、リアルタイムで行われ、この点で世界は著しく狭くなった。

世界の飛行機による旅客輸送量
（1950-98年）

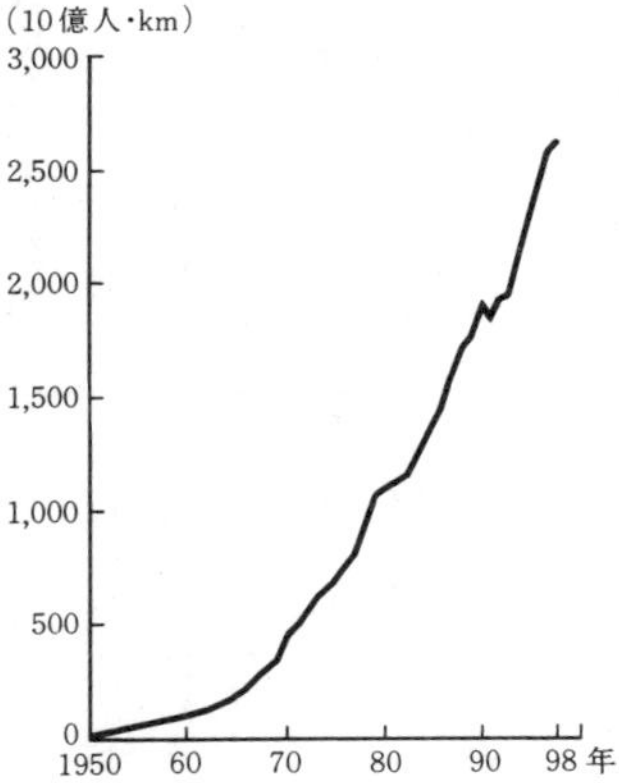

資料：同右.

世界の自動車生産台数
（1950-98年）

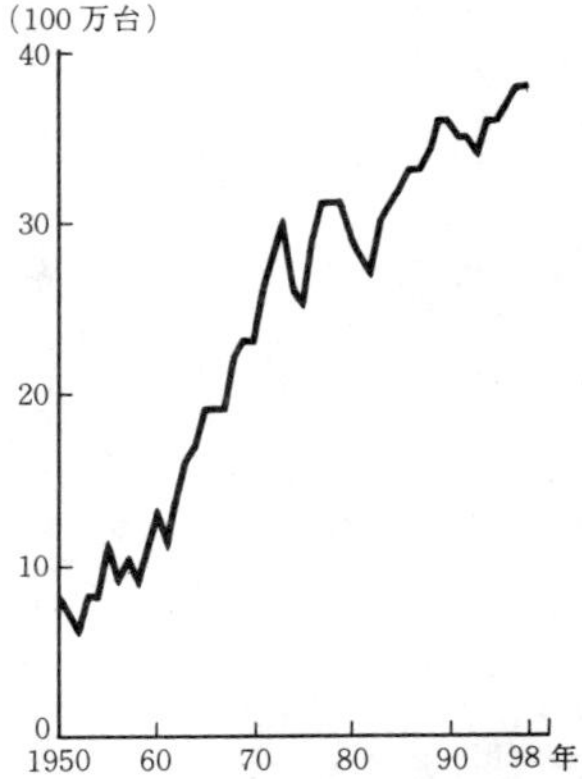

出所：ワールドウォッチ研究所「地球データブック 1999-2000」ダイヤモンド社.

自動車電話・携帯電話の加入契約数

（1997年末現在）

	加入数（1,000契約）	100人当り契約数		加入数（1,000契約）	100人当り契約数
アメリカ	54,041	20.17	スウェーデン	3,187	36.01
日本	28,746	22.88	マレーシア	2,235	10.31
中国	13,835	1.11	フィンランド	2,148	41.79
イタリア	11,730	20.39	タイ	2,146	3.54
イギリス	8,344	14.14	香港	2,086	32.09
ドイツ	8,252	10.06	アルゼンチン	2,010	5.63
韓国	6,822	14.83	メキシコ	1,758	1.82
フランス	5,792	9.88	オランダ	1,700	10.90
オーストラリア	5,458	29.45	ノルウェー	1,685	38.21
ブラジル	4,598	2.88	トルコ	1,610	2.53
スペイン	4,337	11.03	ポルトガル	1,507	15.38
カナダ	4,162	13.74			
			世界計	205,901	3.52

注：100人当り契約数は1997年の年央推計人口で算出.
資料：シーメンス「International Telecom Statistics」1999.

⑧政治と経済　経済という言葉には、三つの意味がある。『広辞苑』によれば、「経済」は「①国を治め人民を救うこと。経国済民。政治。②人間の共同生活の基礎をなす財・サービスの生産・分配・消費の行為・過程、並びにそれを通じて形成される人と人との社会関係の総体。転じて、金銭のやりくり。③費用・手間のかからないこと。倹約。」と定義されている。英語の辞書でも、「ポリティカル・エコノミー」として①の意味と、「セイビング」として③の意味がのべられている。②は、しばしばマルクス経済学でも使われる意味である。

もともと政治と経済は不可分のもので、政治的に不安定であれば経済の安定も成長もない。逆に、経済が混乱していれば、政治的安定はない。その例はあげるにいとまないものがあるが、冷戦終結後、経済的混乱がつづくなかで政治的にも混迷しているのがロシアであり、経済的安定と成長にある程度成功したから政治的にも安定したのが中国であるといえよう。政治が先か経済が先かむずかしいところであるが、「恒産なきものは恒心なし」「衣食足りて礼節を知る」「貧すれば鈍する」ということからみれば、少なくとも最低限の経済的安定が先といえよう。

節約・倹約という言葉は、別の経済学的表現をすれば高貯蓄・高生産性ということである。できるだけ少ない労働・資本・資材の投入でできるだけ多くの生産をあげる、といってもよいし、与えられた生産要素で生産を極大化するといってもよい。近代経済学では、「経済」をこの狭義の意味で使うことが多い。それは一面で計量経済学の進歩を促したが、他面、経済問題から歴史性や倫理性を捨象してしまったとも批判されている。

主要先進国の貯蓄率

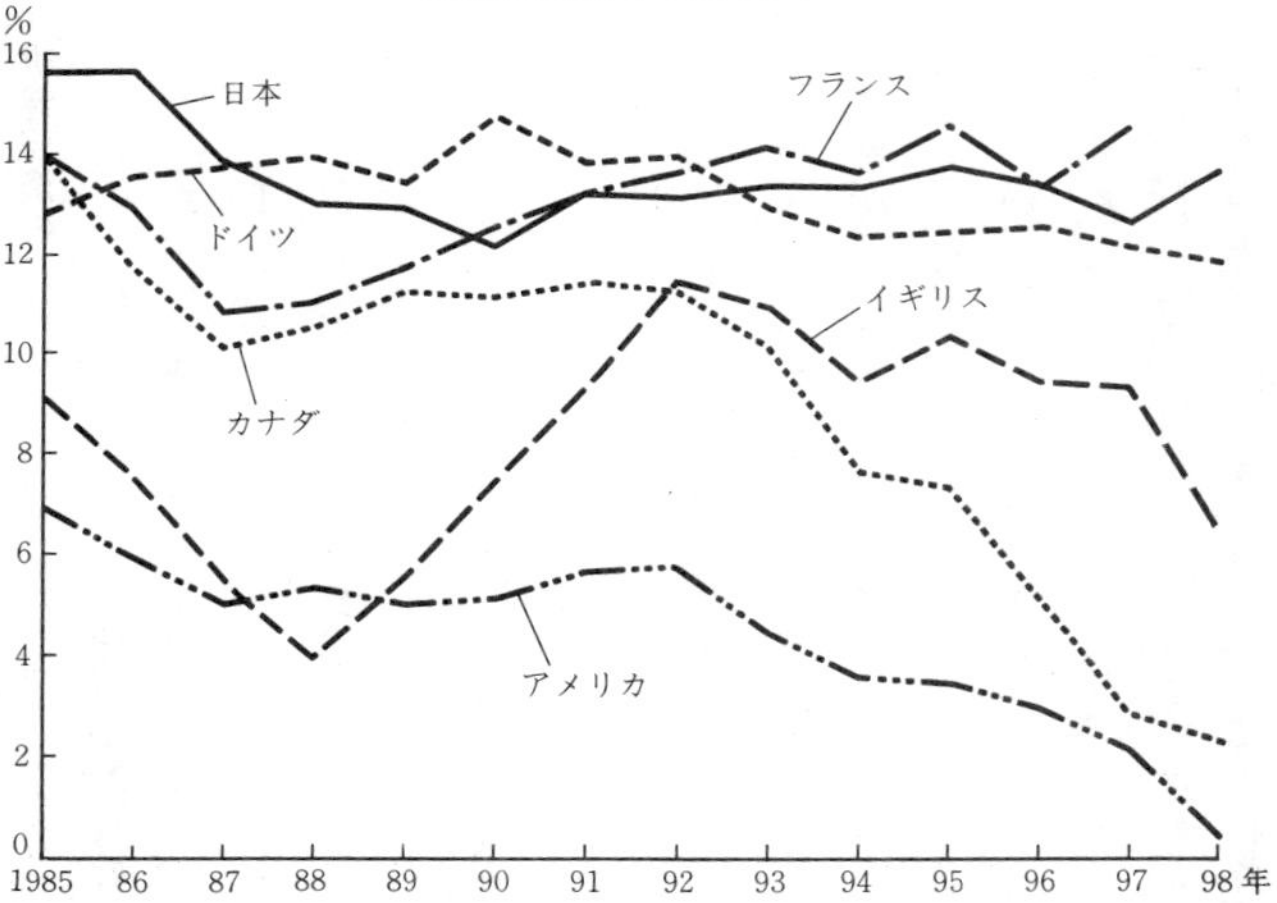

注：アメリカ，カナダ，ドイツは個人貯蓄率，日本，イギリス，フランスは家計貯蓄率．
資料：各国統計．

労働生産性の年平均伸び率

(%)

	1960-73	1973-79	1979-89	1989-95	1960-95
アメリカ	2	0.2	0.7	0.9	1.2
日　　本	8.2	2.8	2.6	1.1	4.4
ド イ ツ	4.1	2.7	1.5	2	2.7
フランス	4.7	2.3	2	1	2.9
イギリス	2.8	1.3	1.9	1.5	2.1
O E C D	3.8	1.7	1.4	0.9	2.3

注：労働生産性の伸び率は就業者 1 人当り実質 GDP 伸び率．アメリカの 1994 年の数字は不明．ドイツについては，1992 年からは統一ドイツ，それ以前は西ドイツ，但し，1991 年の数字は不明．
資料：OECD「Historical Statistics 1960-95」1997.

⑨世界経済の一体化　それぞれの国で分業体制が進んでくると、経済発展がそれだけ進んでくる。同時に「規模の経済」と「比較優位」のメリットを享受するために、開放政策・自由化政策が推進されて、発展はより加速化される。これが市場経済のメリットであり、第二次大戦後はGATT（関税と貿易に関する一般協定）を軸にして世界経済は成長・発展してきた。日本の一九六〇〜七〇年代の高度成長も、八〇年代から九〇年代前半のアジアの高度成長も、貿易をテコにして実現してきた。

その過程で、モノ、ヒト、カネ、技術、情報が次第に国境を越えて移動するようになり、〝市場経済のグローバリゼーション〟という言葉も出てきた。〝一つの世界〟に向けて経済が発展してきている。

しかし、〝一体化〟は一挙に実現するものではない。当面は主権を持つ国家間の利害が十分に調整されずに、むしろ摩擦や対立が生ずる場合が多い。それというのも、国によって経済発展の諸条件が違い、各国は自国に最も有利なようにその諸条件を揃えようとするからである。いわば国益と国際益がぶつかり合うケースがあるのである。

そこで、世界経済一体化の前段階として、地域的な経済連携を強めようという動きが当然出てくる。それが民族的結合によって影響されたり、軍事的・外交的結合のために行われたり、また純粋に経済的補完関係を利用するために形成されたり、その形態・性格はさまざまである。本来、統合の地域が拡大されれば〝一つの世界市場経済〟になるべきものだが、道は遠い。

最近の主要地域統合の動向

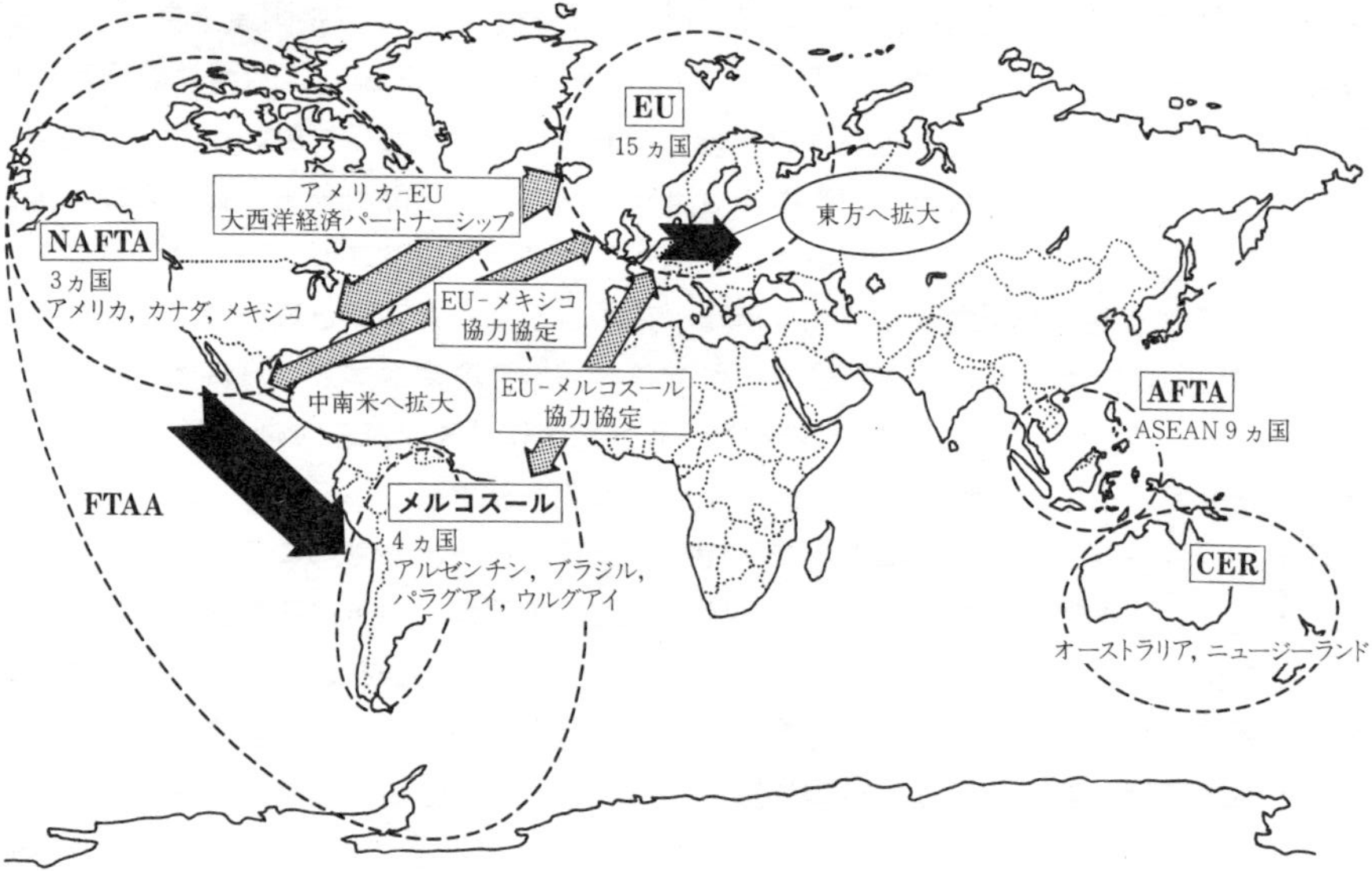

資料：「通商白書　平成 11 年版」.

⑩冷戦から共生へ　最近「共生の時代」が到来してきたといわれる。その背景には次のような事情がある。

第一に、冷戦が終わって東西体制は解消した。南北関係と違って東西体制は対立の体制であり、相互不信の体制であった。南北問題さえ、その枠内で考えられた。その体制を必要とした冷戦が終わったのだから、当然、これまでの対立は共生の時代に変化すべきである。

第二は、経済的理由である。各国の市場が発展すると当然、国境を越えてヒト、モノ、カネ、技術、情報が自由に移動を求めるようになる。それらの移動によって生ずるメリットは国によって異なるから、いろいろの調整が必要であるが、各国はその場合、公平な競争条件をもたねばならない。〝国境なき市場経済〟は各国の共生を前提としたものである。

第三に、これまでの冷戦時代の最も大きな対立・抗争は社会(国家)対社会(国家)間のものであったが、冷戦終焉後の時代は〝経済の時代〟であり、経済活動と自然環境の保全の関係が重要になってきた。人間と自然との共生という意味である。

冷戦の時代には、軍事力を中心にしてバランスを考えることもできたが、これからは〝新しい思考(哲学)〟と〝新しい協調のシステム〟が求められる。

とくに困難な問題は、市場経済の発展につれて経済が世界規模で「一体化」し、経済的に「国境」の存在が無意味になっていくのに、他方では政治的に国家の主権を強調するグループの力も強まり、「市場」と「国家権力」が絶えず衝突しがちになってきていることである。

二　国際貿易

「完全な自由貿易制度のもとでは、各国は自然にその資本と労働を自国にとって最も有利であるような用途に向ける。個別的利益のこの追求は、全体の普遍的利益と見事に結合される」

（リカードウ著・羽鳥卓也ほか訳『経済学および課税の原理』）

①一般貿易　一国の対外的経済接触は、貿易という形ではじまる。交換を通じて国際分業の利益を得るためである。事実、多くの国は対外貿易を拡大することで成長・発展してきた。

商品貿易の規模は世界全体で、輸出が五・四五兆ドル、輸入が五・五四兆ドル(一九九八年)であった(差額が出るのは輸送保険や運賃が輸入側に含まれているため)。一九六五年から九八年までの間、世界の平均経済成長率が三・六%であったのに対し、貿易(輸出)の伸び率は倍近くの六・四%であった。この結果、世界の総輸出額の国民総生産に対する割合は、一〇%から一八%に上昇した。世界各国は貿易を通じて経済的結びつきを強めながら、成長をしてきた。

一九六五年から九八年にかけて、世界の中での貿易の地域別・国別シェアは変化してきた。輸出のシェアが上昇してきたのはアジアで、中でもアジアNIEsのシェアの拡大が目立っている。逆にシェアの低下したのはヨーロッパ、南北アメリカ、アフリカ、東欧・旧ソ連、国別ではイギリス、アメリカが目につく。輸入のシェアもだいたい同じであるが、違いはアメリカのシェアが上昇していることである。この結果、輸出ではEUがほぼ四〇%、日本・アジアNIEsが一七%、NAFTAが一九%、輸入はそれぞれ三八%、一四%、二三%と、これらで全体の四分の三を占めている。

国別に貿易額の大きい順からみると、アメリカ、ドイツ、日本、フランス、イギリス、イタリア、カナダ、中国で、国民一人当りの貿易額の大きいのは、シンガポール、香港などの中継貿易地域や比較的規模の小さい先進国である。

輸出入の地域・国別ウェイトの推移

地域・国	輸出（%） 1965	75	85	95	98	65−98 増減	輸入（%） 1965	75	85	95	98	65−98 増減
アジア	15.1	22.8	25.7	30.2	28.2	13.1	14.8	19.5	24.2	29.0	24.2	9.4
日本・NIEs・ASEAN・中国	9.7	12.0	19.8	26.0	24.1	14.4	9.5	13.4	17.7	24.4	19.5	10.0
日本	4.8	6.6	9.6	8.7	7.1	2.3	4.4	6.7	6.7	6.6	5.1	0.7
中国	1.5	0.9	1.5	2.9	3.4	1.9	1.2	0.9	2.2	2.5	2.5	1.3
NIEs	1.6	2.6	6.1	10.4	9.7	8.1	2.1	3.2	5.5	10.9	8.8	6.7
ASEAN	1.9	2.0	2.7	4.0	4.0	2.1	1.9	2.6	3.3	4.5	3.1	1.2
その他中東以外のアジア	1.7	0.8	0.8	0.9	1.0	△0.7	2.5	1.3	1.5	1.2	1.3	△1.2
インド	1.0	0.5	0.5	0.6	0.6	△0.4	1.5	0.7	0.8	0.7	0.8	△0.7
中東	3.7	9.9	5.0	3.3	3.2	△0.5	2.7	4.7	5.0	3.1	3.4	0.7
オセアニア	2.4	1.8	1.6	1.4	1.3	△1.1	2.9	1.8	1.8	1.6	1.5	△1.4
オーストラリア	1.7	1.4	1.2	1.0	1.0	△0.7	2.0	1.2	1.3	1.2	1.2	△0.8
アフリカ	5.9	5.2	4.3	2.4	2.3	△3.6	5.6	5.3	3.5	2.4	2.9	△2.7
ヨーロッパ	48.9	47.3	45.1	44.5	43.4	△5.5	49.8	49.2	43.0	42.1	43.2	△6.6
EU	42.2	40.7	38.8	40.1	39.0	△3.2	45.2	42.2	37.7	37.6	38.0	△7.2
ドイツ	10.2	10.7	9.9	10.3	9.9	△0.3	9.5	8.6	8.2	9.1	8.5	△1.0
フランス	5.7	6.3	5.5	5.6	5.6	△0.1	5.6	6.2	5.6	5.4	5.2	△0.4
イタリア	4.1	4.1	4.1	4.6	4.4	0.3	4.0	4.4	4.5	4.0	3.9	△0.1
イギリス	7.8	5.1	5.5	4.8	5.0	△2.8	8.7	6.1	5.6	5.1	5.7	△3.0
NIS諸国（1965-90年は旧ソ連）	4.6	3.9	4.7	2.2	2.0	△2.6	4.3	4.3	4.3	1.9	1.8	△2.5
ロシア	—	—	—	1.6	1.4	—	—	—	—	1.2	1.1	—
カザフスタン	—	—	—	0.1	0.1	—	—	—	—	0.1	0.1	—
ウクライナ	—	—	—	0.3	0.3	—	—	—	—	0.3	0.3	—
南北アメリカ	26.6	21.8	22.4	19.0	21.4	△5.2	23.2	22.5	26.5	22.5	26.8	3.6
NAFTA	20.6	17.2	17.9	16.2	18.6	△2.0	18.0	17.1	23.0	19.3	23.1	5.1
アメリカ	15.1	12.9	11.8	11.5	12.5	△2.6	12.5	12.2	18.2	15.0	17.0	4.5
カナダ	4.8	4.0	4.9	3.8	3.9	△0.9	4.6	4.2	4.2	3.3	3.7	△0.9
メキシコ	0.6	0.3	1.2	1.0	2.2	1.6	0.8	0.8	0.7	0.9	2.4	1.6
その他中南米・カリブ諸国	5.6	4.3	4.4	2.8	2.8	△2.8	4.6	4.9	3.3	3.2	3.7	△0.9
ブラジル	0.9	1.0	1.4	0.9	0.9	0.0	0.6	1.6	0.7	1.0	1.1	0.5
世界合計（兆ドル）	0.2	0.8	1.9	5.1	5.5		0.2	0.9	1.9	5.1	5.5	

資料：IMF「International Financial Statistics」各号，IMF「World Economic Outlook」May 1999.

世界経済と世界貿易の成長率

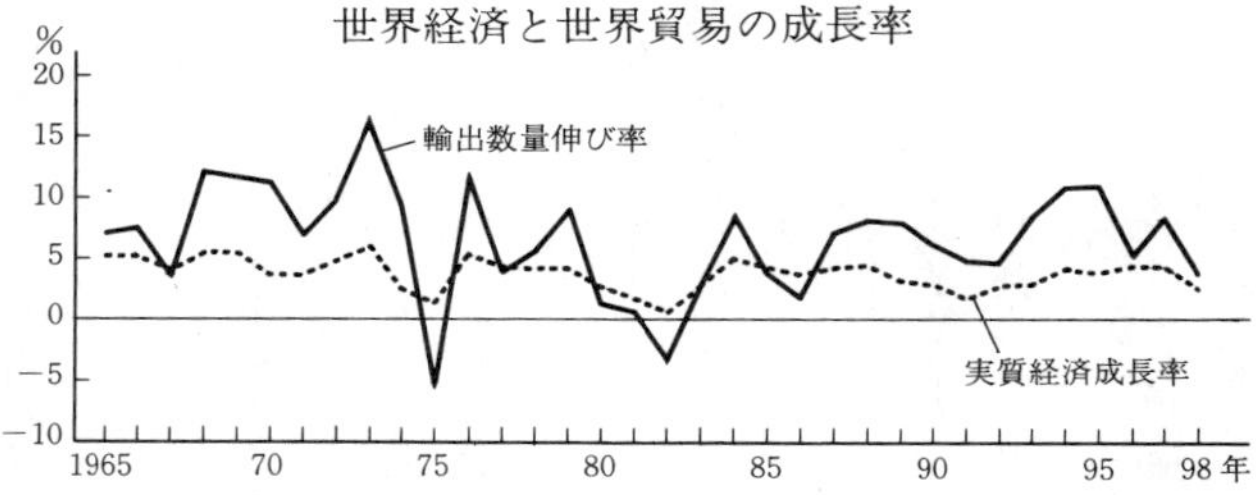

資料：同上.

②貿易収支と貿易構造　一国の輸出と輸入がバランスすることはもとより、二国間で収支がバランスすることもほとんどない。したがって、収支も変化する。

　貿易収支は七〇年代半ば以降八〇年代までは、先進国が赤字で、途上国が黒字、という構図が定着していたが、九〇年代前半は日欧の黒字拡大でこの関係が逆転した。後者の黒字はかつては主として産油国によるものであり、石油輸入の途上国の収支はほぼ赤字であった。九〇年代の半ばあたりから、サウジアラビアとともに中国、ロシアの黒字が目立つ。一方、先進国の赤字ではアメリカの額が圧倒的に大きい。ただこの間、先進国の中でも日本、ドイツの黒字合計はアメリカの赤字に近い。

　輸出入量が年々変化するだけでなく、それぞれの品目別構成も、生産性・競争力などの違いから変化している。貿易全般についていえば、工業品は農産物、原材料などに比べてシェアを伸ばしてきた。工業品の中でも、電気・電子機器を含む機械類がほとんどの先進工業国では最大の輸出品目であり、対照的に途上国ではこれらの品目は輸入の中の最大項目になっている。途上国の主要輸出品目は主として原油、農産品、衣料など一次産品、労働集約的製品が多く、これらはいずれもそれぞれの国の産業構造を反映している。もちろん、産業構造も年々変化しているから、途上国の場合でも、工業製品のシェアがふえてきている。

　貿易収支差や貿易構造の変化は貿易摩擦の大きな原因になっている。とりわけ貿易黒字が大きくなりやすい日本やアジアは摩擦をひきおこしやすい。

貿易収支

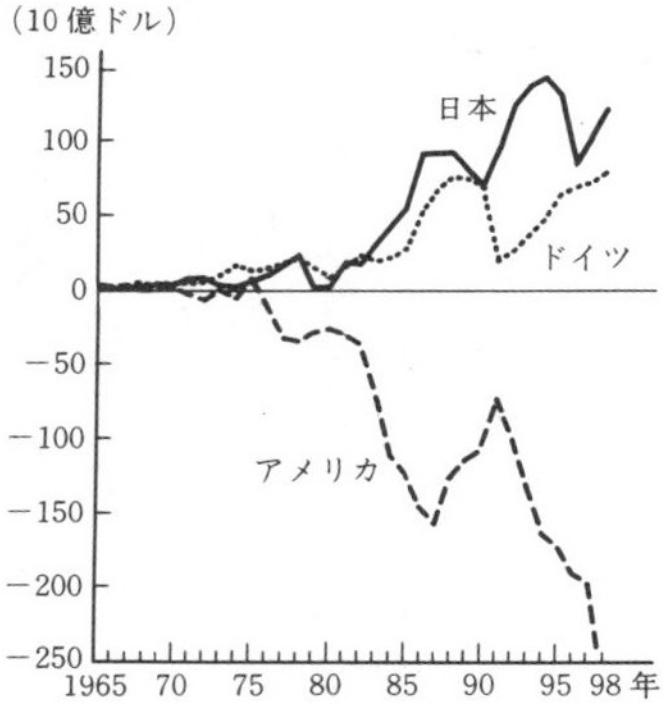

資料：IMF「International Financial Statistics」各号.

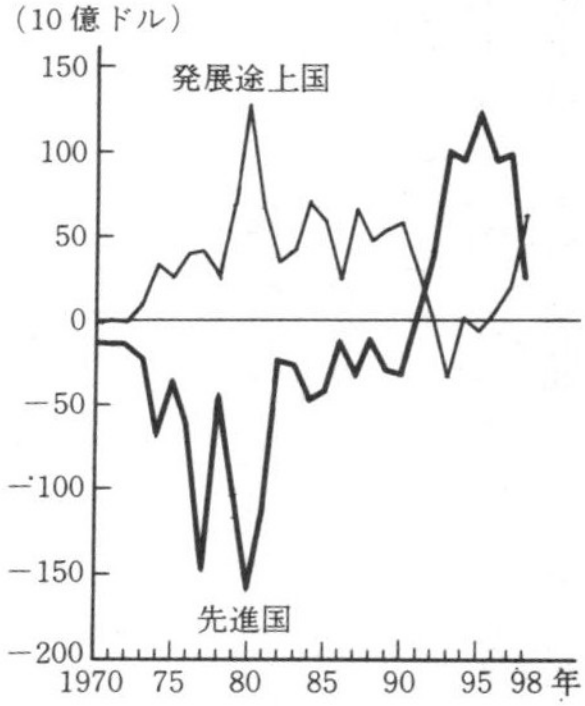

資料：国連統計.
IMF「International Financial Statistics Yearbook」1999.

商品貿易の主要輸出入国

順位 1985年	順位 1998年	輸出国	1998年 金額(億ドル)	1998年 シェア(%)	順位 1985年	順位 1998年	輸入国	1998年 金額(億ドル)	1998年 シェア(%)
1	1	アメリカ	6,730	12.4	1	1	アメリカ	9,444	18.1
2*	2	ドイツ	5,400	10.0	2*	2	ドイツ	4,715	9.0
3	3	日本	3,740	6.9	3	3	イギリス	3,141	6.0
5	4	フランス	3,017	5.6	5	4	フランス	2,882	5.5
4	5	イギリス	2,711	5.0	4	5	日本	2,805	5.4
7	6	イタリア	2,426	4.5	12	6	イタリア	2,159	4.1
6	7	カナダ	2,172	4.0	6	7	カナダ	2,062	3.9
8	8	中国	1,836	3.4	7	8	オランダ	1,851	3.5
11	9	オランダ	1,713	3.2	8	9	香港	1,845	3.5
9	10	ベルギー・ルクセンブルク	1,532	2.8	9	10	ベルギー・ルクセンブルク	1,740	3.3
17	11	韓国	1,332	2.5	15	11	中国	1,403	2.7
15	12	メキシコ	1,175	2.2	16	12	アフリカ	1,402	2.7
19	13	シンガポール	1,104	2.0	13	13	スペイン	1,332	2.5
10	14	スペイン	1,098	2.0	11	14	台湾	1,050	2.0
18	15	スウェーデン	851	1.6	10	15	シンガポール	1,047	2.0
—	16	スイス	754	1.4	20	16	韓国	933	1.8
12	17	ロシア	748	1.4	27	17	スイス	739	1.4
14	18	マレーシア	733	1.4	14	18	スウェーデン	684	1.3
27	19	アイルランド	656	1.2	39	19	オーストリア	683	1.3
25	20	オーストリア	625	1.2	19	20	オーストラリア	647	1.2

注：＊西ドイツ.
資料：IMF「International Financial Statistics」CD-ROM, 1999. 10.

③サービス貿易　サービス貿易は「貿易外取引」あるいは「目に見えない(invisible)取引」とも呼ばれ、定義的にはその国の「居住者と非居住者との間のサービスおよび所得の移転(transfer)に関わる取引」である。狭義には運輸(運賃、保険など)、旅行、その他政府サービス(外交団費用、軍事物資調達費用など)、民間サービス(広告宣伝費、特許権使用料など)があるが、広義には海外投資からの利子・配当、投資収益などの受払(所得収支)が含まれる。この広義のサービス貿易の商品貿易額に対する割合は、八〇年代とくにその後半から高まり、九〇年代に入って五〇％前後となっている。九七年についていえば、商品貿易五・五兆ドルに対し、サービス貿易受取額は二・五兆ドルであった。伸び率、額とも大きいのは投資収益である。

貿易外収支は、先進国全体としてみると黒字、発展途上国は赤字である。しかも、後者はほとんど恒常的に赤字である。クウェート、サウジアラビアなど一部の産油国の所得収支は依然黒字である。先進工業国では、ドイツ、イタリア、カナダなどの一部の国を除き、多くの国で黒字である。日本は、運輸、その他民間サービス各収支が世界一の赤字、旅行収支もドイツに次ぐ赤字、投資収益収支が世界一の黒字である。アメリカは、直接投資以外の投資収益収支が世界一の赤字であるが、その他民間サービス、直接投資収益の各収支は世界一の黒字である。

要するに、一口に貿易外取引といっても、それぞれの国の発展段階、投資能力、観光資源、外国軍隊の駐留などによってその構成が異なっているし、また年々それが変化を続けている。

ＷＴＯ(世界貿易機関)の関心の対象も商品貿易からサービス貿易に移行してきている。

世界のサービス貿易受取額の推移

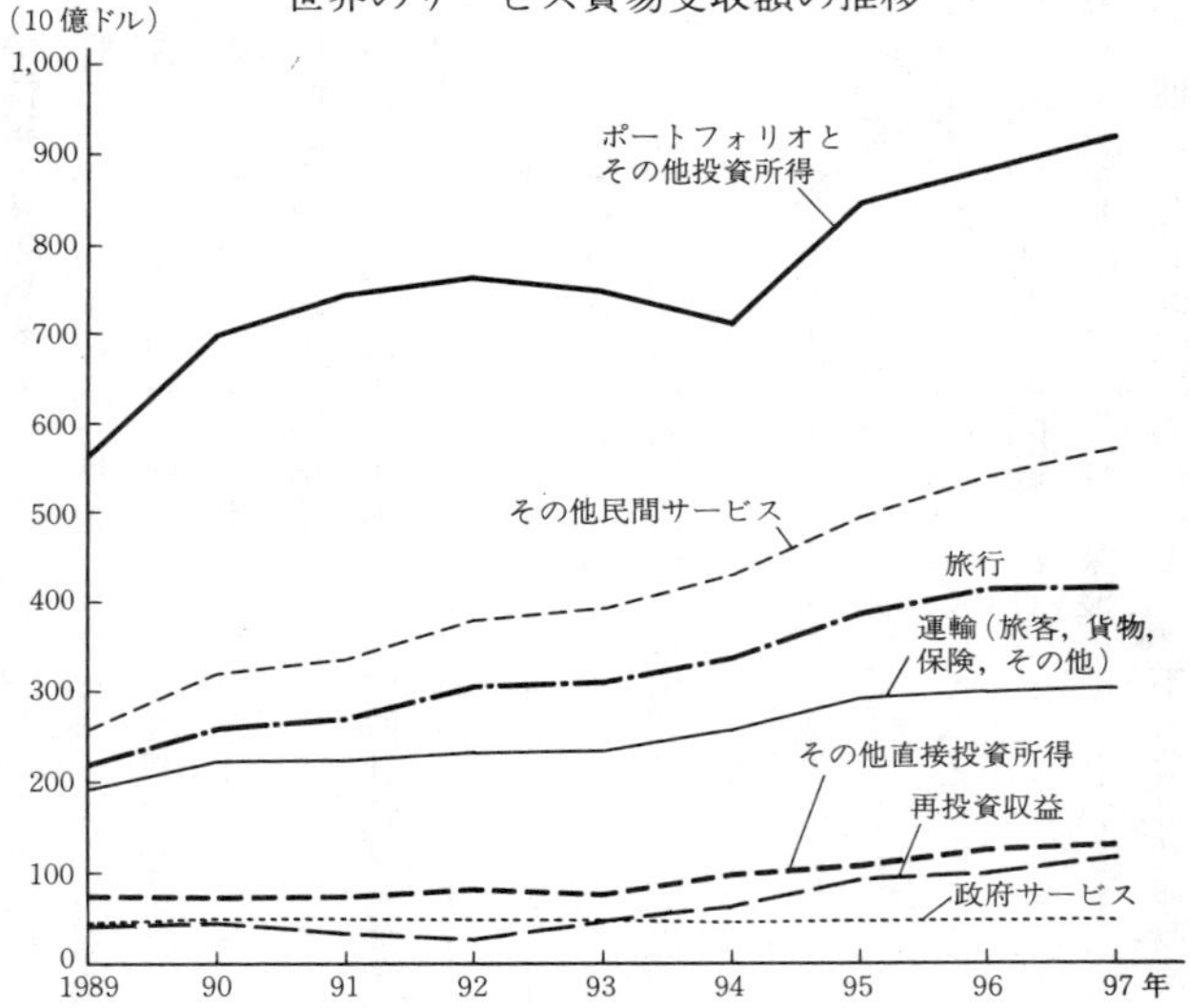

資料：IMF「Balance of Payments Yearbook」各年.

世界の商品輸出(f.o.b.)額とサービス貿易受取額

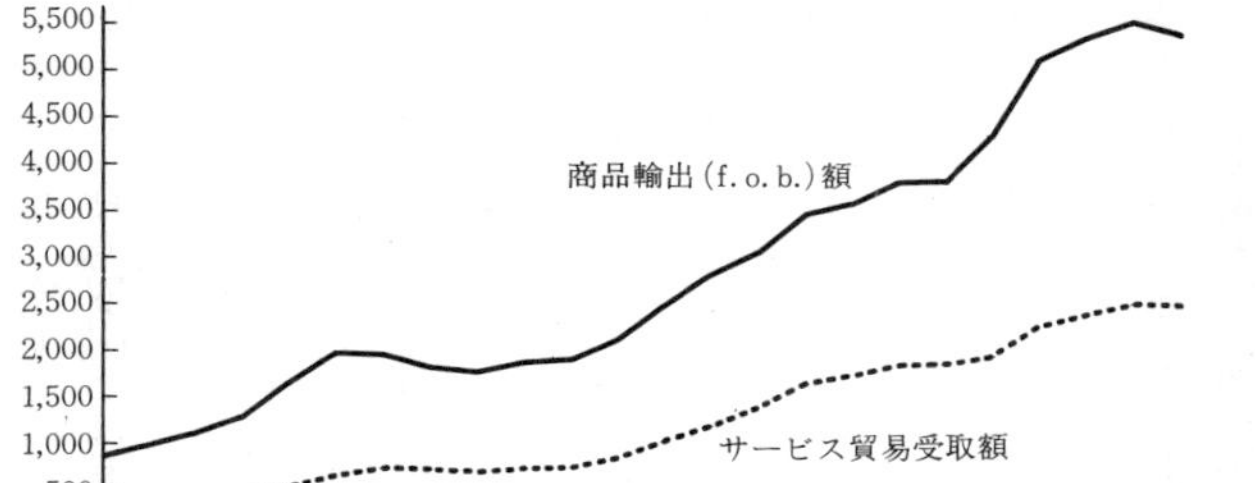

資料：同上.

④情報・技術貿易　サービス貿易のうち世界的に、とくに先進国の間で急速に増大してきた分野の一つが、国際的な技術やコンピュータ・情報関連取引である。技術取引とは具体的には特許・ノウハウ使用料や技術指導などに関する受払の形で生産技術・ノウハウを取引するものである。コンピュータ・情報関連取引とはコンピュータ・データ・サービスや情報関連サービスにかかる費用の受払を指す。

情報・技術貿易についてはある程度国際比較が可能で長期的データが利用可能な一七の先進工業国についてみると、アメリカだけが恒常的に黒字を示している。一九九七年におけるアメリカの支払額は九四億ドル、受取額は七四五億ドル、収支が六五一億ドルの黒字であった。アメリカの「その他民間サービス取引収支」が大幅黒字になっている主因である。他の先進国で、わずかながらでも継続的に情報・技術貿易収支が黒字なのはイギリス、ベルギー、スウェーデンだけで、日本、アイルランド、ドイツなど他の諸国では赤字である。日本は対アジアでは黒字であるが、対欧米は大きな赤字で、支払超過額では世界最大になっている。

途上国については、サービス収支全体が赤字であること、アメリカの黒字がその他先進工業国の赤字合計額を大幅に上回っていることからみると、赤字であるとみられる。

最近、知的所有権の問題が注目されている。特許権、商標権、著作権などの知的所有権の国際ルールを明確にし、それを保護しようというものである。そうしたルール作りは結構であるが、他方、知的財産は人類にとって不可欠の共通財産であることにも留意する必要がある。

主要国の情報・技術貿易額の推移

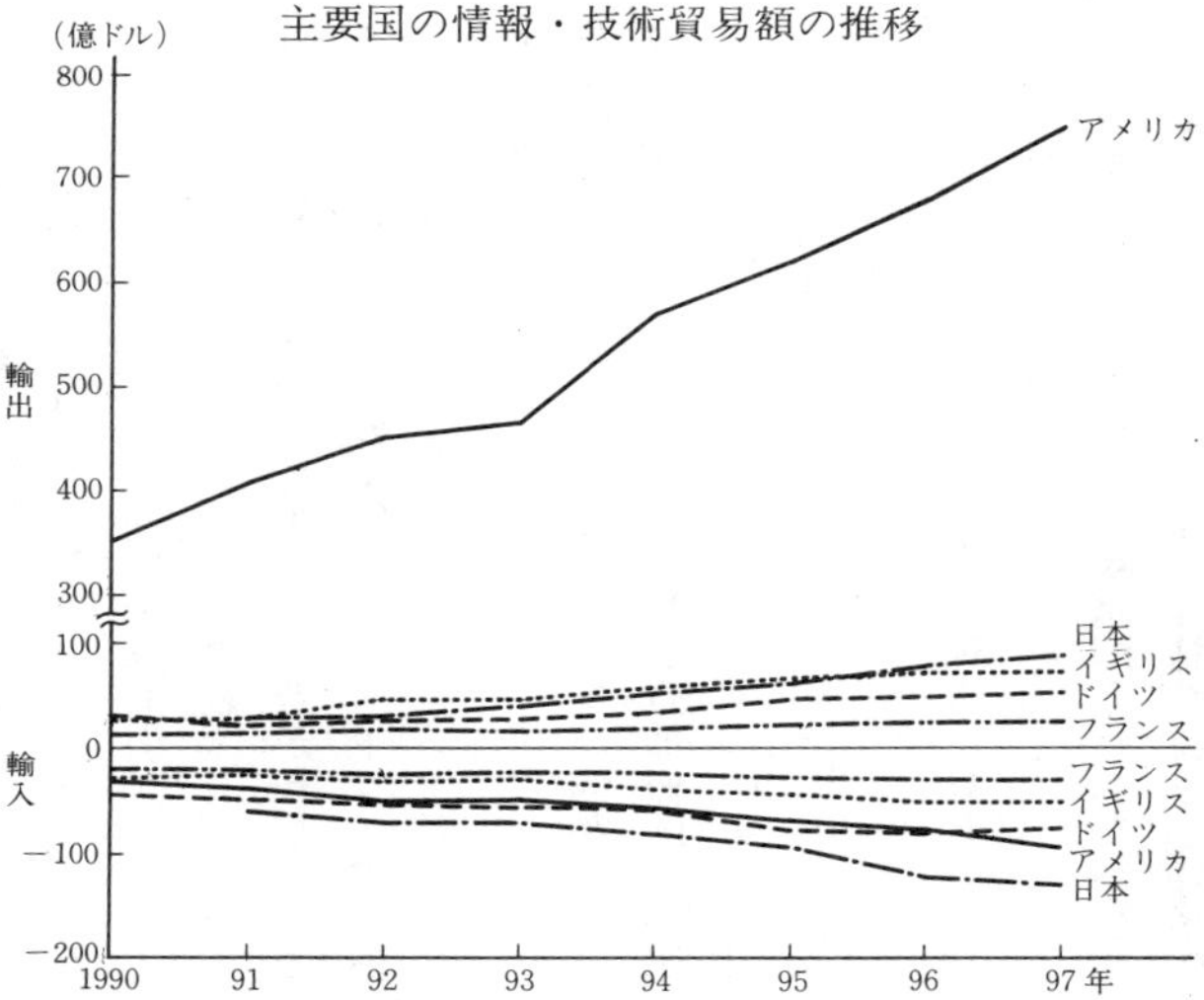

資料：IMF, BOP「Yearbook, Country Tables」1998.

主要国の情報・技術貿易収支の推移

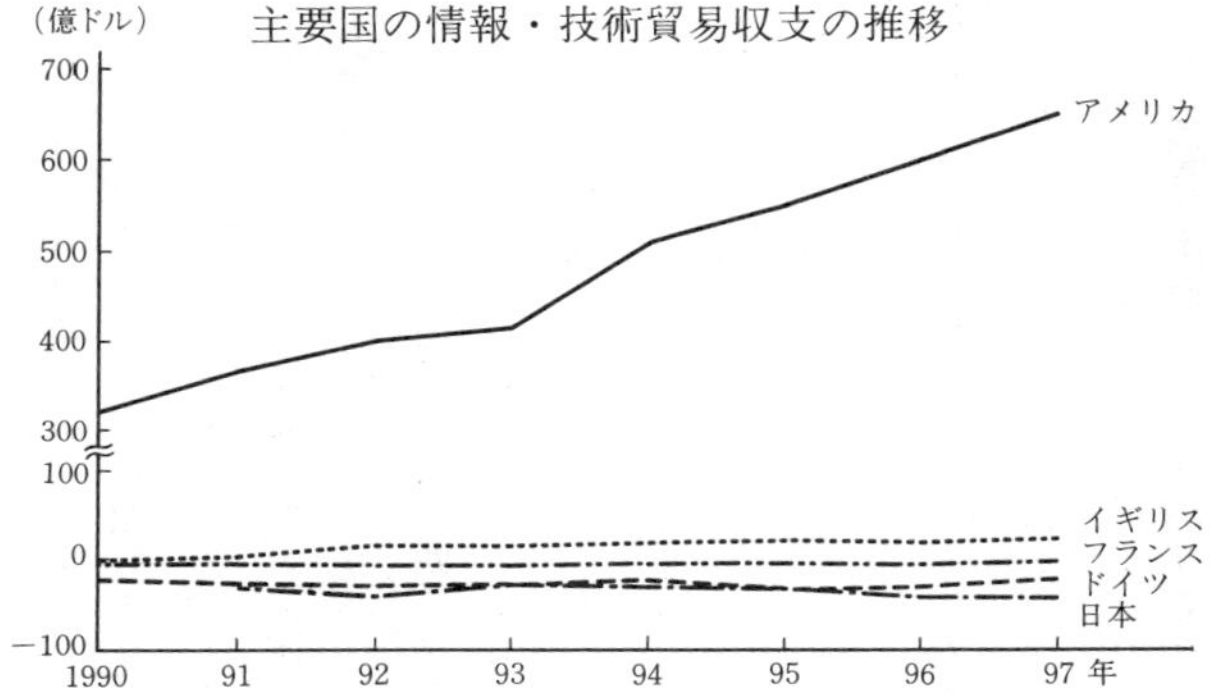

資料：同上.

⑤**エネルギー貿易**　各国における経済活動の水準と構造には違いがあり、また、エネルギー資源の埋蔵・生産の分布はそれとマッチしていない。そこにエネルギー貿易が生まれる。地域・国境を越えて活発に国際取引が行われている一次エネルギーは、まず石油であり、天然ガスが次いでいる。石油生産の約半分、天然ガスの二割近くが国際取引されている。一方、石炭は世界の各地域内で生産と消費がかなりバランスしており、異なる地域間の貿易は限られている。石炭の最大輸出国はオーストラリアであり、最大輸入国は日本である。

石油の輸出シェアは、中東が四六・三%、旧ソ連・中欧九・一%、中南米八%、西アフリカ七・七%、北アフリカ六・七%(いずれも一九九八年)などとなっている。中東のシェアは第二次石油危機前の六割近くから、八五年に四割以下に低下したあと、基調的に上昇している。一方、輸入では日本、アメリカ、OECD加盟欧州諸国が全体の六四%、日本を除くアジアも二〇%となっている。アジア、とくに日本の中東依存は目立って高い。

天然ガス貿易の三分の二はパイプラインで行われ、三分の一がLNG(液化天然ガス)で行われている。輸出はロシア、カナダ、アルジェリア、ノルウェー、オランダ、インドネシアで八四・二%を占めている。一方、輸入はOECD加盟欧州諸国が旧ソ連や域内圏からパイプラインで、日本はアジア諸国(ブルネイ、インドネシアなど)からLNGで、アメリカはカナダからパイプラインで、同じく東欧諸国もロシアからパイプラインで行っている。

エネルギーは政治的商品の性格を持ち、経済的要因だけで国境を移動しているわけでない。

石油の輸出入シェア

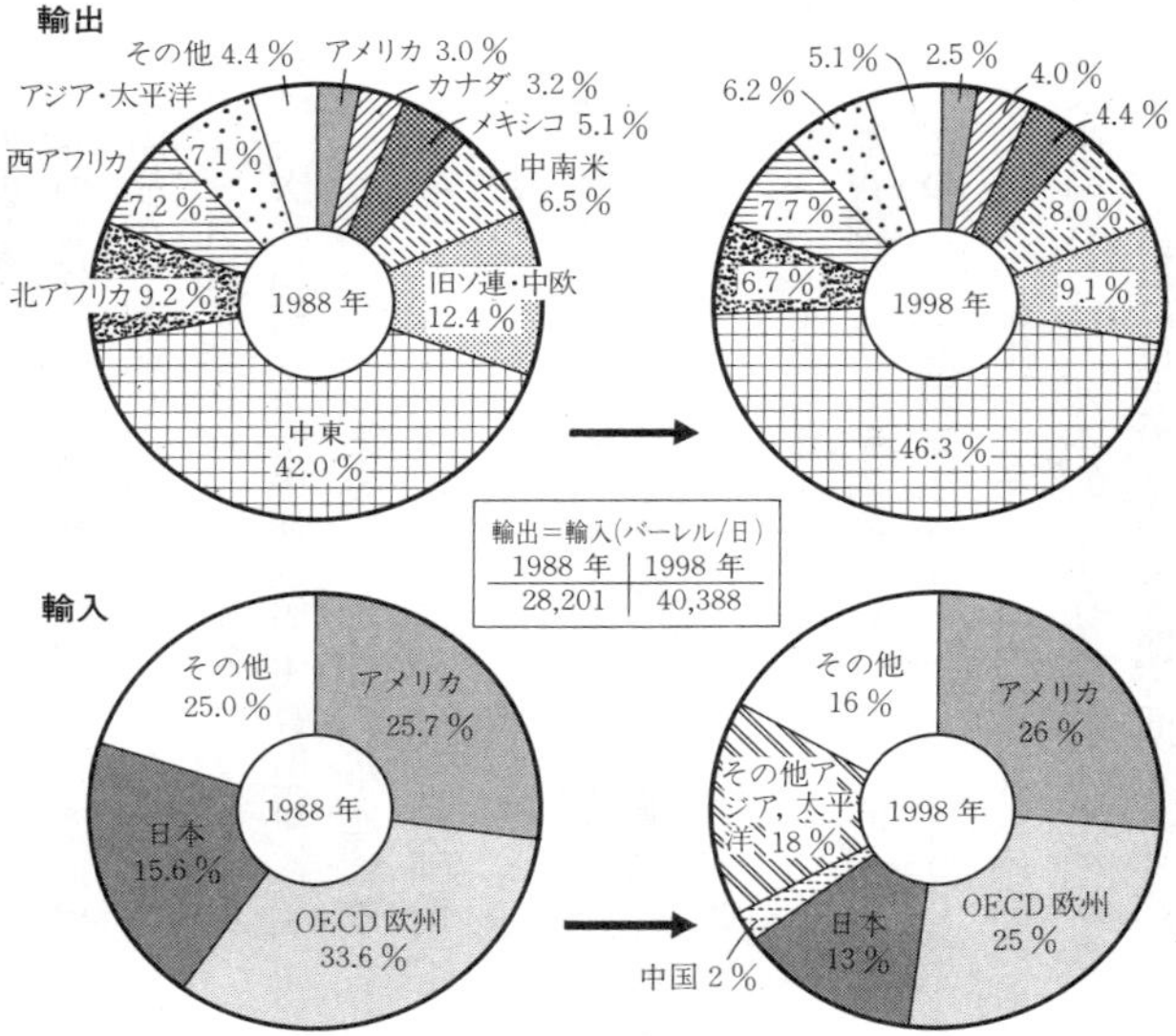

天然ガスの輸出入シェア（1998年）

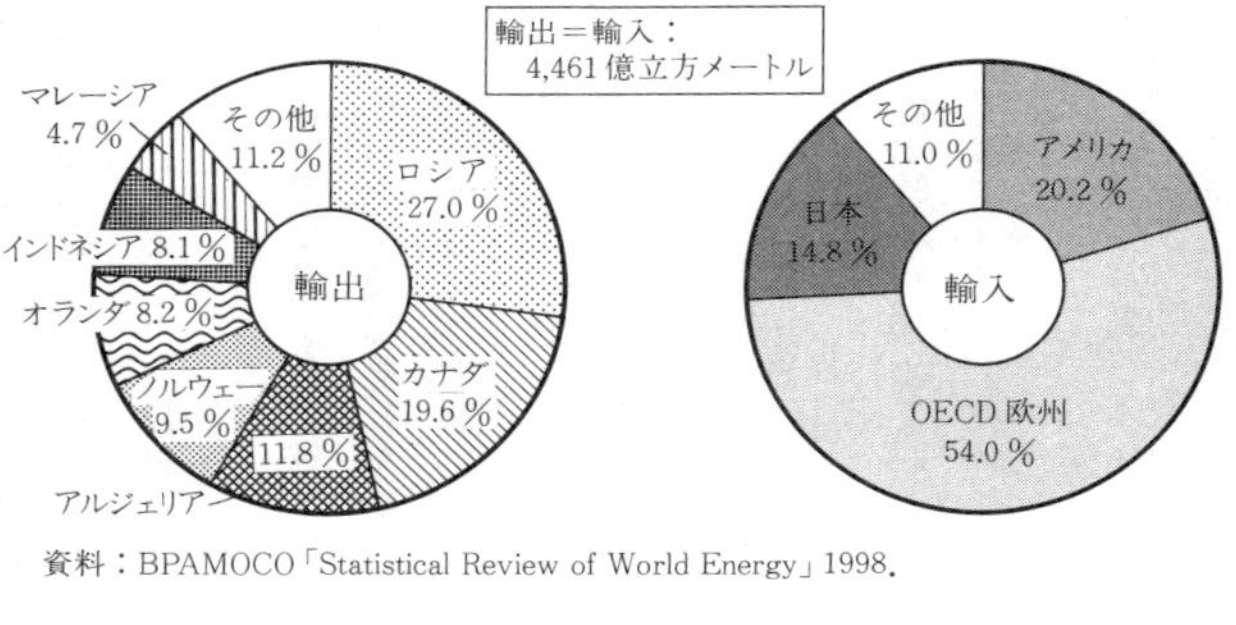

資料：BPAMOCO「Statistical Review of World Energy」1998.

⑥一次産品貿易 農林水産品貿易も世界経済の発展とともに拡大してきた。一九九六年において、世界の農林水産品輸入総額は六七〇〇億ドルで、このうち農畜産品が約七割、林産品が二割、水産品が一割弱を占めている。これらの一次産品が全商品貿易に占めるシェアは低下傾向にあり、一九九六年には一二・四%になった。

これは一次産品輸入の所得弾性値(実質所得一%の上昇に対する輸入数量の変化率)が鉱工業製品に比べて低いためである。それはまた生産性の上昇率は工業部門が一次産業のそれを上回っているからでもある。このことは、一次産品価格が工業製品価格の上昇にくらべて低いという結果をもたらしている(一次産品輸出国にとって交易条件が悪化)。

一次産品貿易収支は、一般的に先進工業国が赤字、途上国が黒字である。先進国の中では、カナダ、アメリカ、オランダ等が黒字国、他方、日本、ドイツ、イギリス等が赤字国である(一九九六年現在)。

農産品、とくに穀物(小麦、とうもろこし、コメ、大豆など)は、七〇年代以降、中国、インドなどの消費国が自給率を高めていること、欧米が保護政策をテコに輸出競争を強めていることから、このところ過剰気味になっている。そうした中で、農畜産品ではアメリカ、林産品ではカナダが最大の輸出国であり、日本は農林水産品の最大輸入国である。

農林水産品貿易は、基本的に生存に関わるものが多く、また国内の農業との関係において政治性があり、さらに最近では環境問題と関連して、注目すべき貿易分野である。

農林水産品貿易収支(1996年)

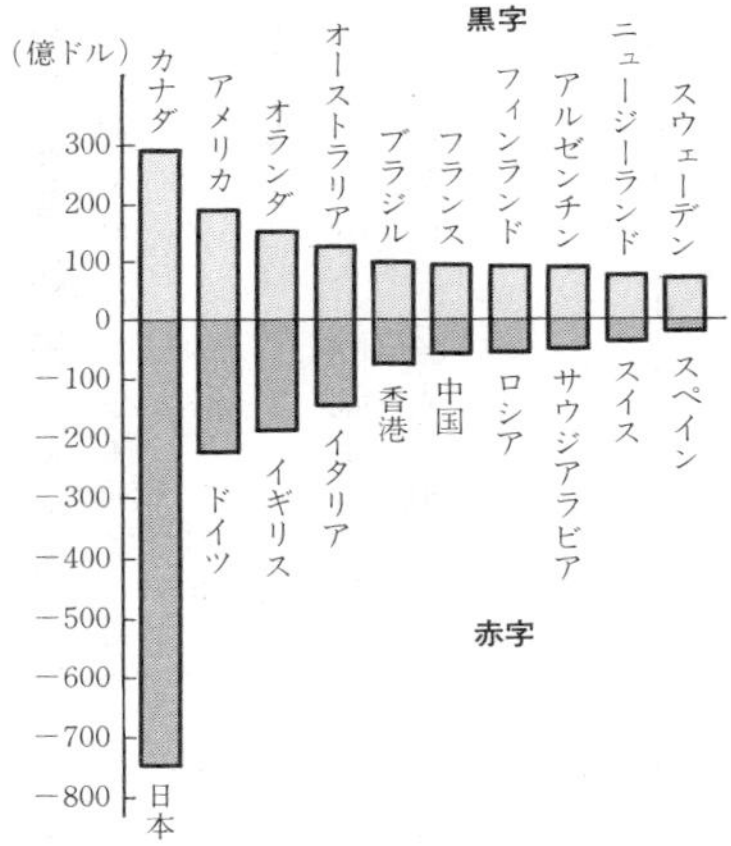

世界の農林水産品輸出国
(1996年)

主要農畜産品輸出国	
アメリカ	284(億ドル)
オランダ	166
オーストラリア	133
フランス	127
アルゼンチン	85

主要水産品輸出国	
ノルウェー	29(億ドル)
中国	27
タイ	20
インドネシア	15
チリ	14

主要林産品輸出国	
カナダ	227(億ドル)
スウェーデン	97
フィンランド	96
インドネシア	43
マレーシア	32

資料：FAO「FAO Yearbook Trade Vol.50, 1996」1998.

工業品，鉱産品，農産品の輸出価格と輸出数量の推移(1950-90年)

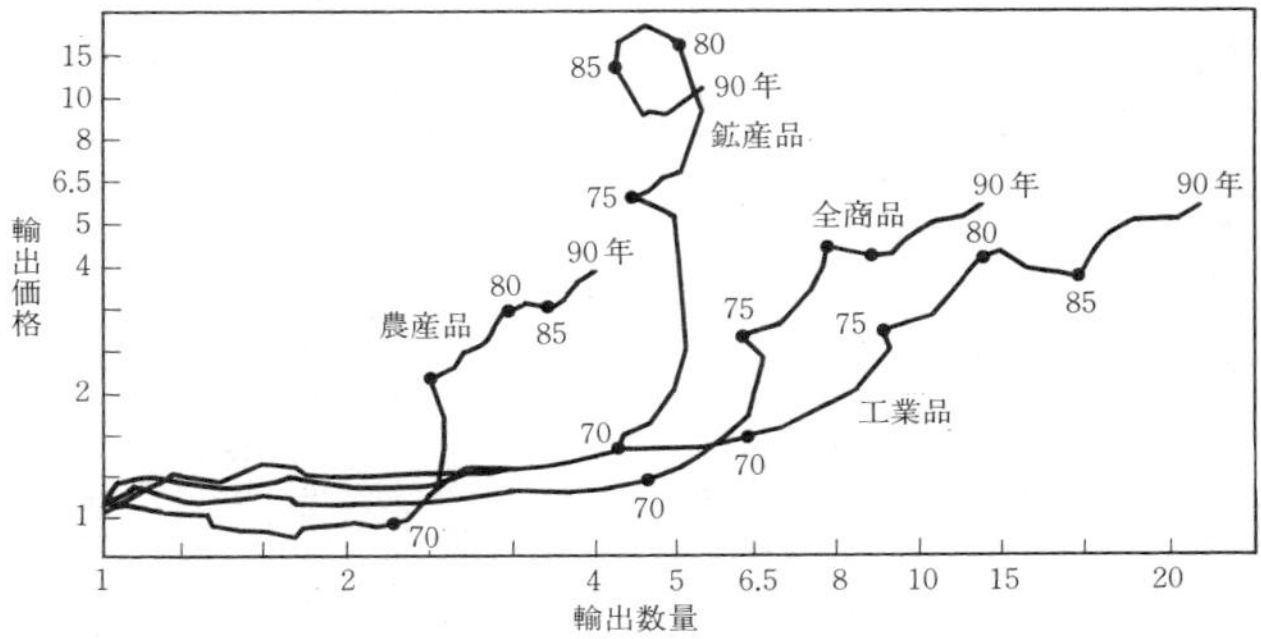

注：価格，数量は対数値.
資料：GATT「International Trade」，日本貿易振興会「ジェトロ白書·貿易編 1992年版」.

⑦関税・非関税障壁　国際的取引においても、国内取引と同じように、課税が行われること

が多い。輸入品に対する課税を「関税」という。関税が課せられると、国内での販売価格がそれだけ高くなり、国内需要を抑制する効果をもつ。また、国内価格が上昇すると、それだけ国内産業が保護されることになり、国内供給を増大させ、輸入を抑制する。関税以外にも直接的・間接的に輸入を抑制する措置・制度があり、これを総称して「非関税障壁」と呼んでいる。

非関税障壁のうち輸入数量割当がその代表的なものであるが、最近では基準・認証制度、複雑な輸入手続き、政府調達における差別、透明性なども問題になっている。これは関税率が先進国で下がってきている一方、国家間の公平で自由な貿易を発展させるためには、非関税障壁の軽減・解消が必要だという声が高まっているからである。因みに、先進国の場合、関税収入の国税の中に占める割合はおおむね一〜三%にすぎない。また、関税収入の輸入総額に対する比率は、オーストラリアを除いて、先進国では三%程度が多い。日本は最近では最も低率となっている。日本の場合、エネルギー、原材料など基礎的資源の輸入が不可欠であるといった事情も、低関税になっている一つの理由である。

関税や非関税障壁は、国内生産の確保、輸入の抑制を通じて国内産業・雇用を守ろうという目的、とくに途上国の場合、いわゆる幼稚産業(インファント・インダストリー)を保護し、また衰退産業に調整のための時間を与えようという目的をもつものである。自由・無差別な貿易を理想とする自由貿易の下では、関税・非関税措置は慎重に運営すべきである。

輸入関税の効果

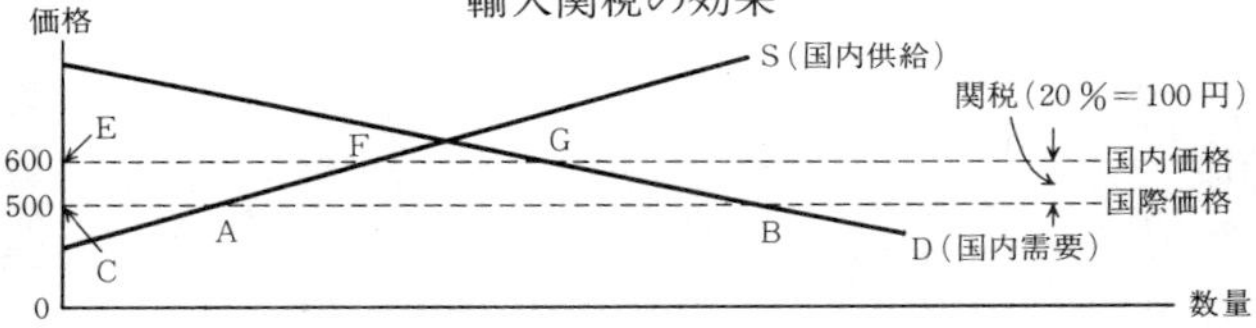

注：国内需要量はCBからEGへ減少，国内供給量はCAからEFへ増加，輸入量はABからFGへ減少．
資料：伊東元重「ゼミナール国際経済入門」日本経済新聞社，1996年．

平均関税率の国際比較(鉱工業品)

(%)

	平均関税率(譲許税率による加重平均)		引下げ率
	ウルグアイ・ラウンド前	ウルグアイ・ラウンド後	
日本	3.9	1.7	56
アメリカ	5.4	3.5	35
EC	5.7	3.6	37
カナダ	9.0	4.8	47

資料：日本関税協会「関税年報 平成11年版」．

非関税措置の態様

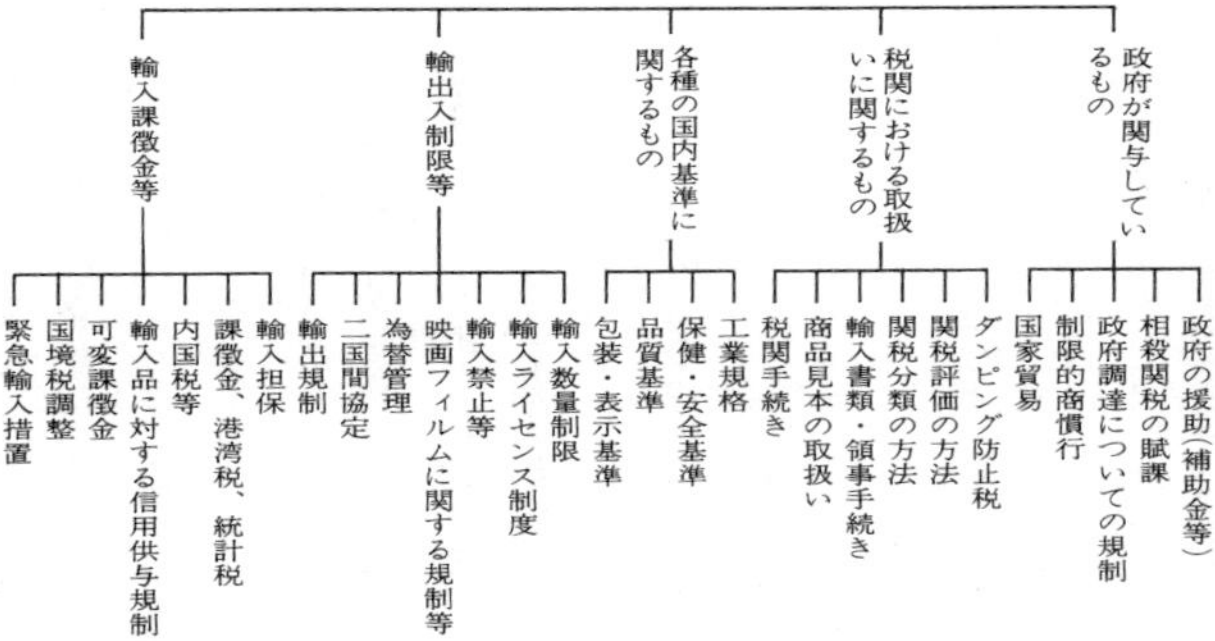

注：上記の分類は，東京ラウンド(1973年宣言)の際に作られた非関税措置の通報に関する項目別分類である．
資料：浜中秀一郎「図説 日本の関税」財経詳報社，1992年．

⑧多国籍企業　企業は貿易ばかりでなく、直接投資や貸付によって国籍を越えた経済活動を拡大させてきた。その代表的なものが多国籍企業であり、それらは活発な貿易を行うだけでなく、外国で現地法人を設立したり、外国企業の株式を取得することによって、広く外国で事業経営を行う企業である。多国籍企業の発生母体は国によって違うが、今日ではさまざまな業種の企業が多国籍化している。アメリカの場合は石油、製造工業関係企業が、イギリスでは投資会社が発生母体であることが多いが、日本では旧財閥系の中の〝総合商社〟である場合が多く、〝総合商社〟は貿易を基礎に、投資、企画・調査と広範な事業を〝総合的〟に行っている。

その形態も、資源の安定供給を求める資源開発型投資があり、市場密着型企業活動を行うものや、販売拠点のネットワーク作りをするもの、あるいはタックス・ヘイブン（租税避難）の利用などに重点を置いたものなどがある。最近では、通貨の変動や国内産業構造の変化に適応しながら、海外への生産拠点の移動を手助けするための活動がふえてきている。生産拠点の移動によって、必要となる部品の輸出、製品の国内への逆輸入、ないし第三国への輸出、という貿易の機会が増大する効果をもたらすものである。

一般的にいって、経済合理性にもとづいた多国籍企業の活動は、一面では本籍国政府の保護をうけながら、他方では政治的・行政的な意味での〝国境〟の存在を崩しつつある。具体的には、モノ、サービス、資本、技術、情報の国境なき移動を活発化する担い手となっている。ただ、本籍国との結びつきが無くなるわけでなく、過渡的には強まりさえする。

日米独の海外生産比率推移(製造業)

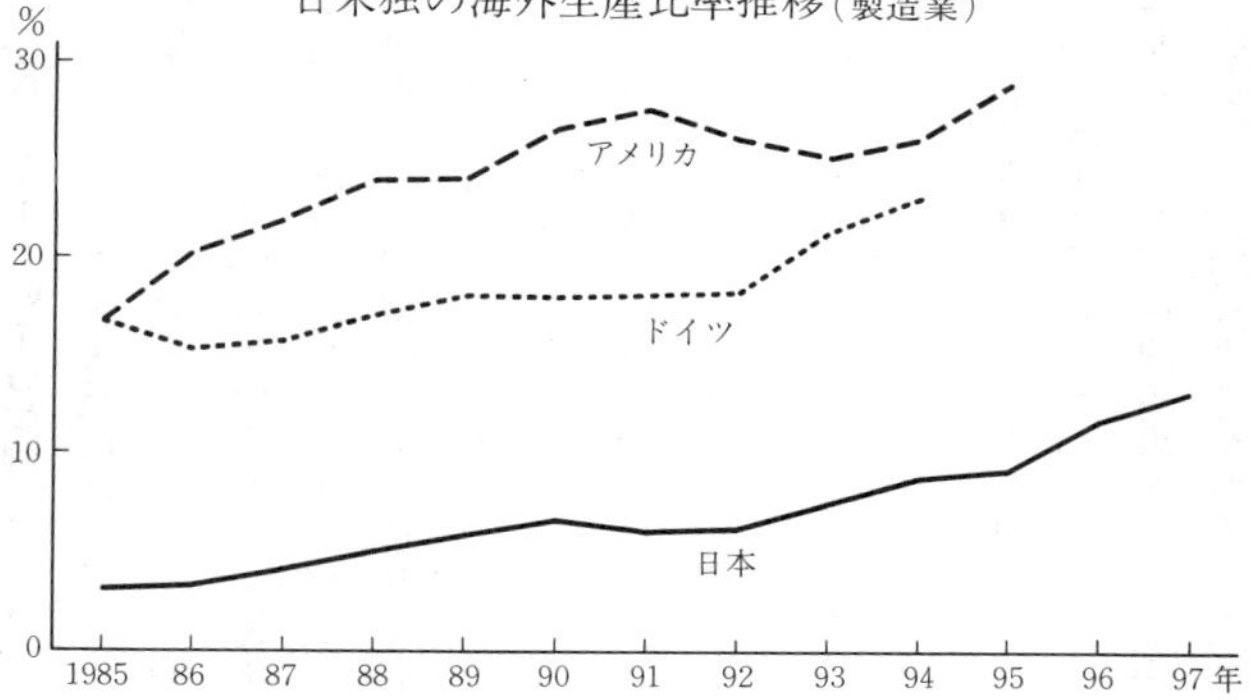

注：日本：年度，アメリカ・ドイツ：年.
資料：通産省「第 27 回我が国企業の海外事業活動」1999 年.

各国の対外直接投資(1990-98 年)

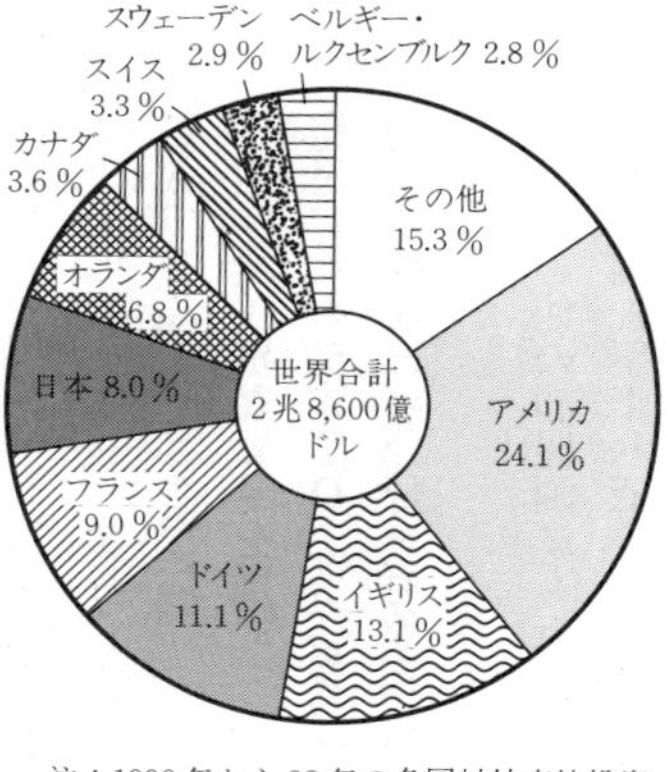

注：1990 年から 98 年の各国対外直接投資フローの合計値.
資料：同右.

世界の対外直接投資
(国際収支ベース)

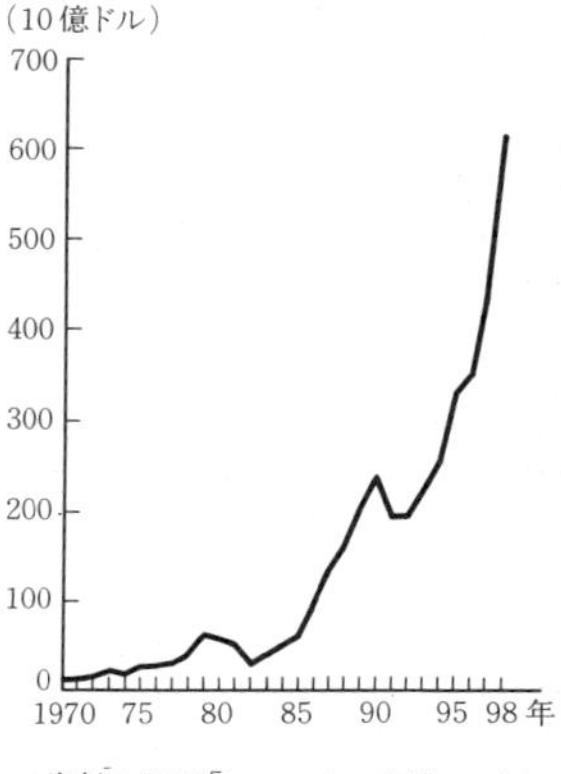

資料：IMF「International Financial Statistics」各号.

⑨GATT/WTO体制　一九三〇年代の世界経済のブロック化が世界貿易の縮小をもたらし、その後、世界大戦に進んでいった教訓にもとづいて、第二次大戦後、世界自由貿易体制が構築された。IMFとともにその軸になってきたのがGATT（関税と貿易に関する一般協定）で、関税・非関税障壁を削減・撤廃することによって自由・無差別な貿易を推進するための国際機関であり、それを拡大・発展させて九五年一月に発足したのがWTO（世界貿易機関）である。WTOは従来のモノの貿易に加え、サービス、知的所有権などの分野を対象とし、紛争解決手続の強化・改善が図られている。

ここにいう無差別とは、たとえば最も有利な貿易上の待遇を他の加盟国にも無条件に与える最恵国待遇を意味する。ただし、発展途上国に対しては最恵国税率より低い一般特恵関税や、それよりさらに低い特別特恵関税を認めている。また、関税同盟や自由貿易地域の創設も一定条件の下で認められている。

戦後、一般的にはこのGATT/WTO体制が自由・無差別貿易を推進し、世界貿易の拡大に資してきたことは事実である。しかし、七〇年代後半から貿易制限的措置の導入がふえてきた。GATTにも紛争処理機能があり、また交渉事は原則として多国間交渉によるべきであったが、解決に時間がかかったり、拘束力がないこともあって、二国間交渉で、しかも輸出自主規制といった灰色決着のケースがふえ、ダンピング提訴の濫用も目立つようになった。WTOの決定には法的拘束力がある。実効をもって施行されるかどうかは加盟国の姿勢いかんによる。

GATTにおけるラウンド交渉の概要

時期	交渉名	参加国数	交渉成果		当時のGATT加盟国数
			関税引下げ品目数	その他	
1947年	第1回交渉	23	約45,000	—	—
1949年	第2回交渉	32	約5,000	—	29
1950-51年	第3回交渉	34	約8,700	—	35
1956年	第4回交渉	22	約3,000	—	51
1961-62年	ディロン・ラウンド	23	約4,000	—	68
1964-67年	ケネディ・ラウンド	46＋EEC	約30,300	ダンピング防止協定，穀物協定	68
1973-79年	東京ラウンド	99＋EC	約33,000	非関税措置等に関する10本の協定類	84
1986-94年	ウルグアイ・ラウンド	124＋EC	約305,000	WTO設立協定及びその傘下の多角的協定等17本	103

資料：「関税年報 平成11年版」．

GATT/WTO加盟国の推移

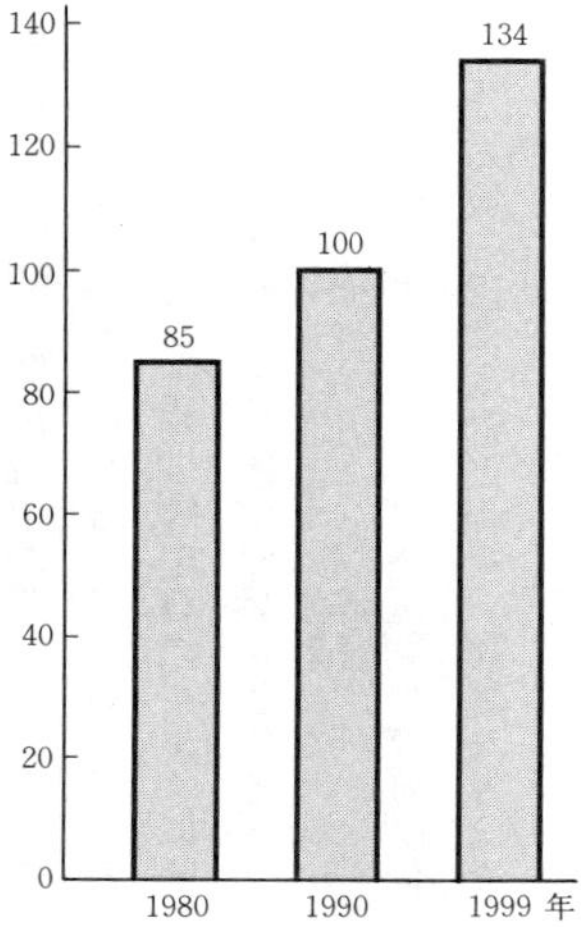

資料：WTO「Annual Report」各年次．

GATT/WTO加盟国の世界貿易(輸出)に占める割合

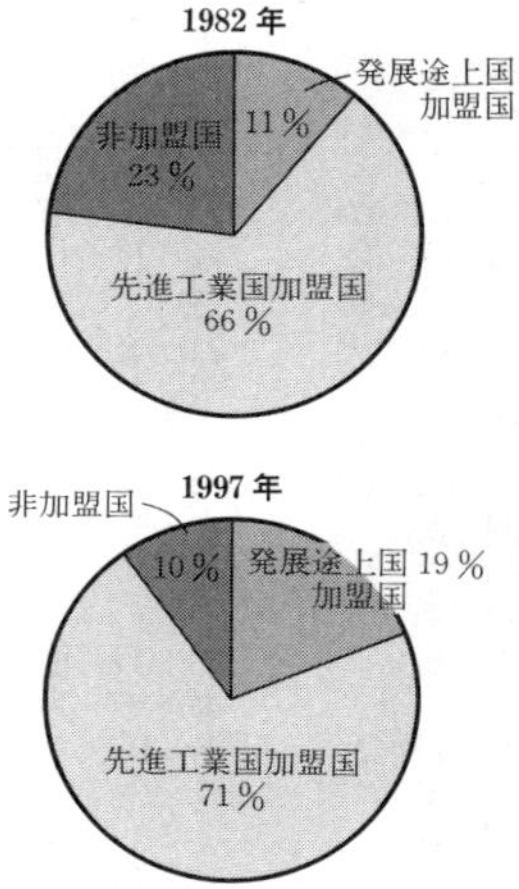

資料：WTO「Annual Report」1997．

⑩経済摩擦と国際協調　冷戦の終わりとともに、各国間の経済競争が激しくなってきた。もちろん、それが公平かつ公正に行われるかぎり、市場経済においては競争は歓迎される。しかし、それが結果として関係国間の貿易不均衡を過度に拡大したり、WTOのルールに照らして公正・自由でない方法で輸出が伸びたり、輸入が抑制されると、経済摩擦が生ずる。

その一つの典型的なケースが、日米間の貿易の不均衡から生じている経済摩擦である。これまでのところ、制裁の報復合戦という形にまでは発展していないが、両国間の友好関係にヒビを入れかねないし、またヨーロッパをはじめとする第三国にも通商上いい影響を与えない。日米それぞれに言い分はあろう。日本はアメリカに対し、貯蓄率の引上げを要求し、時としてミクロ的に管理貿易的な数量制限などを日本に求めるのは自由貿易の原則に反するといい、その限りにおいてこの日本の言い分は正しい。ただし、アメリカがなぜそうした態度にならざるをえなかったかということを、日本はどれだけ正しく理解しているだろうか。他方、アメリカは、日本のマクロ政策が誤っており、そのために不均衡が生じ、またあまりに〝日本的な〟行政指導や規制といったわかりにくい制度・慣行によって、増幅されているという。おそらく客観的にみて、この言い方もかなりの程度事実である。

議論をするのは結構で、相互理解を深めれば、自ずから解決の方途も出てこよう。しかし、感情論に走ったり、市場経済に反する措置をとることだけは避ける必要がある。日米間だけでなく、対欧、対アジア関係でも、摩擦の要因は潜在しており、国際協調が何よりも大切である。

三　国際金融

「現在の通貨制度は、実際変動しやすい関係を含んでおり、一般に満足すべきものではない。未だに、主要経済大国の間に新たな合意が表われて来る兆候はない」

（第二回・元国家首脳会議——OBサミット、一九八四年）

①資本の流れ　経済の発展につれて、モノ・サービスの取引とともにカネ（資本）の取引が増大する。国際的な資本の流れは、国際間の資産取引から生まれ、それは国際間の債権・債務関係の変化をもたらす。自国の資本が外国に投資されたり貸付けられると債権が増加し、逆にその受け手の国は債務の増加となる。それぞれの国でネット（純）資本流出または流入となる。

資本取引は、特に八〇年代以降、財・サービスの経常取引の伸びより高い伸びを示し、一九八三〜九八年、それは経常取引の倍の伸びを示した。九七年の世界の年間の貿易・貿易外の受取額は八兆ドルであったが、九八年四月中の一日当りの為替取引総額は推計一兆六〇〇〇億ドルであった。つまり、年間のモノ、サービスの取引総額は約五日分の為替取引総額にすぎない。資本取引がいかに大きいかがわかる。中でも債券、株式など証券を対象としたポートフォリオ投資など、資本は為替リスクなどを考慮して最も高い収益を求めて、二四時間中移動している。

為替取引の中心はイギリス（ロンドン）で、アメリカがそれに続き、両国における取引の伸びが高い。一方、日本における為替取引は九〇年代ほとんど増えなかった。

ネット・ベースの資本の流れは、九〇年代、特にその後半においてはアメリカを中心としていた。アメリカにおける経常取引を含めた資金の受払をネット（受払の差）ベースでみると、資金はヨーロッパからアメリカに入り、アメリカから発展途上国へ出て行く傾向があった。

資本の流れの増大は、従来の物財を対象とした貿易取引中心の時代に比べて為替市場に対する影響力を著しく増大させた。

英米日の1日当り為替取引額推移

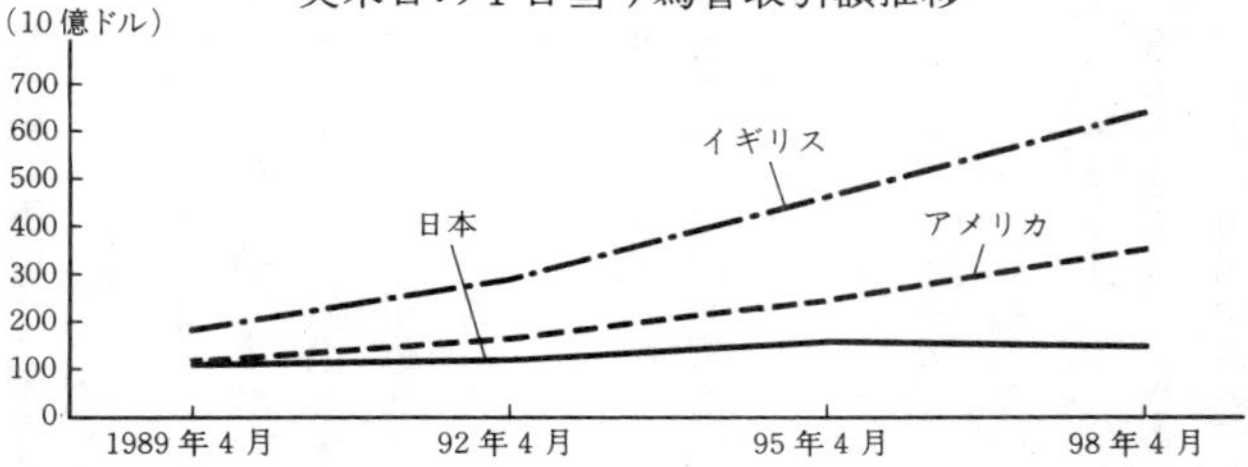

その他主要国の1日当り為替取引額推移

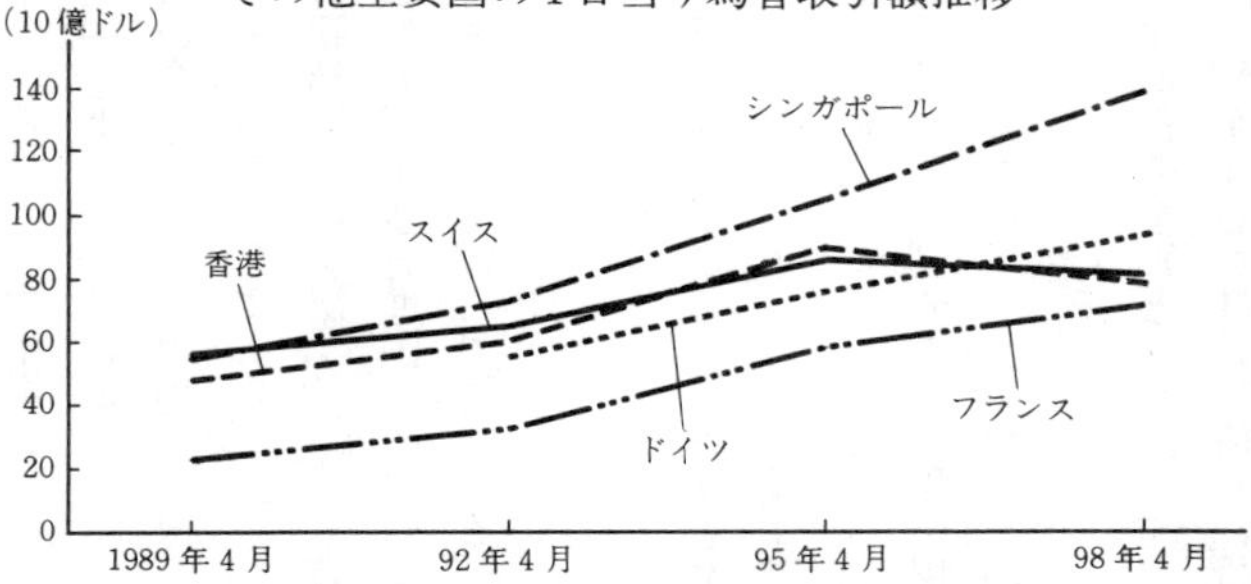

資料：BIS「Central Bank Survey of Foreign Exchange and Derivatives Market Activity in April 1998：Preliminary Global Data」.

アメリカを中心に見た資本フロー(億ドル)

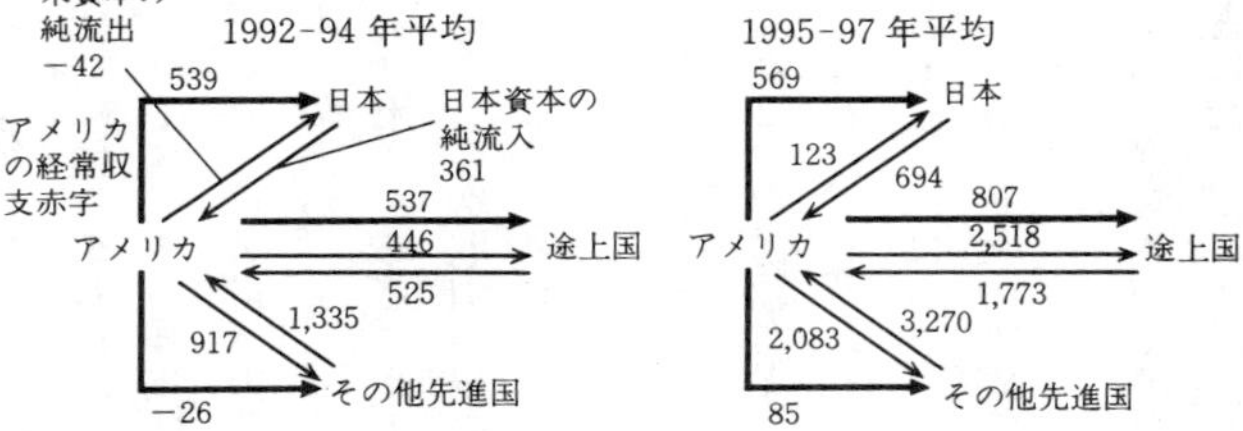

資料：DOC「Survey of Current Business」各号.

②金融資本市場　国際的な資本の調達・運用市場としては、ロンドン（シティー）、ニューヨーク（ウォール街）、東京が三大中心地となっている。ロンドンは、伝統的に積み重ねられた金融ノウハウを背景に、ゆるぎない金融センターの地位を保っている。ニューヨークの強味はアメリカの政治力、軍事力、経済力を背景としている。東京が三大金融センターに仲間入りしたのは、経済力の強化と国内の貯蓄超過（＝経常収支黒字）を背景にしたものである。

非居住者にも開かれた市場として、主要先進国の金融資本市場とユーロ市場がある。ユーロ市場とは、ある国の通貨の発行国以外のところで行われる、その通貨による金融取引市場のことである。たとえば、ロンドン（あるいは香港）で行われるドル（あるいは円）建ての預金・貸出取引や証券発行は、ユーロ取引である。

資本調達には、銀行借入れと証券発行がある。いま主要各国の銀行の対外債権残高をみると、銀行融資では、ユーロ・シンジケート・ローン（ユーロ市場での複数の銀行による協調融資）を含むイギリスがマーケットとしては最大であるが、銀行所有者の国籍でみると、ドイツ、日本、フランス、アメリカ、スイスなどが大きい。他方、国際市場で発行される証券にはさまざまな形態があり、いろいろの形のものが誕生し、かつ消滅している。しかし、そうした中で固定利付債は依然として債券発行の中心となっている。

資本の運用は、実物資産に対する投資を別とすれば、主として先進国の金融資本市場で行われ、ユーロ市場を含め、主要国で預金するか株式・債券に投資することになる。

銀行の対外債権残高(1999年3月末)
—銀行の所有者国籍による内訳—

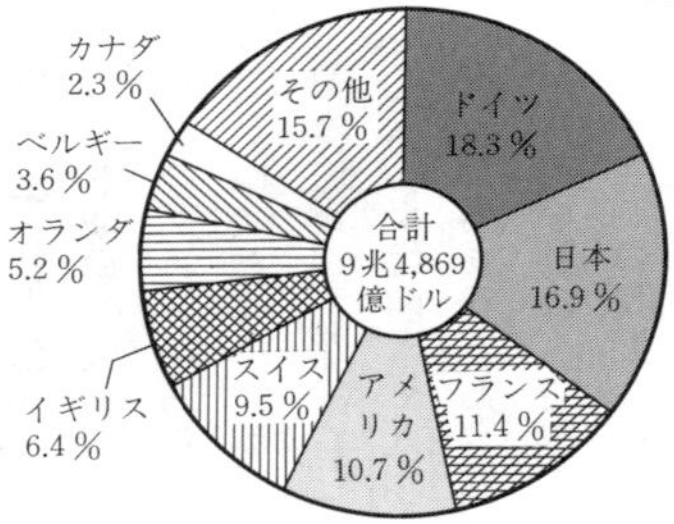

資料：同右.

国際債発行残高
(1999年6月末)

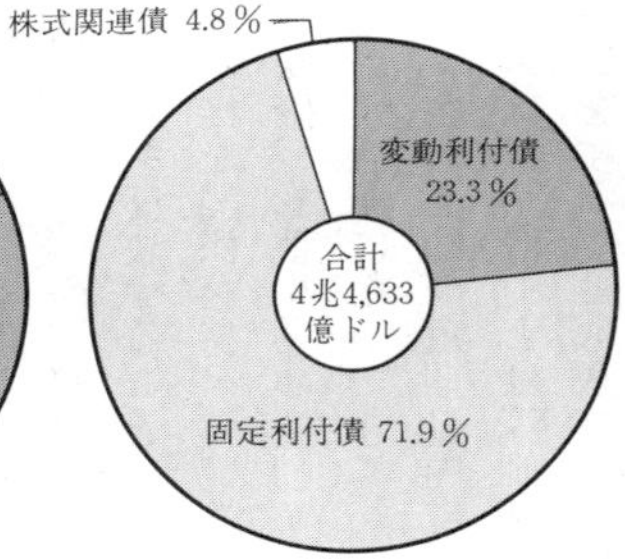

資料：BIS「International Banking and Financial Market Developments」.

世界の主要株式市場時価総額
(1999年9月末)

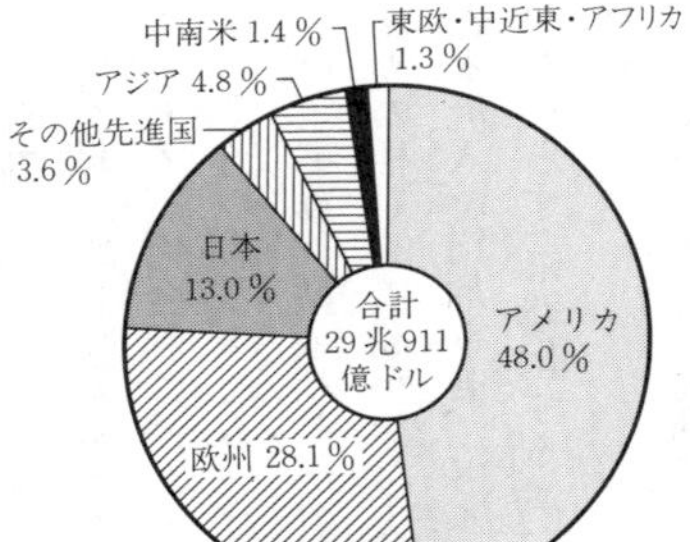

資料：http://www.fibv.com/marketin.asp

先進6ヵ国の債券時価総額
(証券取引所ベース, 1998年末)

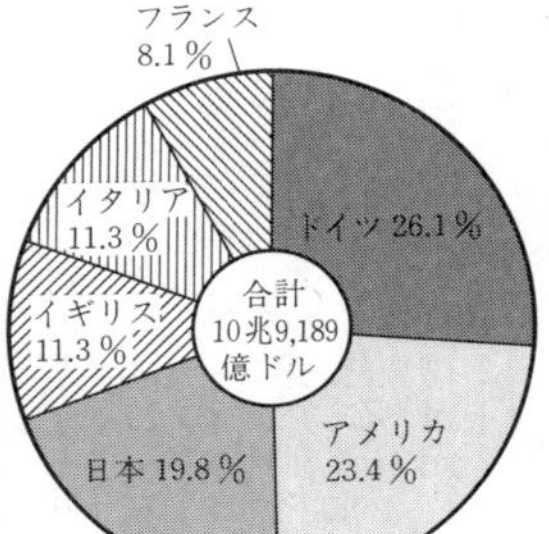

資料：日本銀行「国際比較統計 1999」.

③金利・株価・その他金融商品　資本は、期待される収益が低いところから高いところへ流れる。原則的に資本移動の規制がない場合、資本は国境を越えて自由に高収益を求めて移動するが、いつでも為替リスクがある。各国の金融政策によって短期金利に差があっても必ずしも資本移動がおこるわけではないが、長期金利の差は資本移動の誘因になる。ただ、物価上昇率が高い(低い)国は通貨が下落(上昇)する傾向があるから、実質長期金利差が資本移動の要因といえよう。一九八〇年代前半や九〇年代後半のアメリカの相対的に高かった実質金利は、アメリカ経済への信認の高まりとともに、アメリカへの資本流入を増加させ、ドル高の原因にもなった。こうした資本移動は、各国の実質長期金利水準をならす(平準化する)働きをするが、それだけ各国の金融当局の長期金利に対する影響力を制限する。

その結果として、先進諸国間の長期金利は連動する傾向があり、金利差は主として(予想)インフレ率の差を反映することになる。債券と並んで主要な投資対象となる株式の価格は、金利の動きと密接な関係を持っているが、企業収益に影響する様々な要因にも左右される。

金利、株価、為替相場の変動リスクを軽減する手段としての先物、オプション、スワップ取引はますます活発になってきている。先物取引とは一定期日後に一定の価格で取引するもの、オプション取引とは一定期日内に一定の価格で買う権利(コール)、売る権利(プット)を取引するもの、スワップ取引とは等価交換契約のことだが、為替取引で直物と先物市場で同時に同額の反対売買をすることもスワップ取引という。

長期金利の推移

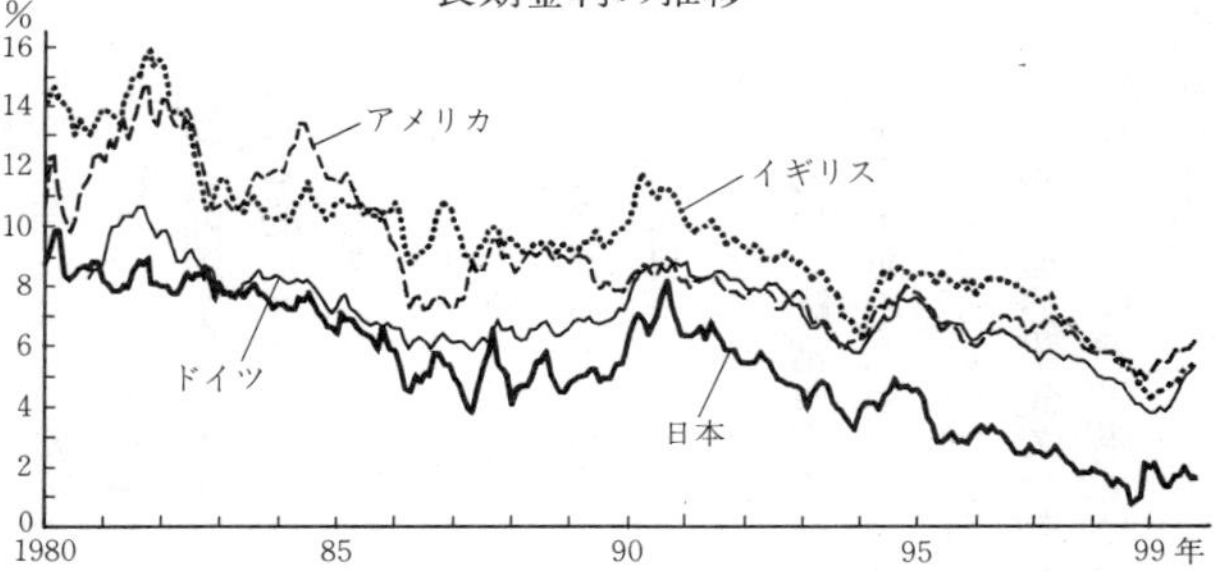

株価指数の推移（1980年＝100）

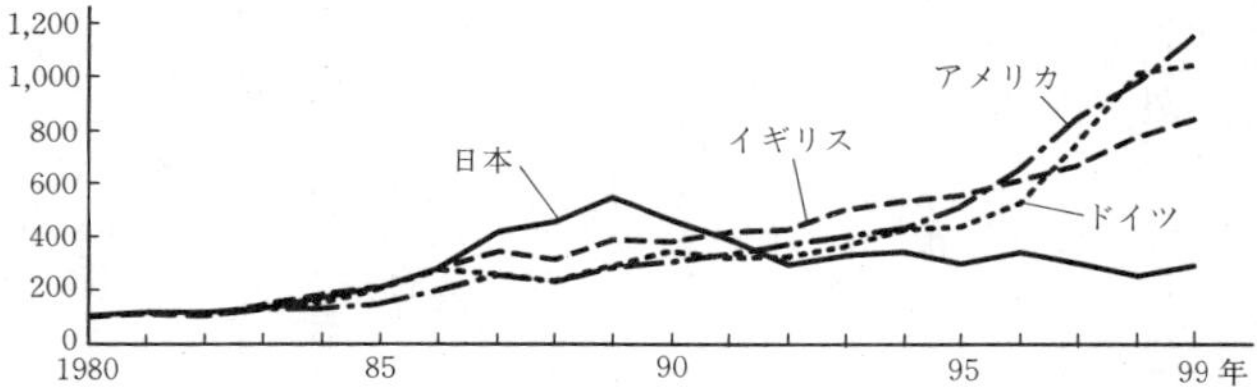

金融先物取引残高（1999年6月末）―取引所ベース―　オプション取引残高（1999年6月末）―取引所ベース―　スワップ取引残高（1997年末）

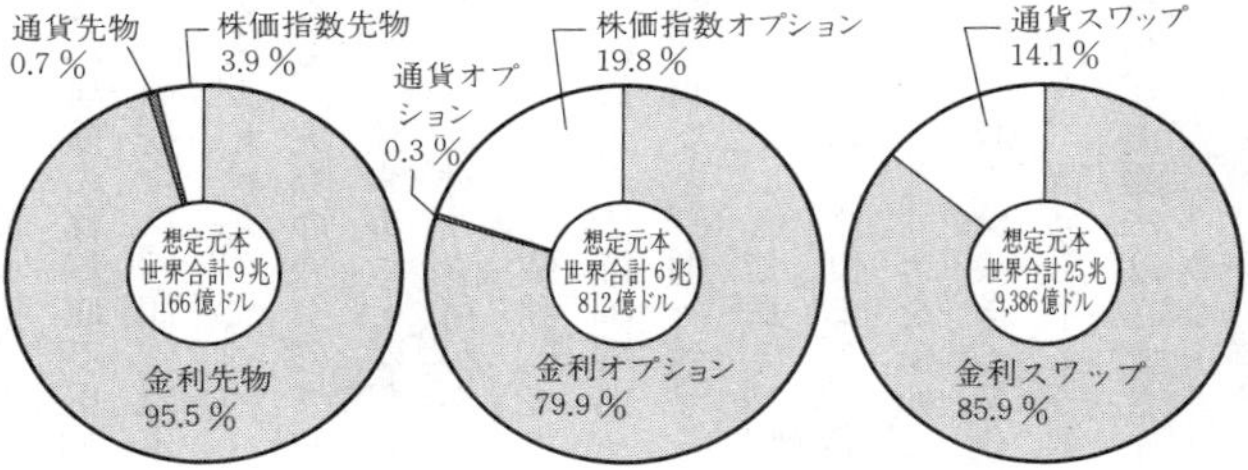

資料：BIS「International Banking and Financial Market Developments」.

④国際収支と資本取引　各国が国際的に行う財貨(モノ)、サービスおよび資本(カネ)の取引勘定は「国際収支」に要約される。このうち、財貨・サービス収支に無償の移転収支を加えたものを「経常収支」と呼ぶ。そして、この経常収支の収支尻(赤字、黒字)は同額の資本収支(主として長期資本)の黒字ないし赤字(ネットの流入あるいは流出)と照応する。つまり、経常収支は基本的にサイン(+、−)が逆の資本収支と一致する。もっとも、実際の取引のズレや統計の取り方もあって、一国ではもとより、世界全体の双方の収支尻が一致することはない。国内資本が出ていくとそれだけ対外債権がふえ、逆に外国資本が流入すると対外債務がふえる。資本収支が赤字で、資本がネット(差引)で流出すると対外債権残高がふえる。債務国であれば対外債権残高が減る。現在、アメリカが世界最大の債務国で、日本は最大の債権国である。

九〇年代に顕著になった国際収支の特徴の一つは、資本収支が経常収支と原則一致することはするが、資本の流入額と流出額がネット・ベースでも大きくなってきたことである。特にアメリカの場合、経常収支の赤字が増えたにもかかわらず、その赤字を大きく上回る外国資本のネット流入があるため、アメリカ資本のネット流出が巨額にのぼった。アメリカを筆頭に先進諸国からの資本が途上国に流れた結果、九〇年代における途上国の経常収支は大きく悪化した。国際収支の発展段階説では初期が貿易赤字・資本収支黒字、そして漸次、貿易黒字・資本収支赤字になり、最成熟段階では投資収益以外は赤字になるといわれるが、実際にはさまざまな発展形態がある。

主要3ヵ国の国際収支

アメリカの国際収支

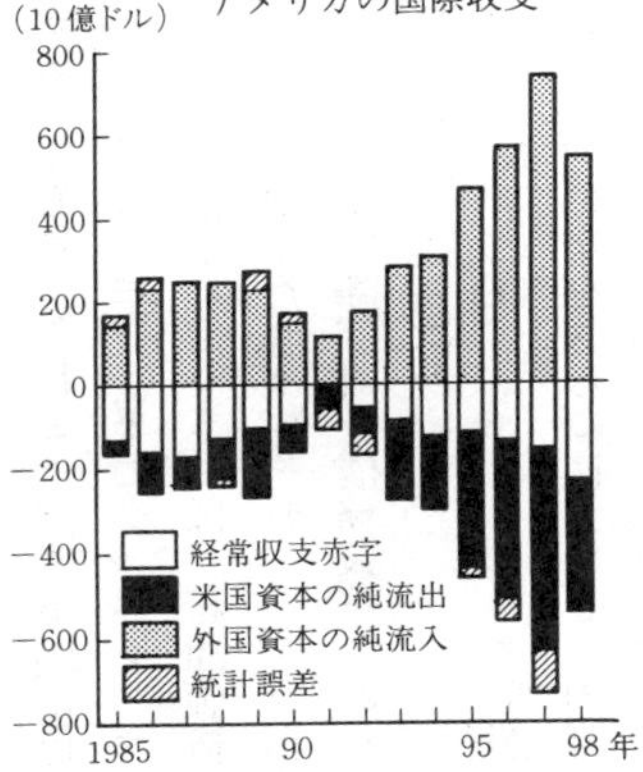

イギリスの国際収支

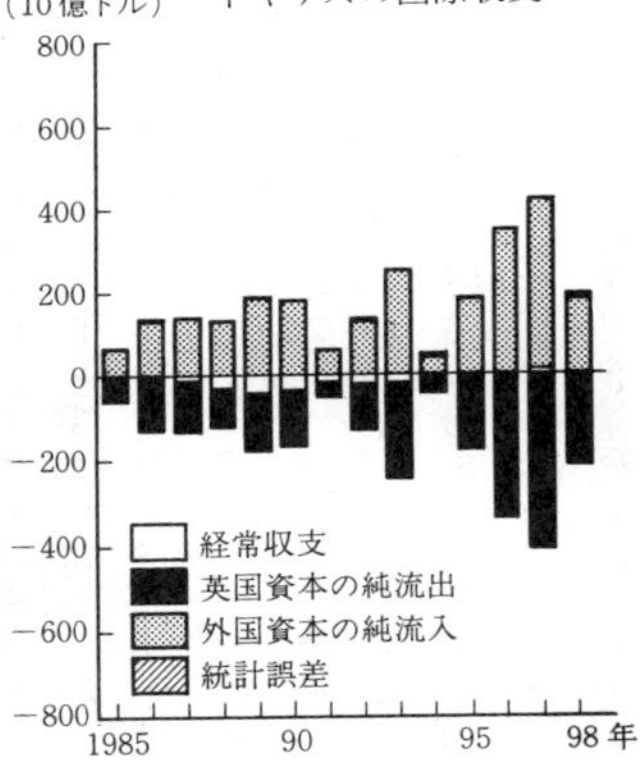

日本の国際収支

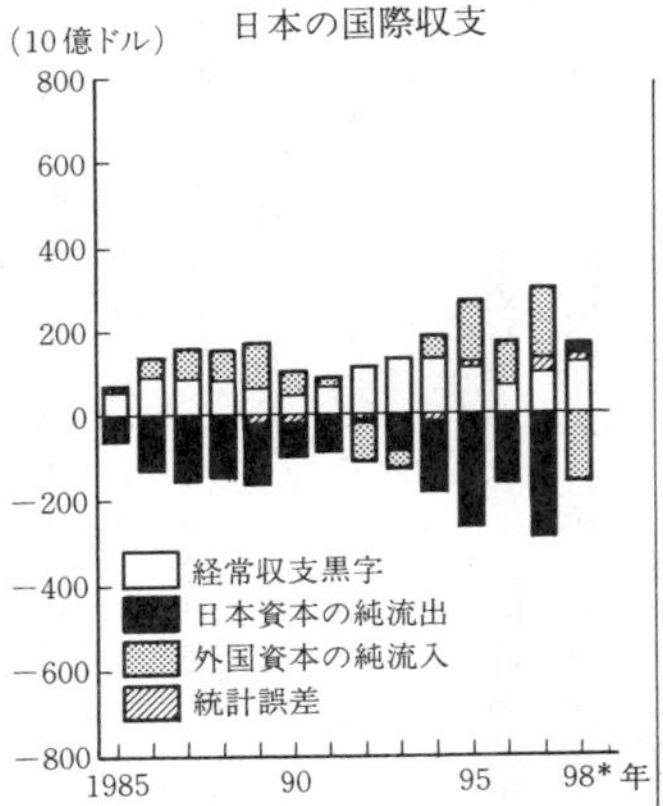

注：＊第1-第3四半期データを年率化.

資料：IMF「International Financial Statistics」.

先進工業国，発展途上国の経常収支の推移

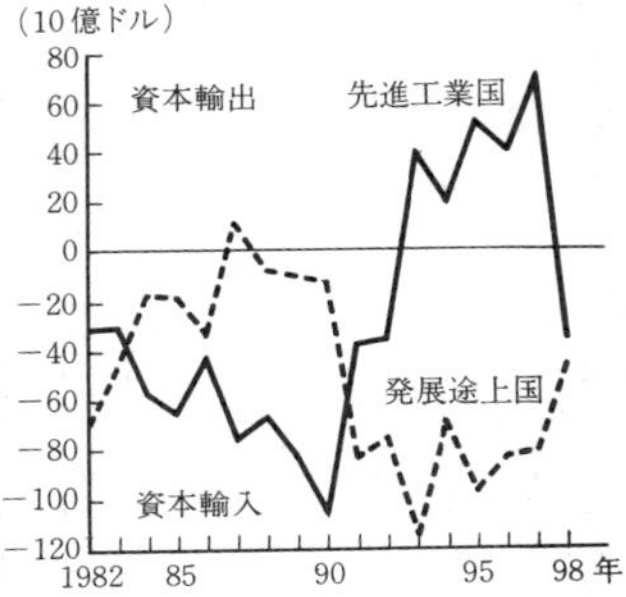

資料：IMF「International Financial Statistics Yearbook」1999.

⑤マネーの盛衰　これまで国際金融市場で猛威を振るったマネーがある。七〇年代のオイル・マネー、八〇年代後半のジャパン・マネー、九〇年代後半のアメリカン・マネーである。

七〇年代のオイル・マネーは、石油価格の大幅引き上げによって石油輸出国に巨額の貿易・経常収支の黒字がたまり、それがユーロ市場などを経由して中南米諸国などへ貸し付けられた。しかし、八二年以降、対外債務返済問題から中南米諸国に「失われた一〇年」と言われるほどの調整を強いることになった。

八〇年代後半には、ジャパン・マネーが世界の耳目を集めた。円高は国内経済にデフレ圧力をもたらし、黒字をさらに拡大させ、円高を促進した。政府は、財政再建を理由に、景気対策の主役を財政政策の代わりに金融政策に求め、金融が超緩和となった。物価は安定的に推移したが、余剰資金は土地と株式に向かった。同時に、国際的分散投資に関する規制が緩和され、日本の機関投資家の対外証券投資は巨大なものに達した。また、欧米における日本製品に対抗する保護措置に対応して、日本企業の対外直接投資も急増した。

九〇年代後半になると、アメリカ経由の資本流出が巨額なものとなった。アメリカは、経常収支の赤字にもかかわらず、それを大きく上回る外国資本の流入があり、余剰資金が大量に途上国などに流れ、経済危機をもたらす一因となった。ジャパン・マネーが圧倒的に債券投資が中心だったのに比べ、アメリカン・マネーの特徴は、直接投資を含めて株式投資が比較的大きいことであり、外国の企業経営の在り方やより広く経済システムに対して大きな影響を持った。

石油輸出国の経常収支

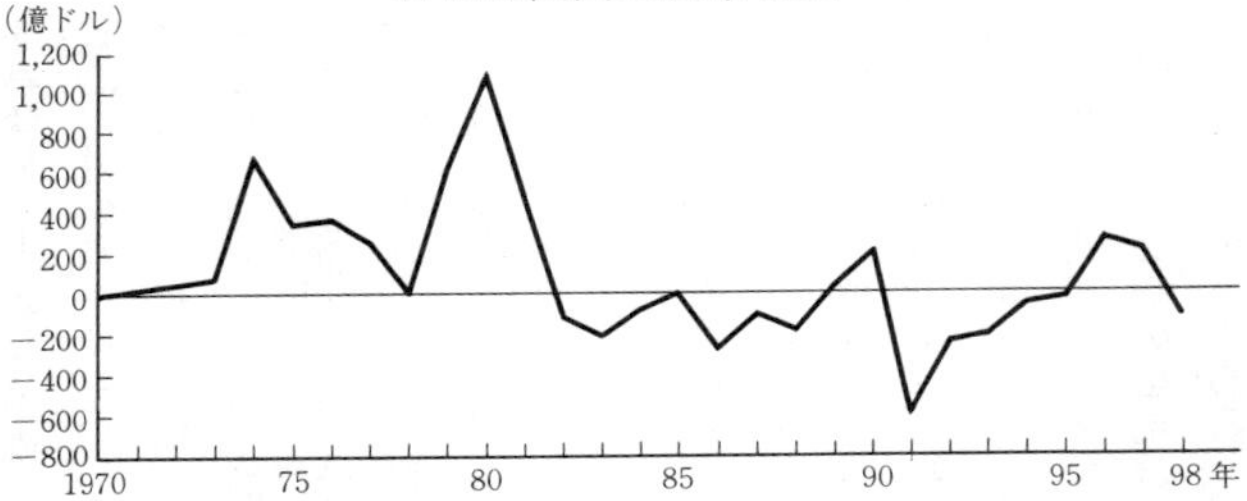

資料：IMF「International Financial Statistics Yearbook」1985, 1999.

自国資本の純流出額とその内訳

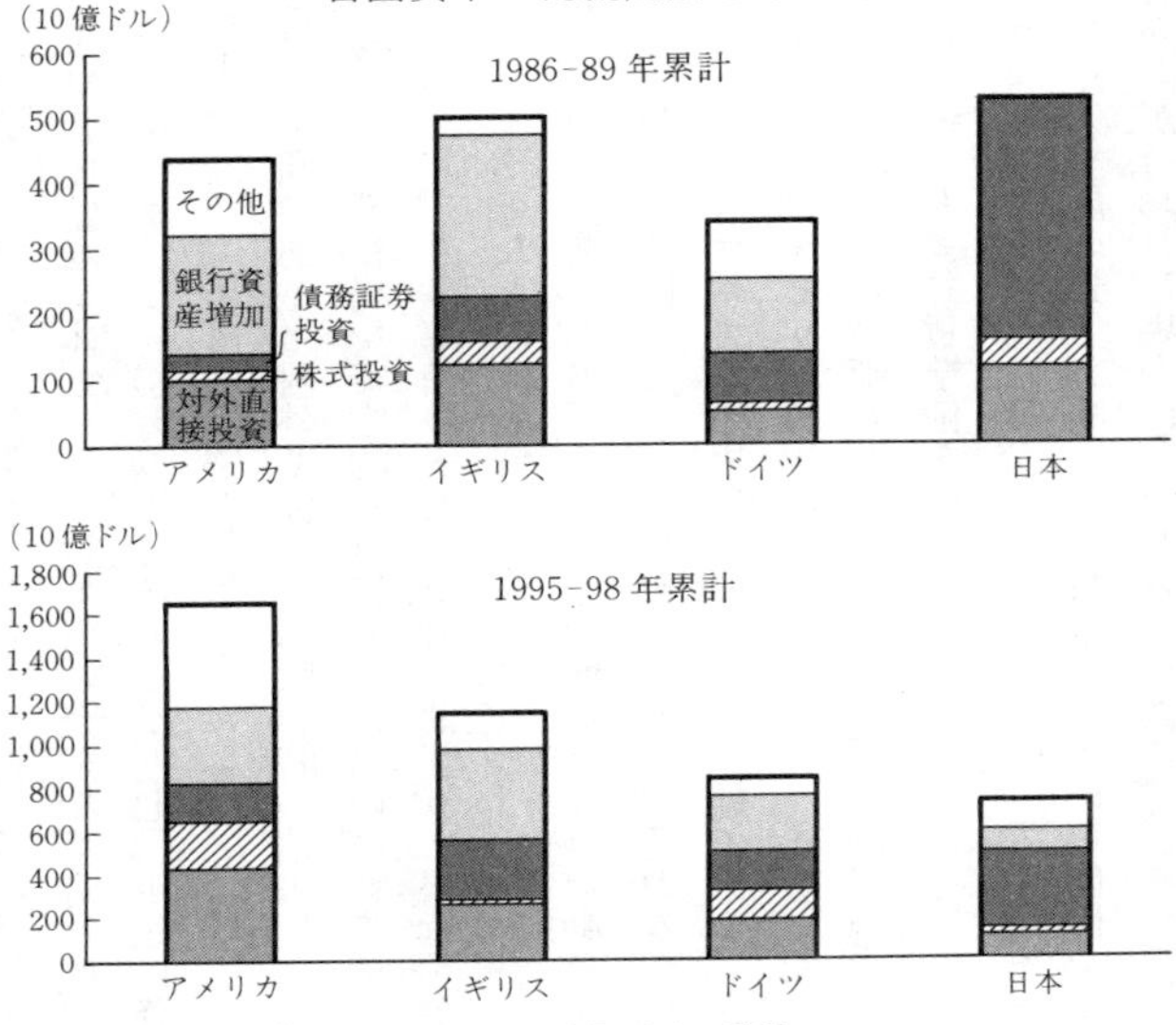

資料：IMF「International Financial Statistics」1997.

⑥為替レートと対外準備　多くの国が変動為替制度をとり始めたあとも、世界各国は相当額の公的対外準備を持ちつづけている。ＩＭＦ加盟国全体として、貨幣用の金を除く対外準備資産は、財・サービスの輸入額に対して六〇年代までは一〇%以下であったが、七〇年代以降はおおむね一〇～一三%で推移し、九〇年代には二〇%ほどに上昇してきた。その九割以上（金を除く）が主要国通貨建て資産である外貨準備である。対外準備は、①緊急時の輸入代金の支払のため保有する、と同時に②多くの場合、為替相場を安定的に維持するための為替市場への介入資金を確保するために保有する。このため、外貨準備は一般に政府短期証券や銀行預金、たとえばアメリカの財務省証券（ＴＢ）やドル預金などの流動資産で保有される。

為替レートは、市場経済にとって最も重要な価格である。各国の生産性が異なった動きをするといった経済的要因からばかりでなく、政治的要因によっても変動するから、それを「固定しよう」と考えるのは非現実的である。しかし、すべてを市場に委ねるのも問題である。きわめて短期的で急速な通貨高は、物価安定には貢献するが、輸出産業の収益にはマイナスだし、逆に急速な通貨下落は、輸出の競争力を増すが、輸入物価の上昇をもたらす。したがって、通貨当局はその安定のために市場に介入し、そのとき外貨準備を使う。

中央銀行が市場に介入する場合、市場関係者はその〝介入姿勢〟に注目する。単に目先の為替市場がどうなるかを読むためだけでなく、当局の景気判断と金融政策の変更の可能性を読むことができるからである。国際的協調介入が行われる場合は、なおさらである。

為替レートと外貨準備高

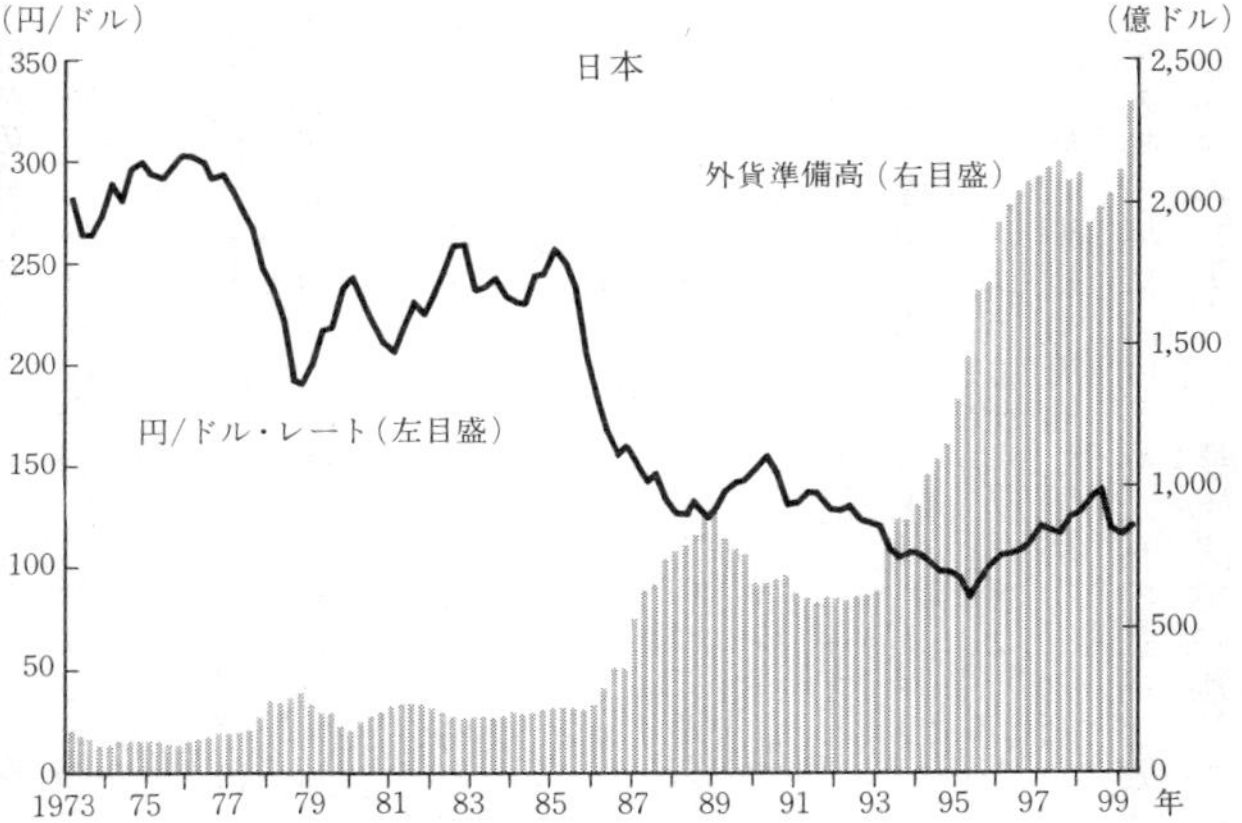

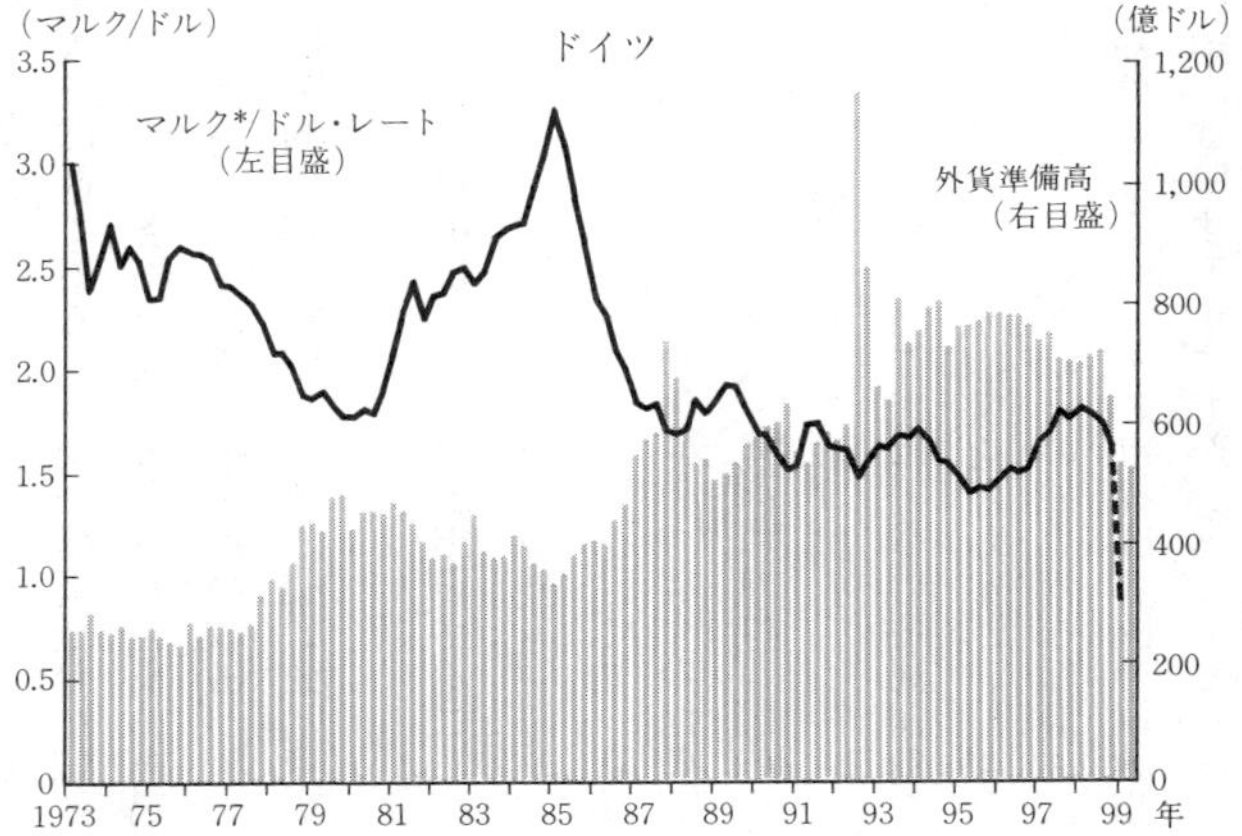

注：＊1999年からはユーロ.
資料：IMF「International Financial Statistics」.

⑦欧州の通貨統合　一九九九年一月、欧州統一通貨「ユーロ」がスタートした。第二次大戦後から始まった経済統合過程における一つの大きな前進である。欧州の経済統合が開始された九〇年七月からでも一〇年近い時間がかかった。まず、各国市場が統合され、単一市場が九三年に実現したあと、通貨統合の準備段階に入り、経済状況と財政金融条件の収斂が図られ、単一通貨の導入となった。その背後には、欧州の恒久的平和と安定を求める強い政治意志があった。

これで、為替リスクのない巨大な市場と米ドルにも対抗しうる通貨が出現することになった。当初のユーロ参加一一ヵ国(オーストリア、ベルギー、フィンランド、フランス、ドイツ、アイルランド、イタリア、ルクセンブルク、オランダ、ポルトガル、スペイン)の一九九八年の国内総生産は六・七兆ドル、人口は二・九億人である。当初参加しなかったその他の欧州連合(EU)四ヵ国(デンマーク、ギリシャ、スウェーデン、イギリス)を加えれば、国内総生産は八・六兆ドル、人口は三・七億人に達する。大きな単一通貨市場である。

ユーロを構成する一一ヵ国はユーロランドと呼ばれるが、そこでは一つの中央銀行(ECB)によって一元的な金融政策が行われ、各国中央銀行は政策実施機関となる。二〇〇二年からはユーロ紙幣、硬貨も流通し始める。物価の安定を目指すECBはその独立性を保証されており、それが為替市場におけるユーロの強さと安定の基盤となるが、それは構成各国の財政規律の行方や参加国の拡大に伴う意思決定の難しさをいかに克服するかにもかかっている。

欧州中央銀行制度(ESCB)の概要

欧州中央銀行(ECB)

目　的：物価安定

任　務：金融政策の策定・実施，外国為替操作，外貨準備の保有・管理，決済システムの運用・管理．

独立性：EUの機構，加盟国政府，その他いかなる者からも指図を受けても，求めてもいけない．

ECB政策委員会

性格：最高意思決定機関であり，ECB役員会メンバーと通貨統合参加国中央銀行総裁が出席．月2回開催(原則)．意思決定に際し，原則，政策委員会メンバーによる単純多数決(1人1票)を採用．

ECB役員会……総裁，副総裁，及び理事4名

通貨統合参加国中央銀行総裁(計11名)

通貨統合非参加国中央銀行総裁

ECB一般委員会

性格：総裁，副総裁と，EU加盟国中央銀行からなり，単一金融政策以外で，Pre-ins(当初非参加4ヵ国)が関係する事項について協議．

通貨統合参加各国中央銀行

性格：総裁はECB政策委員会に出席し，金融政策を決定．
ECB政策委員会で決定した事項の実施機関としての性格を有する．

通貨統合非参加国中央銀行

一般委員会に参加し，単一金融政策に関連しない事項で，Pre-insに関連するものについて協議．

主要な金融政策手段

○公開市場操作

1)債券オペレーション(レポ)……いずれも，固定金利方式と変動金利方式がある．

a)週次レポ……毎週水曜日，2週間物債券による．

b)月次レポ……毎月第一水曜日，3ヵ月物債券による．

2)その他……クイックレポ，為替スワップ，債券買い切り/売り切りオペなど．

○スタンディング(据置型)ファシリティー

1)限界貸出ファシリティー……不足資金のECBからの翌日物自動貸出．市場金利の上限をなす．

2)預金ファシリティー……剰余資金の受け皿として，ECBへの翌日物預金．市場金利の下限をなす．

出所：経済企画庁「世界経済白書 平成10年版」．

⑧ドル・ユーロ・円　国際通貨体制は多極化してきた。とくに、一九七一年のアメリカによる金・ドル交換停止以降、米ドル基軸通貨体制から多極通貨体制への移行がみられる。とくにその経済力を背景にしてドイツ・マルクと日本円が国際的に広く使われるようになり、八〇年代を通していわゆるドル・マルク・円の三極通貨体制が鮮明になった。この三つの通貨は、その安全性と決済上の利便性が高かったからである。ただ、九〇年代に入って以来、日本経済の長期低迷を反映して、円の国際的利用は相対的に後退した。一方、マルクは今後ユーロにとって代わられることになる。今後の通貨体制はドル・ユーロ二極体制になるかもしれない。しかし、日本の経済力と資本輸出力からして、円がアジアの一ローカル通貨になるとも考えにくい。

現在、三者のうちでもドルがあらゆる側面から見て圧倒的ウェイトを持っている。為替取引の中に占める割合も、外貨準備中の割合も最も高い。

大陸欧州諸国や日本の資本市場は、その調達・運用について、アメリカの巨大で自由な株式・債券・短期資本市場のほか、オプション・先物などの関連市場と比べると、量の点でも質の点でも及ばない。したがって、日本経済の復活とともにドル・ユーロ・円の三極体制に移行して行くとしても、その過程はゆるやかなものであろう。この際、中国元の強まりや、香港やシンガポールの金融市場の強さからいって、円というよりアジア通貨というべきかもしれない。

なお、以上三通貨についで国際金融市場でウェイトが高いのは、イギリス・ポンド、スイス・フランで、カナダ・ドル、オーストラリア・ドルがつづく。

ユーロ導入直前の主要通貨の重要度（国際利用の割合）

（%）

通　貨	非主要通貨のペッグ	各国中央銀行保有の外国為替準備	世界市場における外国為替取引(1)	国際資本市場	国際貿易	本国外で保有されている現金
米ドル	39	57	87	54	48	78
独マルク	6	13	30	11	16	22
日本円	0	5	21	8	5	(2)
英ポンド	0	3	11	8	} 15	0
仏フラン	29	1	5	6		0
その他EMS通貨	4	(2)	} 17	(2)		0
ECU	0	5		1	0	0
その他/不特定	22	15	29	12	16	(2)

注：(1)各通貨取引において2つの通貨が取引されるためシェアの合計は200になる．
　　(2)不明

資料：「The Annual Report of the Council of Economic Advisers」Feb. 1999.

世界における伝統的外国為替市場活動の通貨別分布

（1日当り平均取引高，%）

通　貨	1989. 4	1992. 4	1995. 4	1998. 4
米ドル	90	82	83	87
独マルク	27*	40	37	30
日本円	27	23	24	21
英ポンド	15	14	10	11
仏フラン	2	4	8	5
スイス・フラン	10	9	7	7
加ドル	1	3	3	4
豪ドル	2	2	3	3
ECUとその他EMS通貨	4	12	15	17
その他通貨	22	11	10	15
合　計	200	200	200	200

注：＊ドイツにおける独マルクがかかわる国内為替取引を除く．

資料：BIS「Central Bank Survey of Foreign Exchange and Derivatives Market Activity in April 1998 : Preliminary Global Data」.

そうではない。

⑨**為替制度**　現在の為替制度は、一般に変動相場制であるといわれている。しかし、実際は数の上からみれば、自国通貨を米ドル、その他のある特定の通貨、あるいはある通貨バスケットに対して固定している国が多数ある。ただ、これらの国は比較的小国が多く、経済関係の結びつきの強い大国の通貨や自国の輸出入構造に合った複数通貨を選んで固定相場制を採用している。

ほとんどの主要先進国は独立フロート(変動相場制)か、ユーロ構成国となっている。一九七三年に世界的な固定相場制度が崩れて以来、独立フロートになっている国は漸次ふえてきている。

ユーロはその前身である欧州通貨制度(EMS)の為替相場メカニズム(ERM)を発展させたもので、そのERMは参加国の為替相場をその中心レートから上下一定の幅に変動を制限した一種の固定相場制度であった。為替相場の安定には大きなメリットがあったためである。その後、欧州連合(EU)は経済通貨同盟(EMU)を実現させ、一つの中央銀行の下での単一通貨を持った。

アジアでは円を中心にした通貨圏ができるだろうか。アジア地域、とくに東アジアには全体に経済発展力があるとしても、また円を担う日本経済が復活するとしても、EMU的なものの誕生はまだ先であろう。

為替レート取り決め

独自の法貨を持たない為替取り決め(37ヵ国)
法貨としてその他通貨を使用(6ヵ国) パナマ他
東カリブ共同市場(6ヵ国) セントルシア, セントビンセント他
西アフリカ経済金融連合(8ヵ国) コートジボワール, マリ, ニジェール他
中央アフリカ経済金融共同体(6ヵ国) カメルーン, チャド他
ユーロ地域(11ヵ国) オーストリア, ベルギー, フィンランド, フランス, ドイツ, アイルランド, イタリア, ルクセンブルク, オランダ, ポルトガル, スペイン(イギリス, デンマーク, スウェーデン, ギリシャは当初不参加)

カレンシー・ボード取り決め(8ヵ国)
アルゼンチン, ボスニア・ヘルツェゴビナ, ブルネイ, 香港, ジブチ, エストニア, リトアニア他

他の通常の固定ペッグ取り決め(管理フロート下の事実上のペッグ取り決めを含む, 44ヵ国)
単一通貨に対するペッグ(30ヵ国) 中国, エジプト, イラン, マレーシア, サウジアラビア, シリア他
複合通貨に対するペッグ(13ヵ国) クウェート, ミャンマー他
その他 バングラデシュ

水平バンド内の固定為替レート(8ヵ国)
協力取り決め(欧州為替相場メカニズムⅡ, 2ヵ国) デンマーク, ギリシャ
他のバンド取り決め(6ヵ国) クロアチア, キプロス, アイスランド, ウクライナ他

クローリング・ペッグ(6ヵ国)
コスタリカ, ニカラグア, チュニジア, トルコ他

クローリング・バンド内の為替レート(9ヵ国)
コロンビア, チリ, ハンガリー, イスラエル, ポーランド, スリランカ, ベネズエラ他

為替レートについてあらかじめ明らかにされたパス(進路)のない管理フロート(25ヵ国)
チェコ, パキスタン, カンボジア, ナイジェリア, ノルウェー, ルーマニア, ロシア, シンガポール他

独立フロート(48ヵ国)
インド, 韓国, フィリピン, 南アフリカ, オーストラリア, カナダ, ニュージーランド, スウェーデン, イギリス, ブラジル, インドネシア, メキシコ, タイ, 日本, アメリカ他

注：1999年4月4日現在.　出所：IMF「International Financial Statistics」.

⑩ＩＭＦ体制　第二次大戦後発足したＩＭＦ（国際通貨基金）は、戦前の為替切下げ競争などの国際通貨の混乱の反省から生まれた。加盟国（一九四六年三月、四〇ヵ国）は金一オンス＝三五ドルで金とリンクした米ドルに対する自国通貨の平価をもち、平価の上下一％以内に為替相場を、介入によって維持することが義務づけられた。そして、加盟国が国際収支不均衡に陥ったとき、安易な切下げ、輸入制限に訴えないよう、ＩＭＦが国際決済資金を融資してきた。また、平価の変更は国際収支の基礎的不均衡が生じた場合に限られていた。

しかし、この固定平価制は、いくたびかの通貨危機を経て一九七一年八月に崩壊した。基本的に日欧経済の台頭とアメリカの経済力の相対的低下による経済関係の変化によるもので、七三年三月以降、変動相場制に移行し、今日に至っている。

しかし、変動相場制の下でも、国際収支不均衡問題はなくなっていない。それだけに、国際協調の下でのＩＭＦ体制の効率化が必要であるが、現在のＩＭＦの主要先進国に対する影響力の行使には限界があり、また、九〇年代に入り、旧東側諸国が加盟し、これら経済の市場化を支援するという新たなチャレンジに直面している。さらに最近では、巨額な資本が動きまわることにより引き起こされる金融通貨危機への迅速な対応を求められている。

なお、ＩＭＦ加盟国数は九九年九月末で一八二ヵ国に達し、加盟国の出資額は二一〇二億ＳＤＲ（二九一七億ドル）、そのうち六二・一％が先進工業国によるもので（うちアメリカ一七・七％、日本六・三％、ドイツ六・二％）、発展途上国三七・九％となっている。

四　多極化と地域統合

「ボーダレス化した経済とボーダーの存在する政治との狭間で生じる様々な摩擦に対応して、常にその調整が求められるようになろう」

（経済審議会・二〇一〇年委員会報告「二〇一〇年への選択」一九九一年）

①世界経済の再編成　第二次大戦が終わったとき、敗戦国であった日本、ドイツ、イタリアはもとより、戦勝国の欧州諸国でも程度の差はあれ経済力が弱まっていた。ひとり、アメリカだけが、直接その国土が戦場にならず、むしろ武器等の供給国、戦費の調達国として経済的地位を強めた。戦後しばらくの間はそうした〝遺産〟の上で繁栄を続け、圧倒的な経済力を背景として政治力、軍事力も世界に君臨するにふさわしい強大さを持ち、まさに、パックス・アメリカーナの時代がしばらく続いた。

しかし、欧州、日本が経済復興とその後の継続的発展を遂げるにしたがい、アメリカの相対的経済力が低下していった。そして、東アジアを中心として発展途上国の一部も輸出主導の持続的な経済成長によって、その存在感を増していった。一九七〇年代から八〇年代にかけてまさに世界経済は多極化の時代に入った。

ただ、九〇年代に入ると、世界経済の市場化の流れや通信情報革命に対する対応の巧拙によって、国ごとの経済パフォーマンスに差が出てきた。最もうまく対応したのはアングロ・サクソン諸国で、改革を先行させ、持続的な経済成長を実現した。一方、アジア、中南米諸国は、金融・通貨危機に見舞われ、経済成長が一時的にしろ低下した。日本もこのグループに含まれる。これらの中間に位置するのが欧州諸国で、低いながらも比較的安定した成長が続いた。

今後とも、各国、各グループごとの経済パフォーマンスは異なるだろう。しかし、世界経済が北米、欧州、東アジアの三極を中心として発展するだろうことに変わりはない。

三極経済の比較

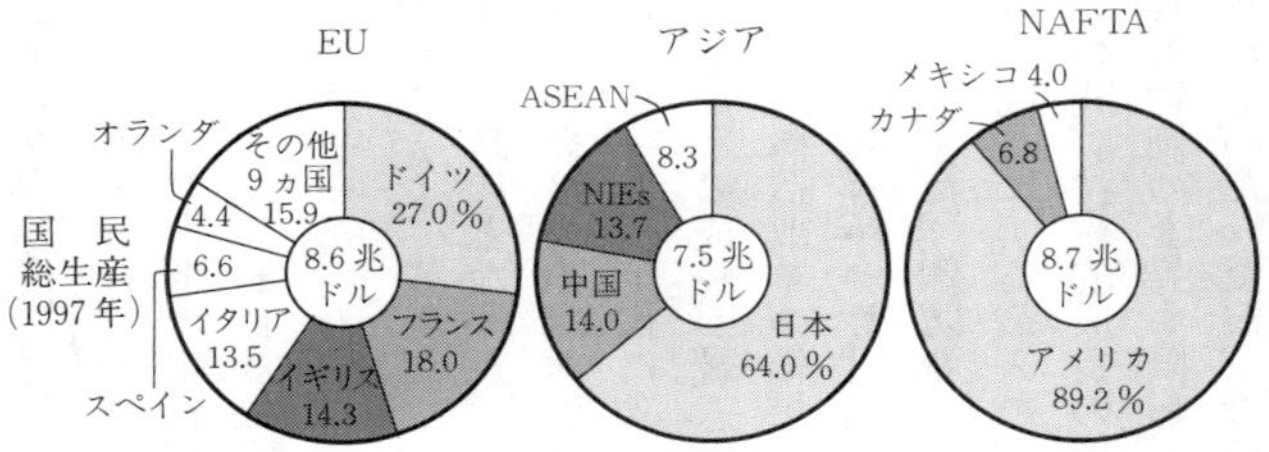

	EU	アジア	NAFTA
人口 (1999 年)	3.75 億人	18.52 億人	4.05 億人
輸入 (1998 年)	2.1 兆ドル	1.1 兆ドル	1.3 兆ドル

資料：「The World Bank Atlas」1999，UNFPA「The State of World Population 1999」，IMF「International Financial Statistics Yearbook」1999，その他．

日米独の実質国内総生産の推移

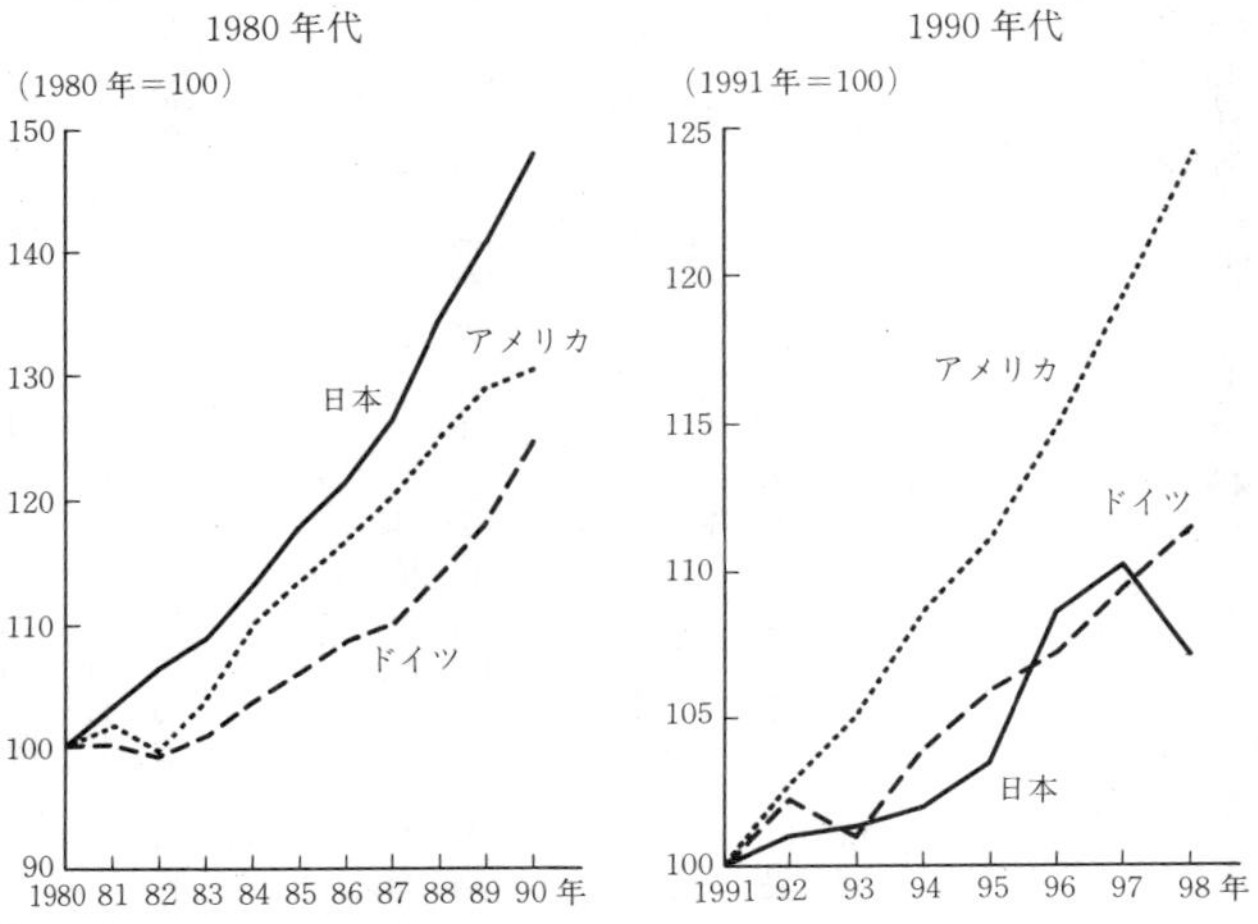

資料：各国統計による．

②アメリカ経済の復活　第二次大戦後しばらくの間、アメリカはその圧倒的な経済力、政治力、軍事力によって世界に君臨した。ドルはポンドに代わってほぼ唯一の基軸通貨となった。国連、IMF、世界銀行、GATTなどの国際機関においてもアメリカの影響力は圧倒的だった。しかし、日本および欧州が経済的な力をつけてくる一方、アメリカ経済は〝黄金の六〇年代〟以降やや勢いを失い、ベトナム戦争で苦しい立場に立ち、日・米・欧の力関係に相対的変化が起こった。そして、ソ連の崩壊とともに〝アメリカの冷戦疲れ〟も顕在化し、世界経済は多極化の時代となった。七〇年代以降九〇年代はじめまで、ドルは日欧通貨に対して下落し、アメリカ経済力の相対的低下はその後も続くと思われた。

しかし、九〇年代に入ってからのアメリカ経済はみごとに復活した。九二年以降九九年まで、物価安定下の成長が続き、戦後最長の景気拡大となり、株価も上昇し続けた。これは、基本的には経済構造改革の結果である。情報通信分野などでの規制緩和、金融制度改革、国防費の削減などが大きかった。活発化した情報関連投資が設備投資をリードし、物価安定下の成長に貢献した。また、国防費の対国内総生産比は八〇年代の六％台から三％そこそこにまで低下し、持続的成長による歳入の増加とともに、財政黒字をもたらした。

この間、持続的成長の結果、失業率は大幅に下がったが、賃金の上昇はモデレートなもので、消費者物価の上昇も限られたものにとどまった。これは、ドル高や途上国からの輸入にも支えられたものだったが、投資拡大による生産性の上昇も貢献したと思われる。

アメリカの実質経済成長率と消費者物価上昇率

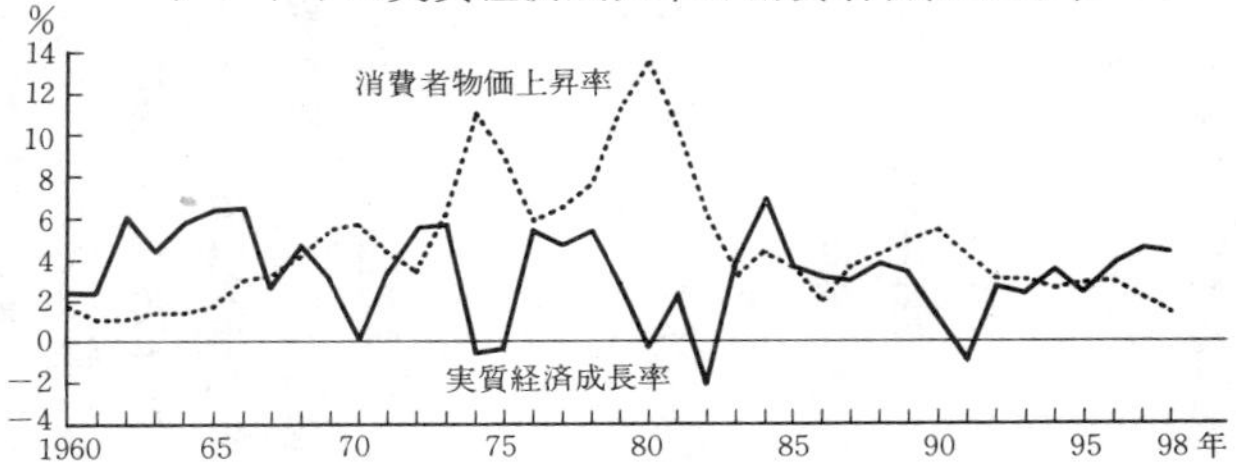

出所：米商務省．

アメリカのフィリップス・カーブ

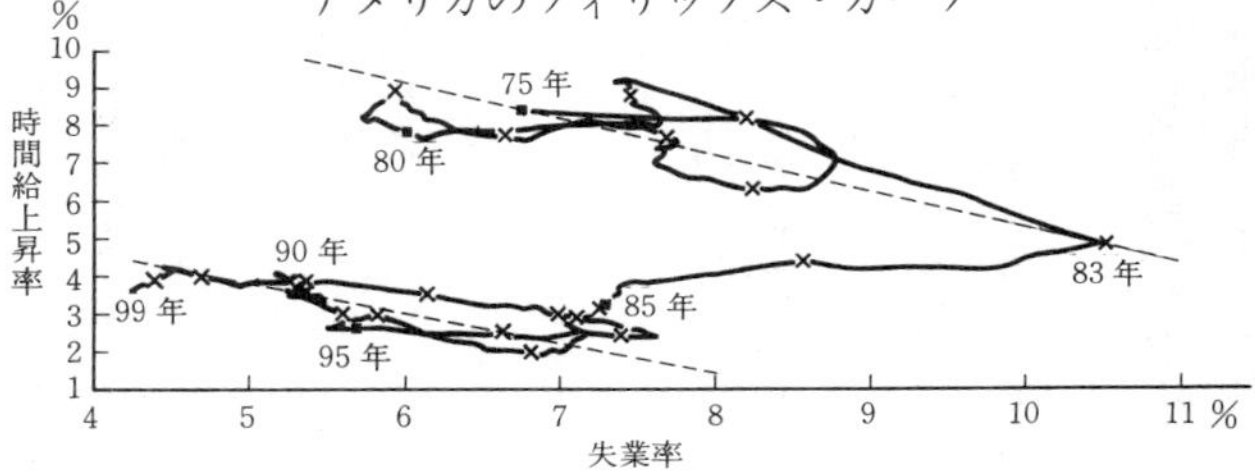

注：3ヵ月移動平均．このカーブはインフレと失業率の間の短期的トレード・オフ関係を示す．

出所：米労働省資料より大和総研作成．

1990 年代アメリカの実質成長率と情報化投資の寄与度

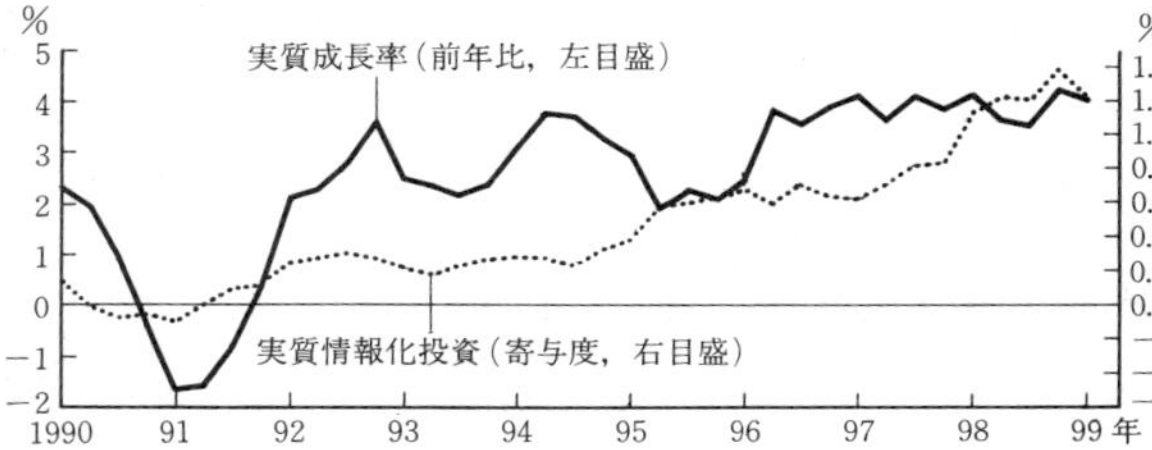

出所：米商務省．

③欧州統合の進展　EC（欧州共同体）は、一九六七年七月一日、ECSC（欧州石炭鉄鋼共同体）、EEC（欧州経済共同体）、EURATOM（欧州原子力共同体）の三共同体が決定・執行機関を統一し、発足した。その背景には、ドイツとフランスの間の「永遠の和解」を基礎として欧州全土に恒久平和をもたらそうという強い団結の意識があった。

ECはヨーロッパの復権と繁栄を目指してきた。経済の分野では域内の統一関税などを進めてきたが、非関税障壁を撤廃することにより、一九九三年にはEC域内でのヒト・モノ・カネ・サービスの国境を越える自由な移動を可能にする統一市場が発足した。

また、一九九三年にはマーストリヒトにおける欧州首脳会議で欧州統合に関する条約が発効し、EU（欧州連合）が発足した。EUはその前身のECをさらに発展させ、EMU（欧州経済通貨同盟）による域内通貨統一と欧州中央銀行（ECB）による金融政策の一元化に加え、共通の外交・安全保障政策や司法・内務に関する協調にまで踏み込んだものである。ここに至るまでには幾多の危機を乗り越えなければならなかった。これからも統合過程の深化は続いてゆく。共通通貨の誕生は極めて意義深く、大きい節目の一つである。金融政策以外の経済政策全般の協調を進めなければならないし、社会政策、外交・安全保障政策についての協調も道半ばである。

深化の一方で、中・東欧やその他近隣諸国の加盟申請を拒否する理由はない。今後とも、EUは拡大と深化をくり返しながら発展してゆくだろう。

欧州統合の歩み

1950	シューマン・プラン発表(戦間期にも汎欧州運動)
1952	欧州石炭鉄鋼共同体(ECSC)発足
1958	欧州経済共同体(EEC)，欧州原子力共同体(EURATOM)発足
1967	欧州共同体(EC)発足：ECSC, EEC, EURATOM の主要機関の統合
1979	欧州通貨制度(EMS)発足：為替相場メカニズム＋欧州通貨単位(ECU)
1987	単一欧州議定書の発効(92 年までに共同市場の創設)
1989	欧州経済通貨同盟(EMU)に関する EC 委員長ドロールの 3 段階案
1990	EMU 第 1 段階開始：域内資本移動の完全自由化と加盟国の EMS 参加
1991	マーストリヒトの首脳会議で欧州連合(EU)に合意：EMU の創設と共通の外交・安全保障政策及び司法・内務協力
1993	単一市場開始，マーストリヒト条約発効
1994	EMU 第 2 段階開始：経済・金融政策の協調を進め，ECB の前身の欧州通貨機構(EMI)を創設
1998	欧州中央銀行(ECB)設立
1999	EMU 第 3 段階開始：単一通貨ユーロの導入(当初の参加 11 ヵ国通貨の対ユーロ・レートを非可逆的に固定)
2002	ユーロ紙幣・硬貨の流通開始(6 ヵ月以内に各国通貨の回収・交換)

EU の拡大

欧州協議会(年 1 回，28 ヵ国参加)

EU(15 ヵ国)

通貨統合参加国(11 ヵ国)
- ドイツ
- アイルランド
- フランス
- オーストリア
- イタリア
- スペイン
- オランダ
- ポルトガル
- ベルギー
- フィンランド
- ルクセンブルク

通貨統合非参加国(4 ヵ国)
- イギリス
- ギリシャ
- デンマーク
- スウェーデン

加盟申請国(13 ヵ国)

正式加盟交渉開始(6 ヵ国)
- ハンガリー
- チェコ
- ポーランド
- スロベニア
- エストニア
- キプロス

加盟準備交渉開始(7 ヵ国)
- ルーマニア
- スロバキア
- リトアニア
- ブルガリア
- ラトビア
- トルコ
- マルタ

出所：「世界経済白書 平成 10 年版」を基に作成.

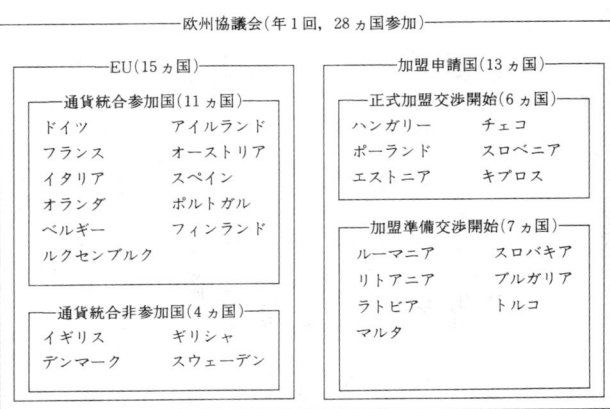

④ＮＡＦＴＡの展開　アメリカ、カナダ、メキシコの三国は、一九九二年、市場統合をめざすＮＡＦＴＡ（北米自由貿易協定）を締結した。内容は関税を段階的に撤廃し、さらに非関税障壁も取り除き、投資規制も除去する、というものである。実際に、三国間の経済的結びつきは強まってきたし、一九九四年のメキシコ経済危機が短期で終息したのも、関係強化を背景としたアメリカの助けが大きかった。

協定の目的は、ＥＣに対抗するというよりは、この地域の統合を土台として、まずは米・加の間で協定が結ばれ、ついでメキシコを入れたわけだが、さらにその他の中南米諸国も入れて、世界第一の市場を作ることにあるとされている。しかし、ある自由貿易圏をつくるためには、そこに加盟しない国に対して排他的な措置がとられないとも限らず、欧・日の企業などはその点を警戒している。また、ＮＡＦＴＡ加盟三国内でも、産業・貿易構造も投資力も格差があるから、十分に歩調が揃わないという点も生じかねない。先進的な自動車、通信、電子機器、金融などの分野と他方での繊維製品や農産物などの分野で複雑な調整の問題が生ずることもありえよう。ブッシュ前アメリカ大統領は同協定の合意に際して「ＮＡＦＴＡは市場を開放し、雇用を創出する。われわれは世界で最も競争力のある企業になる」とのべたが、それは同時に、カナダ、メキシコの企業にとってもそうでなければならないわけで、互恵共存ということは口でいうほど簡単ではない。

なお、中南米の一部ではＮＡＦＴＡ加盟を希望しながらも、なお警戒感をもつものもある。

アメリカ，カナダ，メキシコの経済成長率

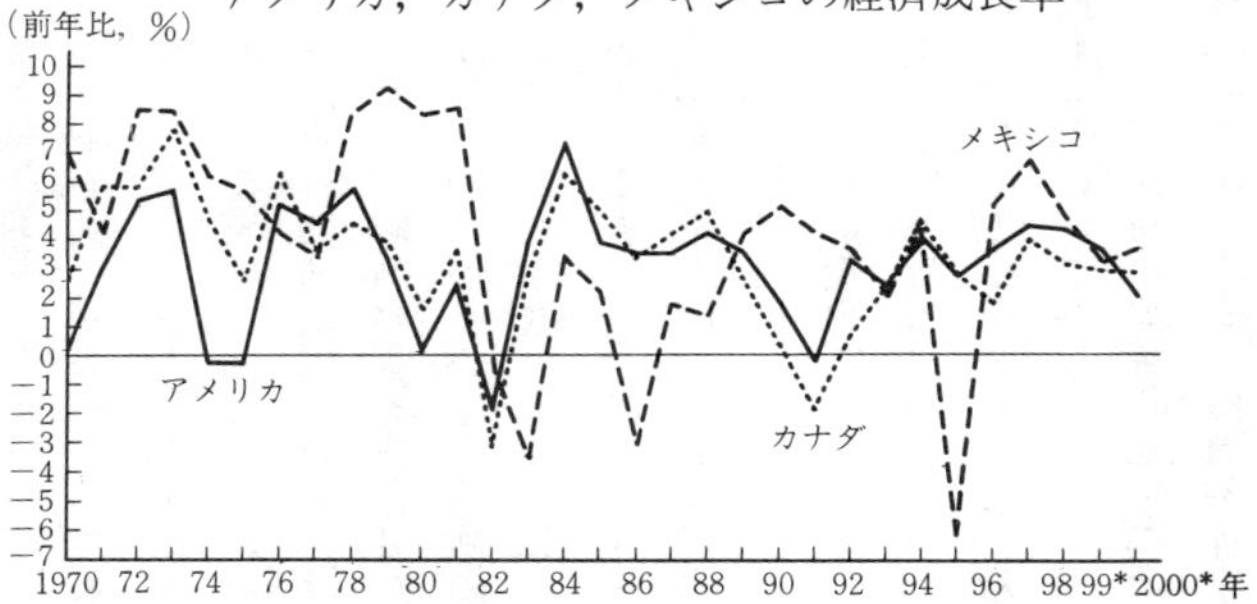

注：＊1999，2000年はOECD予測値．
出所：IMF「International Financial Statistics Yearbook」1999, U.S. Department of Commerce, OECD「Economic Outlook」June 1999.

NAFTA加盟国間の貿易

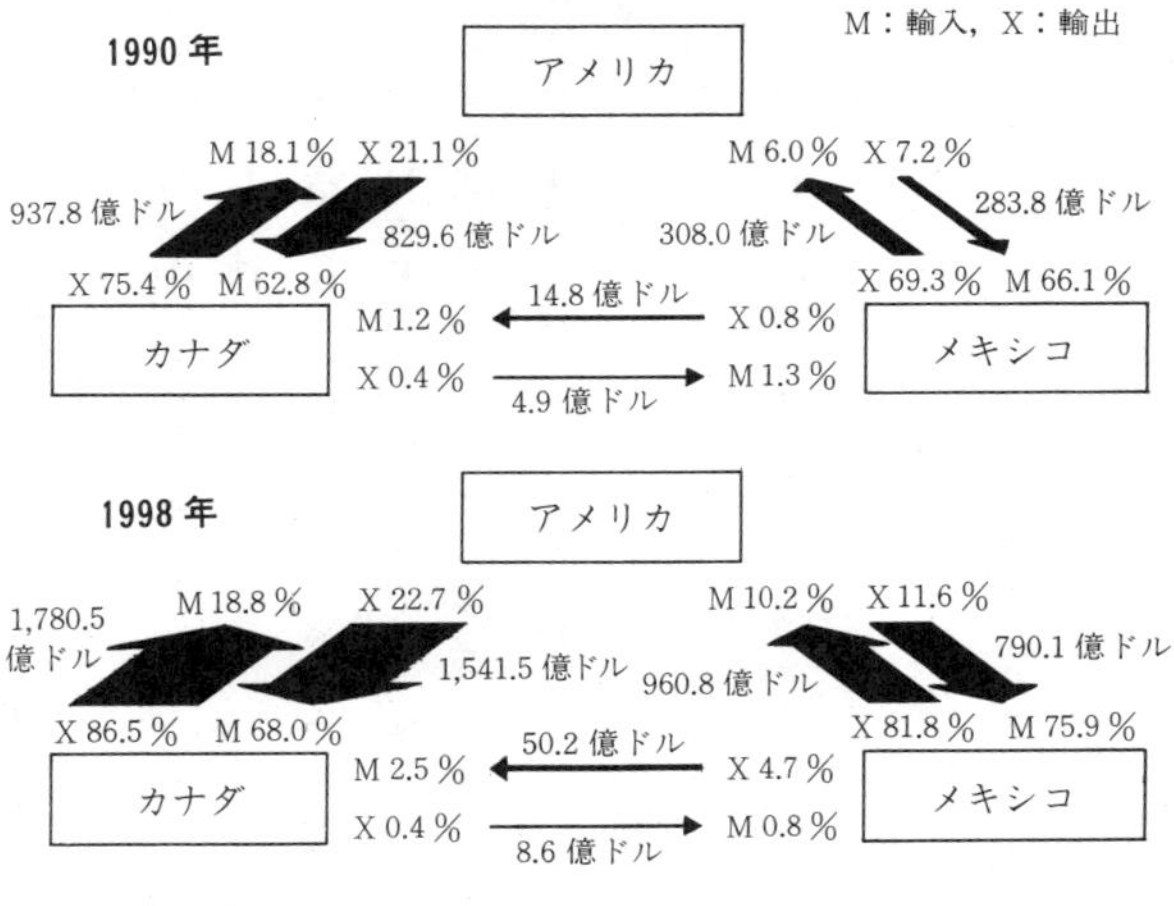

出所：IMF「Direction of Trade Statistics」．

⑤地域間貿易　貿易は、その国・地域の資源、工業力、生産性の状況はもとより、その国と周辺諸国の結合関係によっても、発展のテンポ・内容が左右される。

現在、最も活発な貿易取引が行われている地域はEUを中心としたヨーロッパ、北米、日本を軸にした東アジアで、これら三地域で世界商品貿易の八割以上を占めている。

それぞれの地域内の貿易には特色があり、ヨーロッパとくにEUの場合は水平分業が最も進んでおり、域内の貿易依存度が他地域に比べて高い。NAFTA、アメリカに対する貿易収支は通常どちらかといえば均衡に近いが、輸出比率は一割を下回る。これに対して、日本を含む対東アジアでは輸入超過になっているが、輸出入比率ともやはり一割に満たない。

NAFTAの場合は、対東アジア貿易の比率は最近では対EUよりも高くなりつつあるが、輸入が輸出を上回っている。つまり、アメリカの貿易収支は東アジアに対しては大きい赤字になっている。最近、アメリカあるいはEUのアジア諸国に対する貿易要求がきびしくなり、時として保護主義的になるのは、このような事情があるからである。

東アジアの場合、日本、アジアNIEs、ASEAN、それに最近では中国がアメリカ、EUに対して黒字を記録している。輸出の伸び率では日本が小さいが、貿易収支の黒字は日本が最も大きい。

なお、貿易の地域間変化には、為替変動――たとえば円高――を媒介として、生産拠点の海外への進出、あるいは貿易赤字国の黒字国からの資本輸入によって促進されている部分がある。

財貿易における相互依存関係

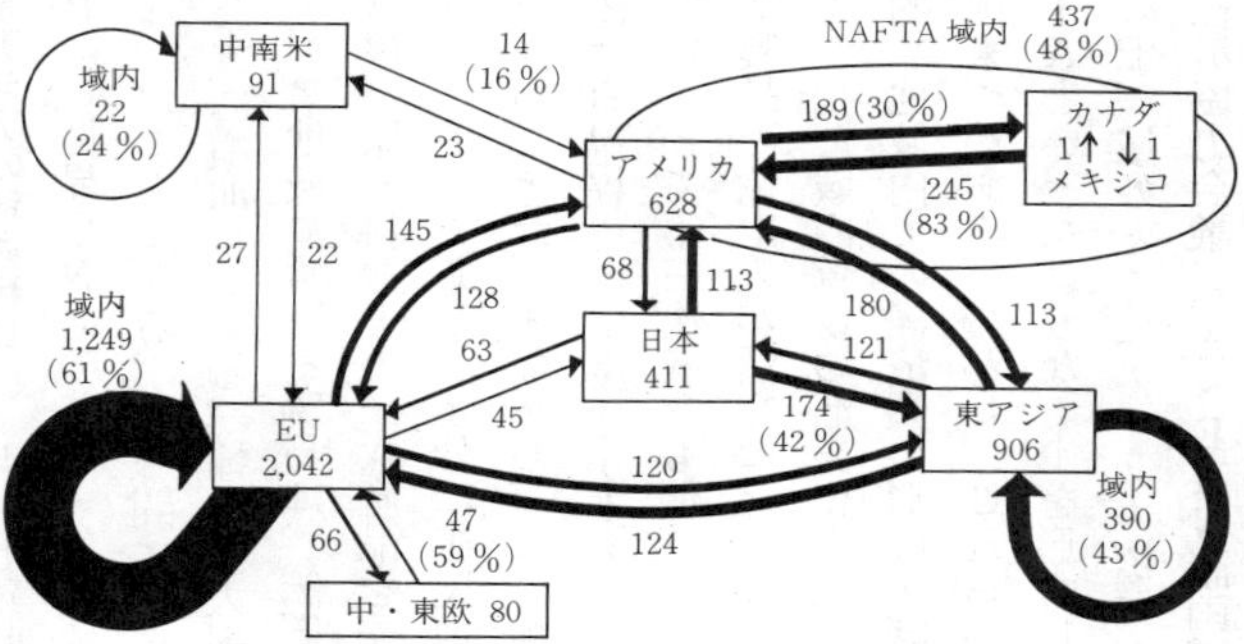

注：数値は1996年の輸出金額(単位：10億ドル)．(　)内は輸出の対世界シェア．中南米はアルゼンチン，ブラジル，チリ，パラグアイ，ウルグアイの5ヵ国．中・東欧はポーランド，ハンガリー，チェコ，スロバキア，ルーマニア，ブルガリアの6ヵ国．

出所：「通商白書 平成10年版」．

直接投資残高における相互依存関係

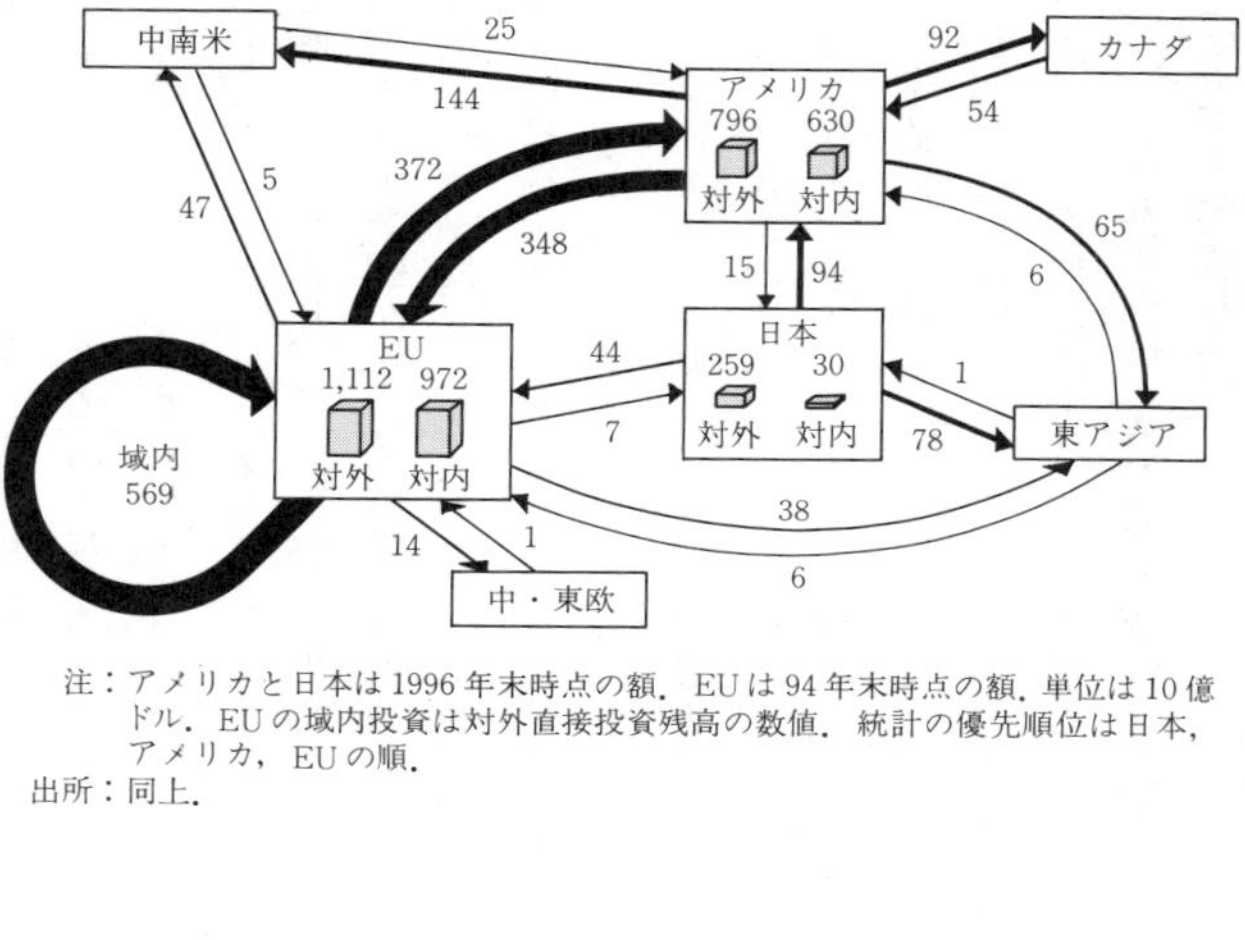

注：アメリカと日本は1996年末時点の額．EUは94年末時点の額．単位は10億ドル．EUの域内投資は対外直接投資残高の数値．統計の優先順位は日本，アメリカ，EUの順．

出所：同上．

⑥アジアの地域統合　一九九七年時点で、日本、中国、アジアNIEs、ASEAN合計のGNPは、世界GNPの二四・九％であった。一九六五年のそれは九・一％であったから、倍以上になったことになる。この間に、世界輸出の中に占めるシェアも九・七％から二四・一％（一九九八年）に増加している。輸出拡大率も成長率も他地域にくらべて高かったわけである。

アジア地域における貿易は、伝統的に垂直分業的であった。つまり、この地域（日本を除く）は食糧、原材料などの一次産品を先進工業国に輸出し、先進工業国から工業製品を輸入するというパターンであり、多分に植民地型であった。それが、経済成長とともに、水平分業的な色彩を強めてきた。すなわち、この地域では高貯蓄、活発な技術導入、勤勉などを背景に高成長を遂げる過程で、工業化が進み、韓国、香港、台湾、シンガポールなどのNIEsでは消費の増加によって第三次産業も伸びた。そのため、アジア地域内での工業製品、それも消費財的な工業製品の輸出入が活発になってきた。水平分業的になってきたのである。

こうした域内貿易の活発化と高度化に伴って、域内の投資活動も盛んになり、次第に自然発生的に地域内での経済圏の形成が話題にもなり、かつ現実的にも〝ゆるい〟形のグルーピングが出来つつある。しかし、これらの多様な国々は、まだ明確な経済圏――たとえばEUやNAFTAといったような――を形成していない。域内各国の経済発展段階も経済制度も異なり、その上、域外とくにアメリカ依存も高いからである。一九八九年には、APEC（アジア太平洋経済協力会議）がASEAN諸国、日・米・豪などによって発足した。

東アジア経済の世界経済における地位の高まり

（世界のGNPに占めるシェアの変化）

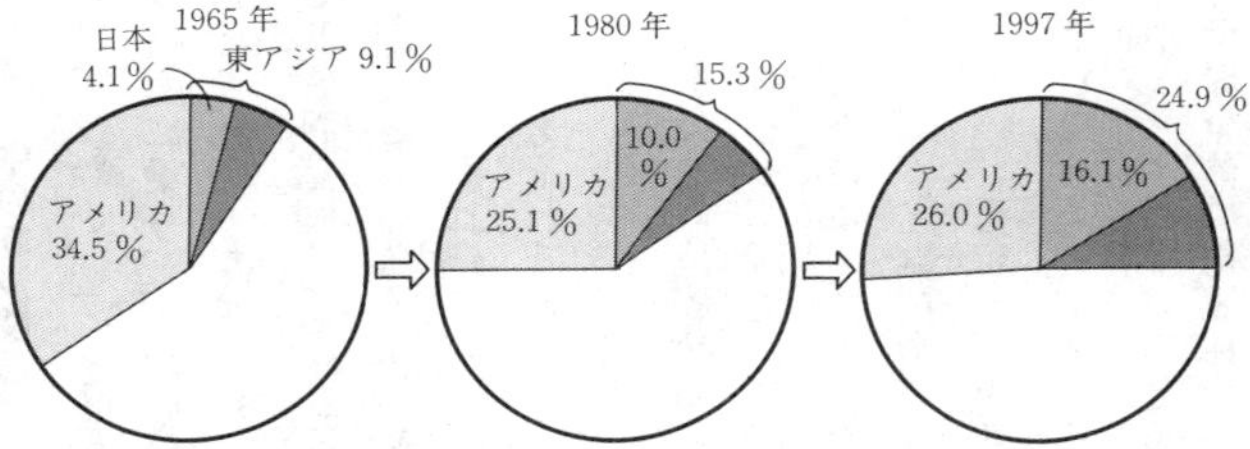

注：ここで東アジアとは日本＋NIEs＋ASEAN＋中国.

日本，中国，NIEs，ASEANの相手国・地域別貿易

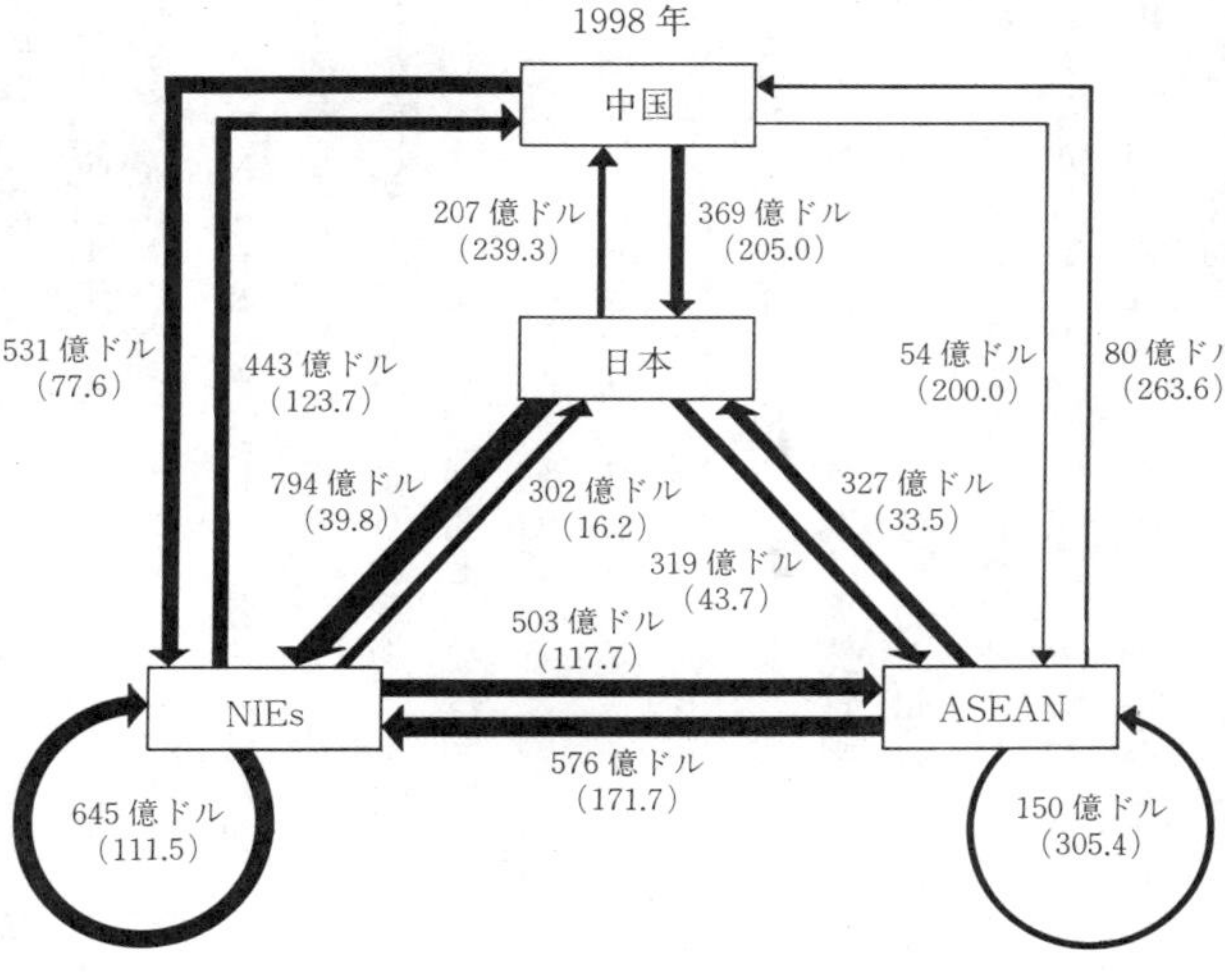

注：(　)内の数字は1990年からの増加率(%).
資料：IMF「Direction of Trade Statistics」1999.

⑦日・韓・中の経済関係　近年のアジアの経済発展はめざましいが、各国同じ形で成長しているわけではない。アジアの成長はしばしば〝雁行形態〟をとってきたといわれる。日本がまず成長軌道に乗り、一定の段階に入って成長が鈍化しはじめるところで、「四匹の竜」といわれる韓国、台湾、香港、シンガポールのアジアNIEsが台頭し、それらが波に乗ったところでASEAN諸国（シンガポールは重複）が成長を本格的にはじめる。そして中国が、やがてベトナムが、というふうに、いわば雁が群れをなして飛んでいくような形をとるというのである。

実際には、それほど綺麗な形をとっているわけではないが、説明としては面白い。もちろん成長の理由もそれぞれに違うが、高貯蓄、勤勉、開放政策が原動力であるという点は共通している。こうした中で、日本、韓国、中国の相互依存的な発展が注目される。

この東アジアに位置する三国は、一面で漢字文化、儒教の影響をある程度受けてきたという共通点があるが、政治・経済制度が異なるほか、経済条件も違う。しかし、その差異をお互いに生かすことによって、共存的に発展する要件を備えている。日本は天然資源に乏しいが、賃金水準が高く、先端技術では最も先行し、資本力も強い。中国は対照的に面積が広く、人口が圧倒的に多い。そして、天然資源は三国の中では豊富であるが、技術はまだ日本、韓国に遅れをとっている。もし日本が資本力・技術力・経営力を、中国が資源力・労働力の優位性を、そして韓国がその中間でそれぞれ分業的に相互に補完すれば、それぞれの国はもとより、三国ひいては世界全体の市場拡大・深化に役立つことになろう。

雁行形態的発展

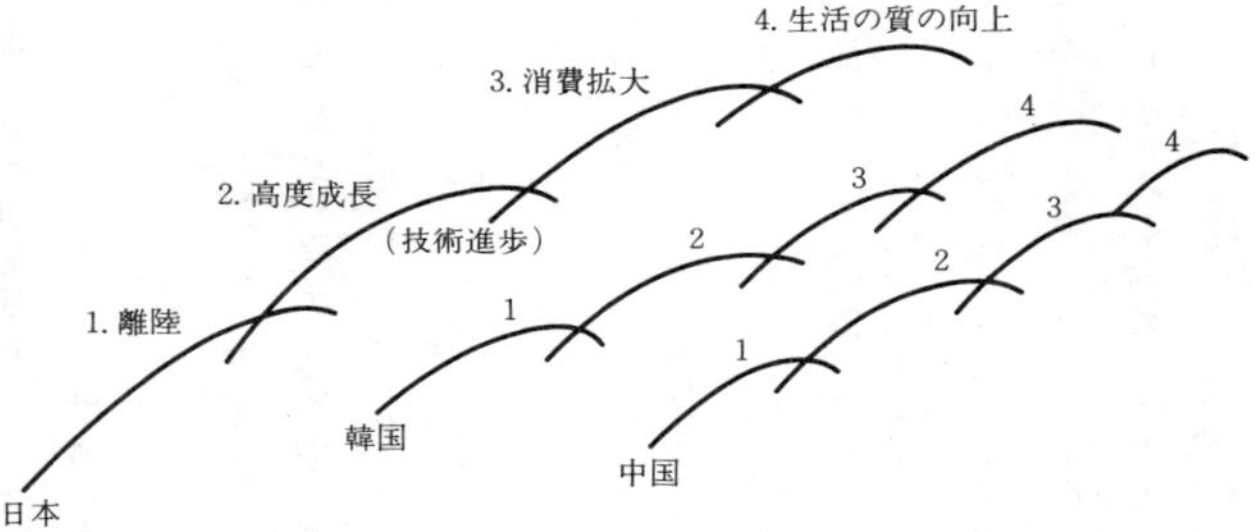

注：マイナス現象として，2の段階では公害の発生，対外収支の悪化，3の段階で物価上昇の危険が増大し，4の段階では財政赤字が拡大する危険がある．

日本・韓国・中国の比較（1997年）

	GDP（億ドル）	1人当りGDP（ドル）	面積（万km²）	人口（万人）
日　本	41,951	33,289	37.8	12,609
中　国	9,177	738	959.7	122,718
香　港	1,736	26,707	0.1	650
韓　国	4,425	9,622	9.9	4,599
台　湾	2,833	13,064	3.6	2,166

資料：経済企画庁調査局海外調査課「海外経済データ」1999年10月，その他．

日本，韓国，中国間の貿易
1998年

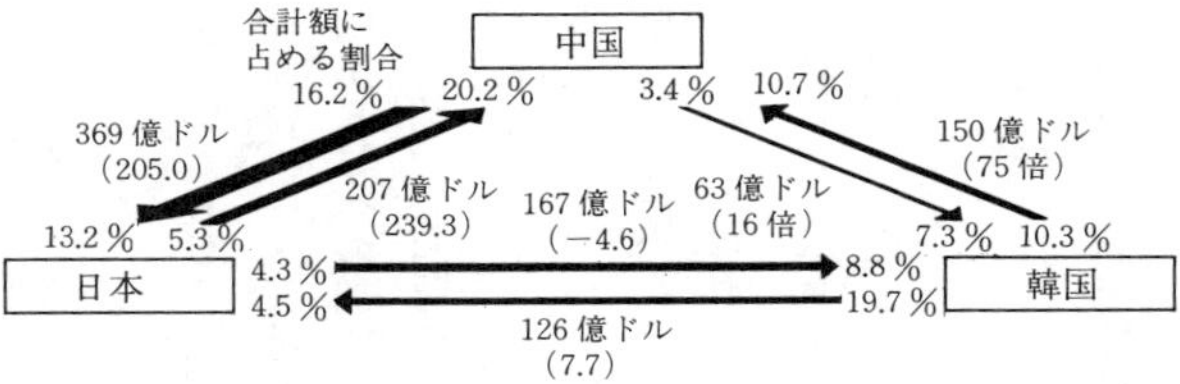

注：(　)内の数字は，中国と韓国間の貿易を除き，1990年からの増加率(％)．
資料：IMF「Direction of Trade Statistics」1999.

⑧その他の地域統合　九〇年代に入り、欧州、北米、東アジア以外の地域でも、統合の動きが活発になってきた。地域貿易協定の数を戦後期間について一〇年ごとにみると、九〇年代に入ってから、いかに多くの協定が結ばれるようになったかがわかる。

欧州においては、EFTA（欧州自由貿易連合）加盟四ヵ国がスイスを除いてEU（欧州連合）とEEA（欧州経済領域）協定を結び、世界最大の市場を形成している。また、中・東欧諸国は多くの二国間あるいは数ヵ国間貿易協定を結び合う一方、ほとんどの国がEUへの加盟を目指している。欧州の統合はEUの拡大を核として進展している。CIS（独立国家共同体）による経済同盟はロシアを中心に一九九三年に発足したが、その後、ほとんど機能していない。

中南米では、メルコスール（南米南部共同市場）が九一年に発足し、九五年には関税同盟となった。NAFTA（北米自由貿易協定）、EU、AFTA（ASEAN自由貿易地域）を除くと、最も注目すべき既存の地域統合例である。一九九七年の国民総生産額は一・一兆ドル、年間輸入総額は一〇〇〇億ドルになり、総人口でも二億人を超える。中南米諸国には、NAFTAを拡大し、メキシコ以南の三四ヵ国を取り込もうとするアメリカのイニシアティブによるFTAA（米州自由貿易圏構想）に対する警戒感がある。

その他、中央アジア、中東、アフリカなどでもさまざまな地域貿易協定が結ばれてきたが、そうしたものを含め、現在のところグループ内での貿易自由化がグループ外との貿易障壁を高める動きには総じてなっていない。

世界の主要な地域統合

		名　称	種類 設立年	主要参加国（参加国数）
先進国間の地域統合	ヨーロッパ	EU 欧州連合	93 年 経済通貨同盟	ドイツ，フランス，イタリア，オランダ，ベルギー，ルクセンブルク，ギリシャ，デンマーク，イギリス，アイルランド，スペイン，ポルトガル，スウェーデン，オーストリア，フィンランド（15ヵ国）
		EFTA 欧州自由貿易連合	自由貿易協定 60 年	スイス，ノルウェー，アイスランド，リヒテンシュタイン（4ヵ国）
		EEA 欧州経済領域	自由貿易協定 93 年創設	EU および EFTA（除スイス）（合計 18ヵ国）
	アメリカ	NAFTA 北米自由貿易協定	自由貿易協定 94 年	アメリカ，カナダ，メキシコ（3ヵ国）
	オセアニア	ANZCERTA オーストラリアニュージーランド経済緊密化協定	自由貿易協定 83 年	オーストラリア，ニュージーランド（2ヵ国）
発展途上国間の地域統合	ヨーロッパ	CEFTA 中部ヨーロッパ自由貿易協定	自由貿易協定 93 年	ポーランド，チェコ，スロバキア，ハンガリー，スロベニア，ルーマニア（6ヵ国）
	アジア	AFTA ASEAN 自由貿易地域	自由貿易協定 93 年	シンガポール，マレーシア，インドネシア，フィリピン，タイ，ブルネイ，ベトナム，ラオス，ミャンマー（9ヵ国）
		SAARC 南アジア地域協力連合	地域協力 85 年	インド，パキスタン，バングラデシュ，スリランカ，ネパール，ブータン，モルジブ（7ヵ国）
		ECO 経済協力機構	自由貿易協定 85 年	イラン，トルコ，パキスタン，旧ソ連イスラム系共和国 5ヵ国（92 年に参加）（8ヵ国）
	中南米	MERCOSUR 南米南部共同市場	自由貿易協定 91 年調印 、	ブラジル，パラグアイ，ウルグアイ，アルゼンチン（4ヵ国）
		ANCOM アンデス共同市場	関税同盟 95 年	コロンビア，エクアドル，ペルー，ベネズエラ，ボリビア（5ヵ国）
	アフリカ	ECOWAS 西アフリカ諸国経済共同体	関税同盟 75 年	ナイジェリア，ガーナ，ギニア等（16ヵ国）
		UEMOA 西アフリカ経済通貨同盟	関税同盟 94 年	ニジェール，ベニン等（8ヵ国）
		COMESA 東南部アフリカ共同市場	貿易・投資協定 94 年	ジンバブエ，ブルンジ，スーダン，ケニア等（21ヵ国）
		SADC 南部アフリカ開発共同体	関税同盟 79 年 SADCC として発足，92 年調印	ザンビア，タンザニア，モザンビーク，アンゴラ，ジンバブエ，マラウイ等（10ヵ国）

資料：「通商白書 平成 5 年版」，「ジェトロ・センサー 99.2」．

地域貿易協定の発効数の推移

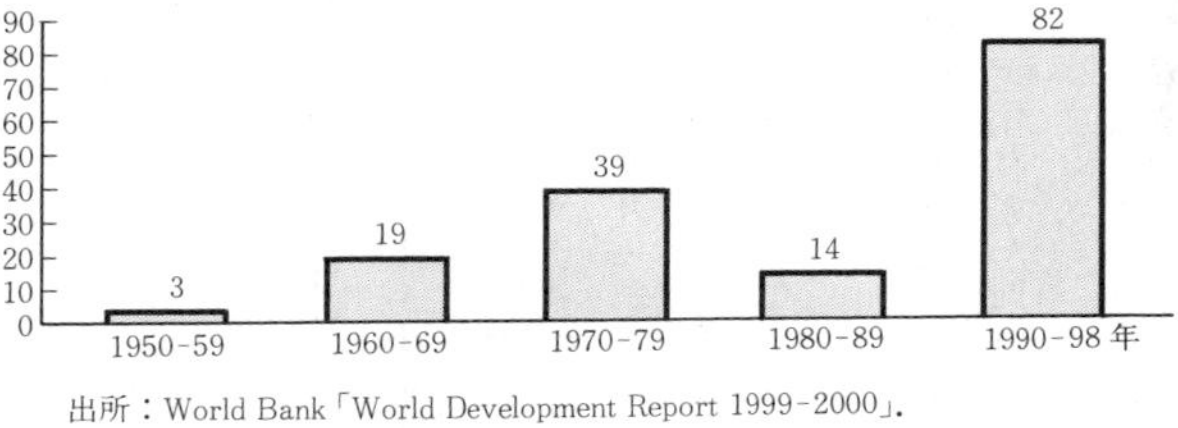

出所：World Bank「World Development Report 1999-2000」．

⑨G7・サミット　国家間の経済交流が拡大・深化すると、「分業の利益」と「規模の利益」が発揮されて、それぞれの国の経済発展は促進される。しかし、その過程では同時に各国間の対立や摩擦も激化しやすくなる。したがって、各国間の話し合いが従来以上に必要になるが、経済的に影響力の強い国々は、同時に、世界全体に対して責任を持っている。

そうした背景を持って誕生したのが、G7であり、サミットである。G7といいサミットといい種々な使い方があるが、経済の分野でいえば、G7は主要先進工業国七ヵ国の会議をいい、しばしば国際通貨の安定について討議するのに開かれるのが主要先進七ヵ国大蔵大臣・中央銀行総裁会議であり、その首脳(大統領あるいは首相)の会議が経済サミットである。

サミット参加国は日本、アメリカ、イギリス、フランス、イタリア、ドイツ、カナダで、会議にはこのほか、EU代表が参加する。ゴルバチョフ・ソ連大統領(当時)が一九九一年に非公式で参加し始め、一九九七年のエリツィン・ロシア大統領の参加からロシアの参加が正式なものとなり、〃先進国〃から〃主要国〃首脳会議となった。ただ、ロシア首脳の参加は今のところ政治討議に限られている。中国の参加も現実の話題となってきた。

サミットでは一般経済情勢、通貨問題、通商問題、南北問題が恒例的に取り上げられ、最近では地域紛争、核の拡散問題、最貧国の債務削減、国際金融システムの安定化などが取り上げられてきた。

サミットのショー化・儀式化は避けるべきだが、話し合いの場としての意義は大きい。

先進国首脳会議(G7・サミット)

			主なテーマ
第1回	ランブイエ	1975.11	米仏為替相場制度に関する合意
第2回	サンファン	76. 6	経済安定化に協力，為替市場介入自粛
第3回	ロンドン	77. 5	日独機関車論
第4回	ボ　ン	78. 7	経済政策協調プログラム
第5回	東　京	79. 6	石油輸入数量国別(短期，長期)目標
第6回	ベネチア	80. 6	長期エネルギー問題の公約確認，政治声明も
第7回	オタワ	81. 7	レーガン政権下の高金利・ドル高問題
第8回	ベルサイユ	82. 6	東西貿易・通貨問題
第9回	ウィリアムズバーグ	83. 5	安全保障問題での対ソ結束
第10回	ロンドン	84. 6	アメリカの双子の赤字，途上国債務危機
第11回	ボ　ン	85. 5	日独への内需拡大圧力，新ラウンド開始宣言
第12回	東　京	86. 5	経済政策協調の多角的監視，G5からG7へ
第13回	ベネチア	87. 6	アメリカの双子の赤字と日独の内需拡大 ルーブル合意確認
第14回	トロント	88. 6	債務問題に対するメニュー・アプローチ拡大
第15回	アルシュ	89. 7	人権・債務・環境問題
第16回	ヒューストン	90. 7	対ソ，対中支援
第17回	ロンドン	91. 7	ソ連の改革支援，ソ連首脳非公式参加開始
第18回	ミュンヘン	92. 7	成長重視，ロシア支援，ウルグアイ・ ラウンド年内決着
第19回	東　京	93. 7	雇用と成長の確保，核拡散防止条約無 期延長
第20回	ナポリ	94. 7	成長と雇用拡大，政治討議ロシア含むG8へ
第21回	ハリファックス	95. 6	ドルの秩序ある反転確認，ボスニア紛争討議
第22回	リヨン	96. 6	国際統一労働基準提唱，最貧国公的債 務削減
第23回	デンバー	97. 6	ロシアの正式参加で主要国首脳会議に
第24回	バーミンガム	98. 5	インド核実験非難，アジア通貨危機
第25回	ケルン	99. 6	国際金融システム強化，重債務国の債 務削減
第26回	沖　縄	2000. 7	

資料：共同通信社「世界年鑑」各年.

⑩経済協調と国民国家　世界経済での市場経済化が進めば、モノ、ヒト、カネ、情報、技術がますます自由に国境を越えて、経済的には市場の〝一体化〟が次第に進むことになろう。しかし、それで世界で単一の国家ができるわけではない。いつの日にか、現在のような形態の組織としての国民国家——一定の領土とその住民を治める自主的な権力組織と統治権をもつ政治社会——が消滅するとしても、国民感情や固有の伝統・文化を考えるとき、そうした事態がすぐは来ない。

しかし、やや極端な表現であるが〝市場の力〟は〝人為的権力の力〟より強く、経済的にみれば国境の意味が次第に薄れていくであろう。にもかかわらず、人間の経済活動は、〝分業〟という行為にみられるように、常に共同体としての活動の性格を持っている。

いま世界経済では多極化が進み、同時に、その中でグループ化、地域統合が進んでいる。それは個々の国の主権、自主性を基本としながらも、グループとしての協調性を不可欠の前提としている。そのため、特定の国の〝国益〟と全体の共同体としての〝国際益〟（ないし〝地域益〟）の衝突と調整の問題がこれからはつねにつきまとう。利害の調整に当って必要なことは何か。第一は、地域構成国のそれぞれの自主性と自治権を尊重することである。第二に、経済的な利益の調整を図るために、武力を行使することはもちろん、それと類似の内政干渉も避けなければならない。第三に、一つの地域ないしグループの優位性を保つために他の地域に対し排他的、閉鎖的になってはいけない。その上で第四の国際協調が生きてくる。

五　指令経済と「南」の市場経済化

「冷戦構造の終結にともない、新たな秩序の構築が必要となっている。旧ソ連・東欧等の民主化、市場経済への円滑な移行は世界経済の大きな利益でもある」

（経済審議会「生活大国五ヵ年計画」資料、一九九二年）

①社会主義対資本主義ではない　冷戦の終焉とともに東西体制も解体した。その中で、最も劇的な出来事は一九一七年に成立したソビエト連邦の崩壊であり、その指令経済の崩壊であった。経済的観点からいえば、しばしばこの歴史的出来事は、共産主義経済の崩壊あるいは社会主義経済の終焉といわれるが、これは必ずしも正確ないい方ではない。まず、共産主義経済は旧ソビエトでも実現していたわけでなく、それ以前の発展段階としての社会主義経済であった。その経済が失敗したというのは事実であるが、厳密にいえばソビエト型の指令経済の崩壊であった。現に、世界人口の五分の一を占める中国では社会主義市場経済がみられるし、その他にも独自なタイプの社会主義を採っている国がある。

崩壊したのは指令型経済であるが、それが失敗した原因は、①硬直的・官僚的・非効率的な経済運営、②人為的な資源配分は効率的な配分を保障せず、③政治・軍事が経済問題に優先した、④対外的に閉鎖的ないし制限的な措置がとられたこと、⑤軍事部門の比率が高く、しかも〝聖域〟化され、一国の中に軍民二つの経済圏ができがちであったこと、などによる。

全体として自由化と開放化が進んでいる世界経済の中にあっては、もはや右のような性格の経済は成り立たない。指令経済の崩壊はある程度必然的であった。中国での社会主義市場経済がどう発展するかは今後の展開に俟《ま》たねばならないが、これまでのところ比較的にうまくいっている。しかし、経済的にいえば、このようなイデオロギー的議論はあまり建設的でない。資本主義が勝ったわけでもないことからみれば、脱イデオロギーの時代に入ったといえる。

資本主義と社会主義

	資本主義 アメリカ	指令経済→市場経済への移行段階 ロシア	社会主義市場経済をめざす 中　国
〈基礎的データ〉			
面　積(万 km²)	962.8	1,707.5	959.7
人　口(100 万人)	265	147	1,215
言　語	主として英語，スペイン語	主としてロシア語	主として漢語
宗　教	プロテスタント 60%，カトリック 24%，その他 8%，無宗教 8%	ロシア正教，イスラム教，ユダヤ教，無宗教など	仏　教，イスラム教，キリスト教，無宗教など
〈政治〉			
政　体	大統領制，連邦制	大統領制，共和制	人民民主共和制
〈軍事力〉			
兵　力(総数，万人)	140.2	115.9	282
〈経済〉			
GDP(1997 年，億ドル)	74,375	3,560	9,060
1 人当り GDP(1997，ドル)	28,020	2,410	750
経済成長率(1997，%)	3.9	0.9	8.8
失　業　率(1997，%)	4.9	11.3	3.0
物価上昇率(1999，%)	1.9	14.7	2.8
企　業	私企業	国有→民営化	国有・国営(合理化，私企業)
経済活動	原則自由	自由化へ	マクロ経済，外資流出入，基礎的投資は規制あり．
経済活動規制	独禁法，関税，反ダンピング法等による．	漸次自由化	経済・社会安定のための規制あり．

資料：主として「外交青書 1999」．

②ソ連型社会主義経済の崩壊と混乱　旧ソ連の経済は、指令的性格、とくに硬直的な中央集権体制と軍事部門への傾斜によって生産構造がゆがみ、国民の勤労意欲を損ない、崩壊した。

しかし、崩壊したからといって、直ちに復興と発展が始まったわけではない。ソビエト連邦が消滅したあとに生まれたロシアと新しい共和国では、むしろ混乱がつづいた。いかなる経済体制でもある一定のルールが必要であるが、旧制度の撤廃だけが先行し、混乱が生じた。具体的にいえば、①政治改革が先行し、しかもそれすらうまくいっていない、②軍需からの民需転換の難航、中央集権からの共和国独立、③市場機構の未確立、④市場経済に対する経験と知識の欠如、とくに経済指導層、中堅管理者層での経験欠如が、経済混乱をもたらした。

現象的には、生産・供給体制の崩壊による生産力の低下、流通機構の欠陥とヤミ経済の発生、財政赤字の拡大、金融調整機能の不完全性、通貨増発とインフレ、通貨の対外価値の下落などがあらわれた。目先の利く一部の人や、対外的に特殊なコネを持つ人はこの混乱の中で経済的利益をあげたが、一般の国民、とくに退職者、高齢者はきびしい生活に追われている。また、若者たちの中には、よりよいチャンスを求めて、西側に移民ないし移住しようという動きも強い。ロシア経済の混乱は一九九〇年代はじめにその極に達したと思われるが、本格的な再建が軌道に乗り、市場経済の体裁が整うのはおそらく二一世紀に入ってからであろう。

もっとも、ロシアおよび新生共和国は資源に恵まれ、また国民の教育的・文化的素質も高いので、未来は暗いわけではない。それだけに〝西側〟の支援も当面重要な役割を果す。

ロシアの主要経済指標の推移

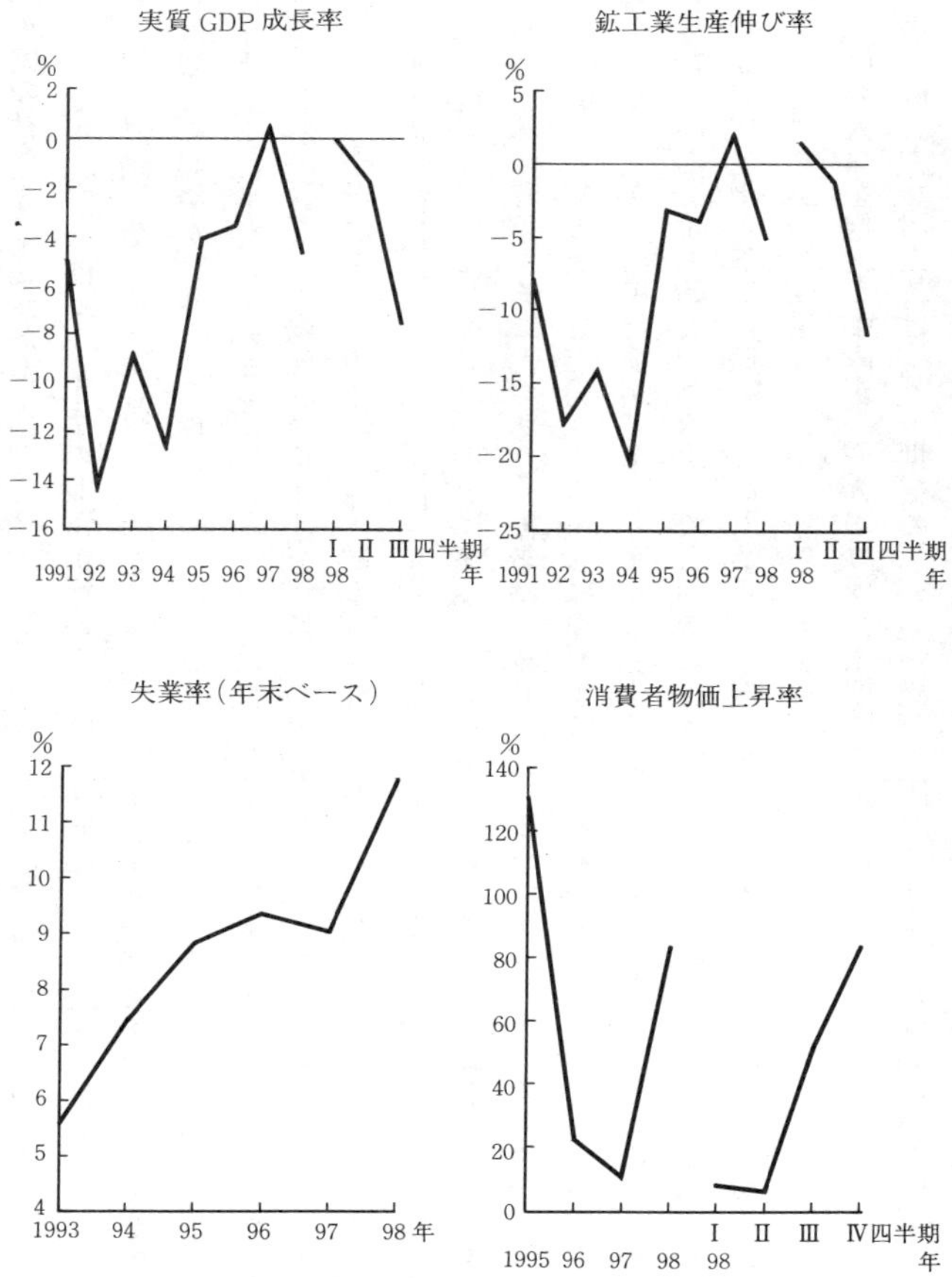

出所：「通商白書 平成11年版」.

③中国の社会主義市場経済　中国では、一九九三年三月の全国人民代表大会（全人代。国会に当るもので年一回開催）で、憲法の改正が行われ、経済体制について従来「社会主義公有制を基礎とする計画経済」と規定していたのを「国家は社会主義市場経済を実施する」と変更した。これは現実の経済が、とくに華南地方を中心に急速に発展したことを背景に「国力の発展と人民の生活向上に有効だとわかれば、何でも試みよ」（鄧小平）との意向をうけて、硬直的なイデオロギーからの脱却と市場経済の重要性を認識して生まれたものである。その結果、企業の私有化もふえ、企業活動の自由化が急速に進み、対外開放も行われた。

社会主義市場経済は、体制改革の中で生まれた新しいシステムで、「分権化」と「市場化」を二本の柱にしている。前者は、中央に集中していた決定権の多くを地方政府、企業、農家などの経済主体に移譲することであり、後者は、政府の行っていた生産計画、価格決定、流通・分配、労働力の配置などを市場メカニズムに委ねようとするものである。

もっとも、現在、市場経済が完全にうまく機能するまでには至っていない。また、金融・証券の分野での市場化も始まったばかりで、地域によって金融混乱も起った。このため政府は国有企業改革、金融改革、行政組織改革を始めとする「開放・改革」を強力に進めている。沿海都市を中心にあがった成果は、いま内陸部にも及ぼうとしている。

一二億の人口を抱える中国が、一人当り所得水準で先進国に追いつくには時間がかかるが、その潜在成長力を考えれば、二一世紀の「一つの経済大国」になることは間違いない。

中国の市場経済化チャート

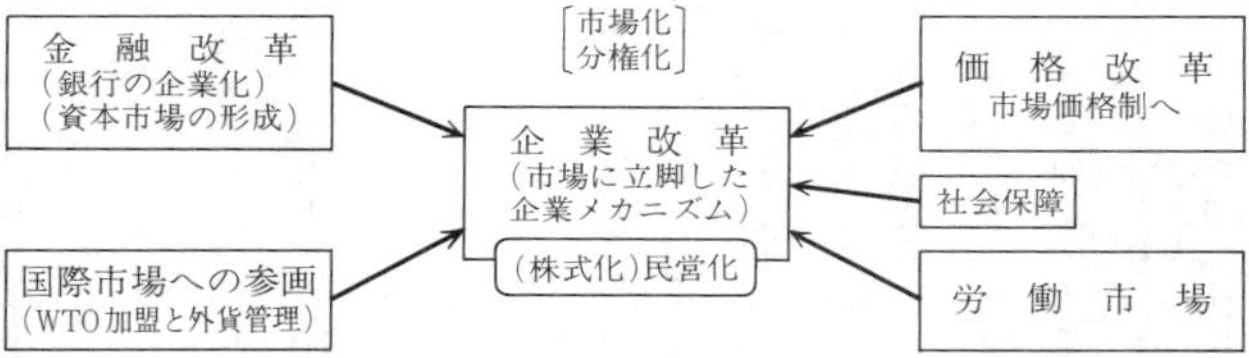

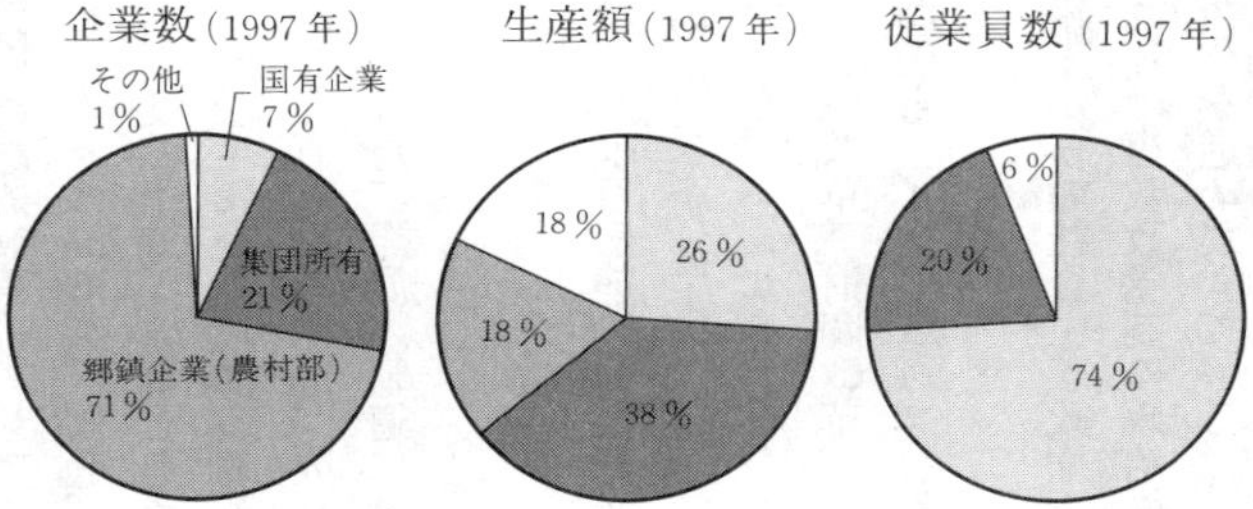

注：従業員数は郷鎮企業をのぞく.

中国の名目GDP成長率に対する需要項目別寄与度の推移

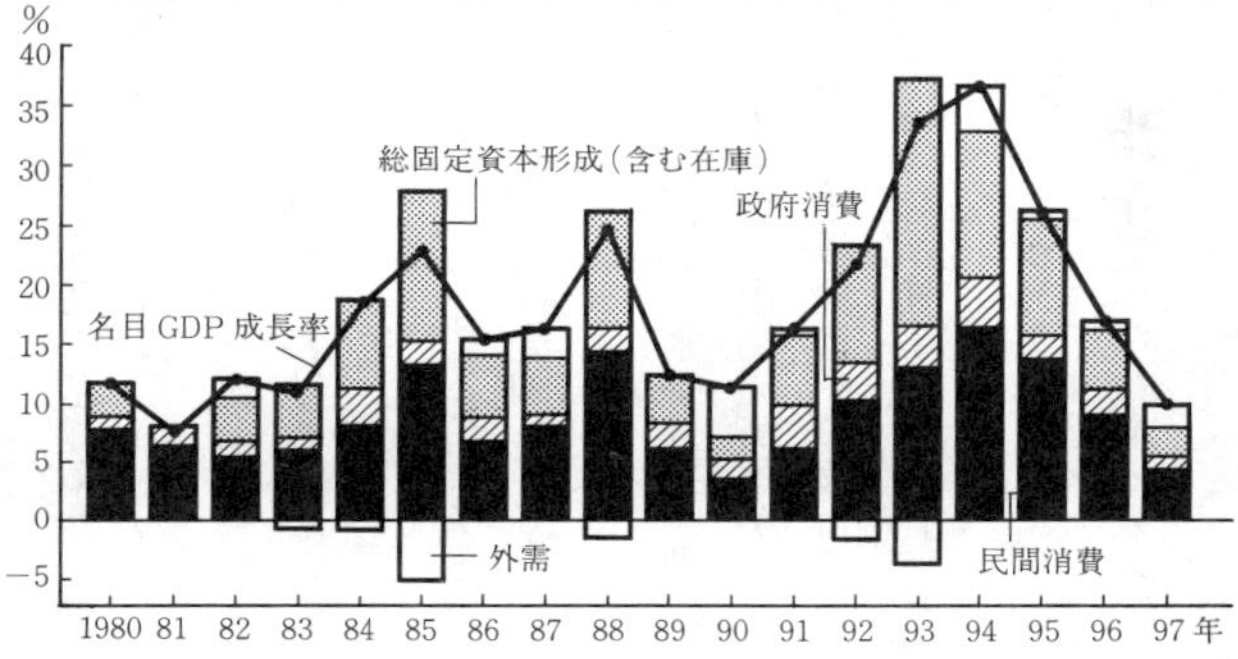

資料：中国国家統計局「中国統計年鑑 1998年度版」.

④アジア諸国（除日本、中国）の経済改革　アジアの経済社会は、人口、宗教、言語などの点で多様である。しかし、概して人々は高貯蓄、勤勉、教育熱心で、経済成長の基礎条件が整っている。それが開発型の政治制度の下で、改革を進めてきた結果、七〇年代後半から輸出中心の高成長をとげた。しかし、九〇年代後半に構造改革の遅れもあって、金融・通貨危機に見舞われた。一九九九年春頃から立ち直り始めたが、成長の基本条件は失われたわけではないから、経済改革によって二一世紀には再び発展の軌道に乗ろう。

アジアは日本を初発として「四匹の竜――韓国、香港、台湾、シンガポール」、ASEAN中核国（マレーシア、ブルネイ、タイ、フィリピン、インドネシア）、同後発国（ベトナム他）、その他（ミャンマー他）の順で〝雁行形態〟的な発展をしてきたといわれる。しかし、近年の開放政策の下での相互協力の進展で、従来の〝垂直分業〟的貿易型から、〝水平分業〟型に変わり、雁行形態も崩れてきている。シンガポール、香港、台湾は早くから市場経済化が進み、韓国も九八年の金融危機後、金融改革、財閥改革、労働改革を進め、市場経済への移行テンポが速い。その他ASEAN諸国も、インドネシアを除けば、今のところ、それぞれの国の実情に即して進められつつある。

ベトナムは、一九八六年末からの社会主義政権下の「ドイモイ」政策で、経済発展が軌道に乗り始めつつあり、モンゴルは複数政党制の政治の下で、旧ソ連依存型から日本・アジアとの交流型に変わり、市場経済化を進めてきている。

アジア諸国（除日本，中国）の実質 GDP 成長率の推移

（%）

	1996	1997	1998	1999	2000
韓国	6.8	5.0	−5.8	8.0 (2.0)	6.0 (4.0)
台湾	5.7	6.8	4.8	5.5 (4.9)	6.3 (6.3)
シンガポール	7.6	8.9	0.3	5.0 (1.0)	6.0 (4.0)
インドネシア	7.8	4.9	−13.7	2.0 (0.0)	4.0 (2.0)
タイ	5.9	−1.8	−10.0	3.0 (0.0)	5.0 (2.5)
マレーシア	10.0	7.5	−7.5	2.0 (0.7)	3.9 (2.7)

注：1999 年，2000 年は ADB の見通し（99 年 9 月）．（　）内は 99 年 4 月時点の見通し．

インドシナ諸国の実質 GDP 成長率の推移

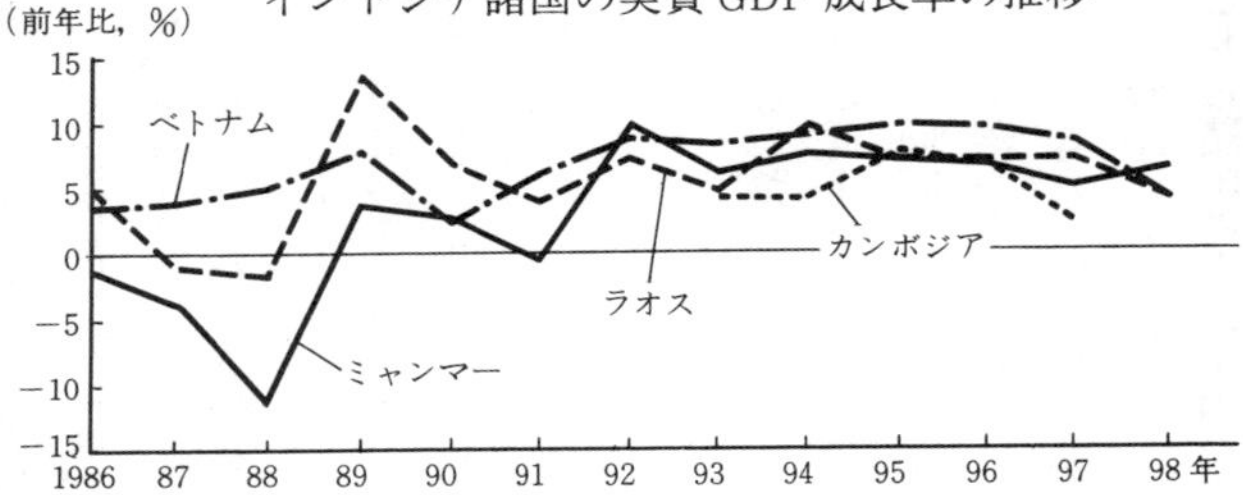

中央アジア諸国の実質 GDP 成長率の推移

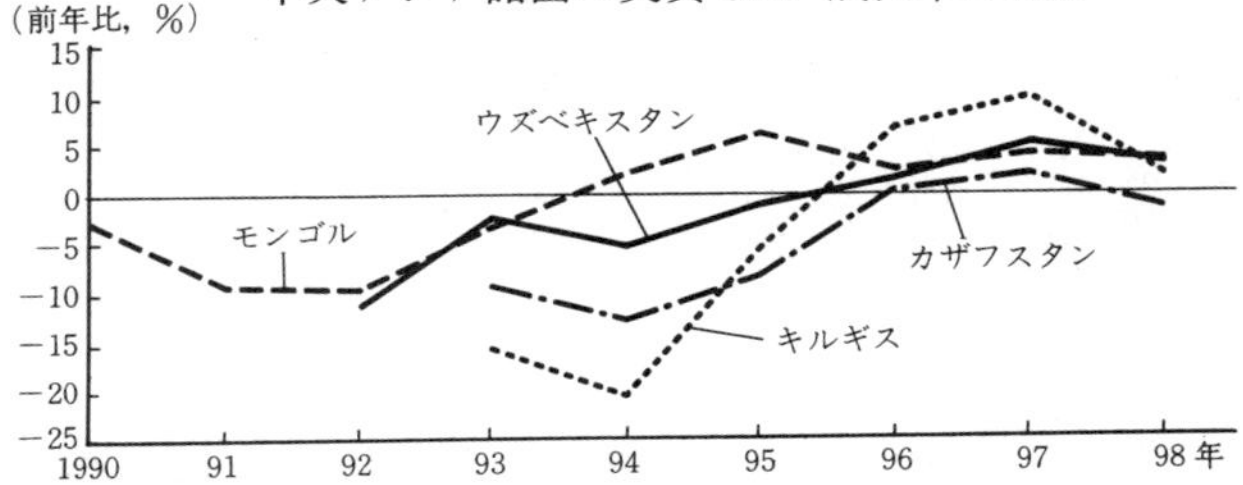

資料：IMF「International Financial Statistics」，経済企画庁「アジア経済 1999」．

⑤中欧・東欧諸国の経済体制改革　ソ連の解体とともに、その衛星諸国もまた旧体制に訣別を告げた。そして、経済的には自由・市場経済体制に移行するとともに、〝西側〟との経済交流を深めつつある。しかし、転換期の混乱――少なくとも困難――も残っている。

市場経済への移行は国によって取組み方も進捗状況も異なっている。概して、アジアの場合と異なって、政治改革が経済改革に先行し、また、旧チェコスロバキアや旧ユーゴスラビアにみられるように、多くの国で民族問題がからみ合っている。そうした中、ショック療法をとったポーランド、東ドイツ（のちに西ドイツと再統一）、どちらかといえば漸進主義的改革を選んだハンガリー、チェコ・スロバキアなどに比べると、他の東欧諸国の改革に遅れがみられる。

経済改革の中身は価格自由化（ハンガリーは八〇年代から、ポーランド、チェコ・スロバキアは九〇年代に入ってから）、民営化（ハンガリー、チェコ・スロバキア、ポーランドの順）のほかマクロ経済政策（財政赤字削減、通貨供給の適正化など）の諸制度の整備である。

各国とも八九年から生産、GDPの低下が始まっている。その後、九二年までほとんどの国でマイナスの経済成長率がつづいた。同時に、各国で激しいインフレが生じたが、その後成長率が上昇に転じた国では、インフレも落ちつきはじめた。

ロシアと新生共和国の場合と同様、これら中・東欧諸国の再建のため旧西側の知的支援・金融支援を必要とするが、すでに公的資金による援助とリスケジュール（債務返済繰り延べ）も行われた。しかし、基本的には、これら諸国の自助努力が鍵である。

旧ソ連・東欧諸国の国内総生産（GDP）実質値の推移

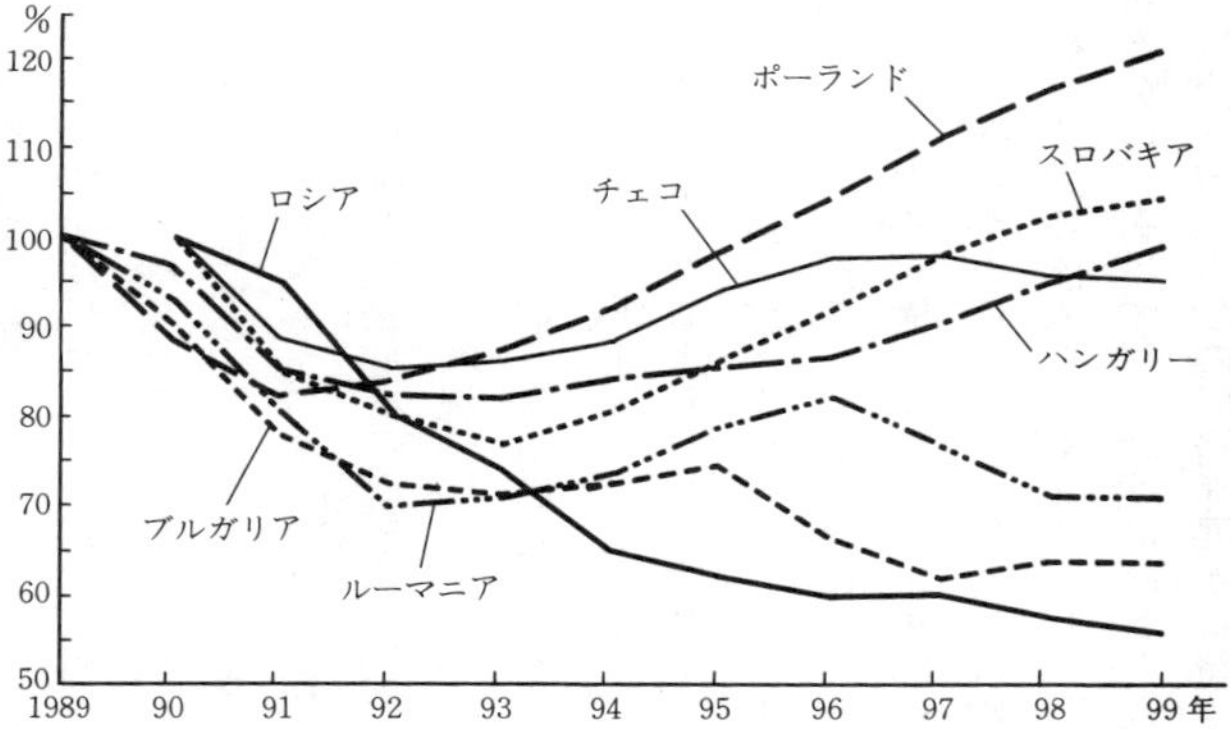

注：1989 年の実質値を 100 とする（チェコ，スロバキア，ロシアについてはデータがなく 90 年を 100 とする）.

出所：経済企画庁調査局海外調査課「海外経済データ ―月次アップデート ―」1999 年 7 月号による．1999 年の数字は OECD による予測値．

東欧諸国の実質為替レート推移
（対米ドル）

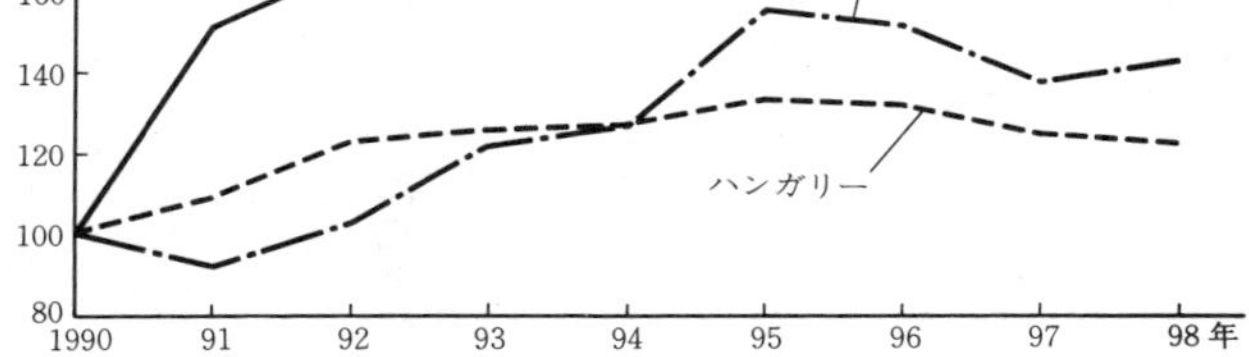

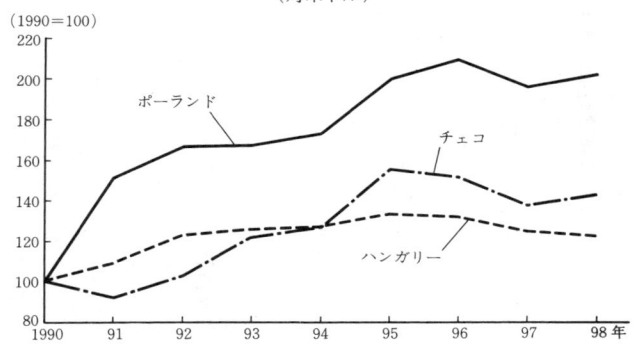

⑥中南米経済の安定化　近年の中南米経済については、インフレ、財政赤字、累積債務などが特徴としてあげられてきたが、もちろん国によって、経済悪化の要因も性格も違う。全体としてこのところ経済状況の改善がみられるが、一九九〇年代末の時点でみて、①もともと良かった国（コロンビア）、②良くなってきた国（メキシコ、チリ）、③改善傾向がでてきた国（アルゼンチン、ベネズエラ）、④改善が遅れている国（ブラジル、ペルー）、に分けることができる。

これらの国が債務危機（債務負担増加→金利上昇、一次産品価格下落→資本逃避）に見舞われる以前、すでに経済状況は悪化していた。すなわち、多くの国は政治が必ずしも安定していなかったため、人気取り政策に走りがちであった。国営企業はどこでも効率が悪く赤字を出し、その補塡のために財政赤字が拡大した。そのため通貨増大圧力が強まったが、金融当局は直接の引締め政策をとるよりむしろ為替レートを高めに維持する政策をとり、その結果、貿易赤字がふえ、対外借入れが累増するという悪循環をくり返してきた。やがて、借入れが困難になり、債務の一部切り捨て、公的資金による肩代わり、債務の証券化などが講じられた。

こうした中で、構造調整策を積極的に推進してきた国ほど――コロンビア、メキシコ、チリなど――改善がみられた。具体的には物価上昇率の鈍化、成長率の回復、国際資本市場への復帰、投資資金の流入などである。しかし、物価上昇率鈍化といっても、国際的には高い上昇率であるから、満足すべき状態にはまだない。資源など経済発展の基礎的条件は悪くないのだから、政治安定の下での経済発展が期待される。

中南米諸国の実質 GDP 成長率の推移

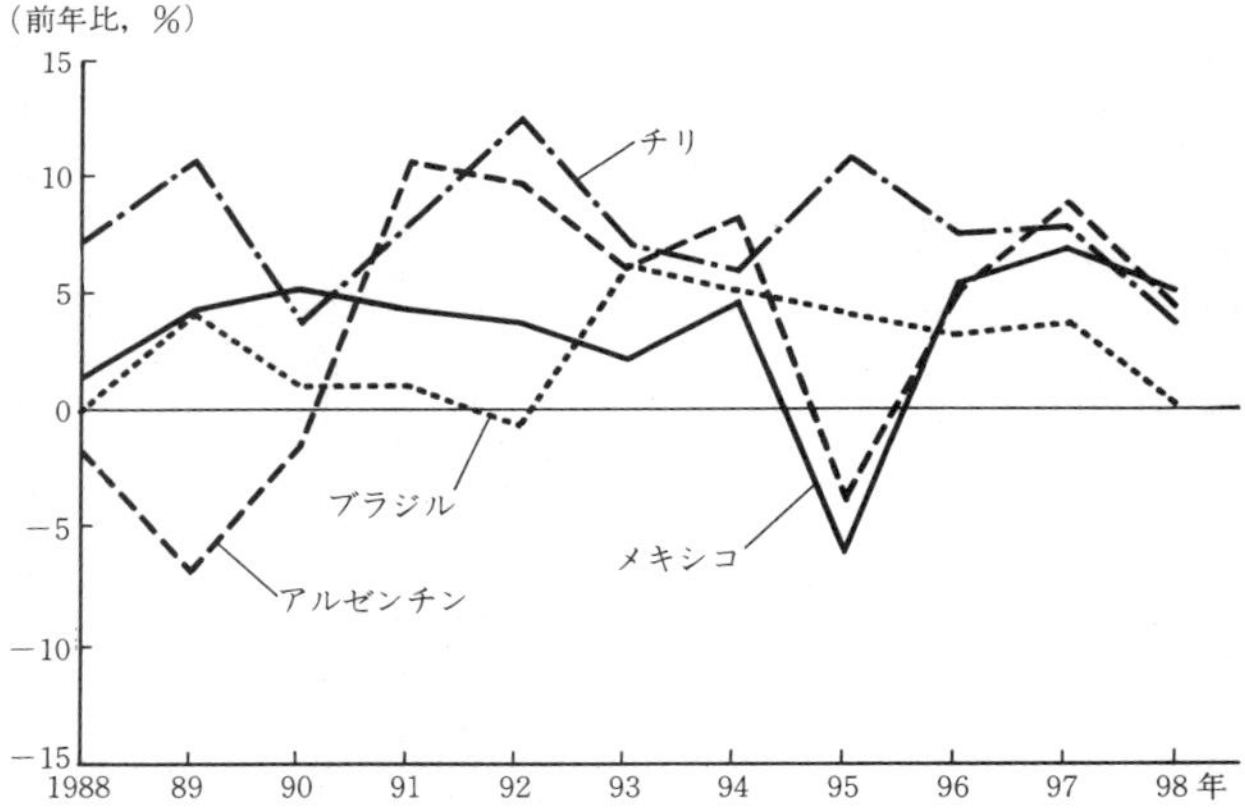

資料：IMF「International Financial Statistics」各号．

中南米諸国の実質為替レート推移
(対米ドル)

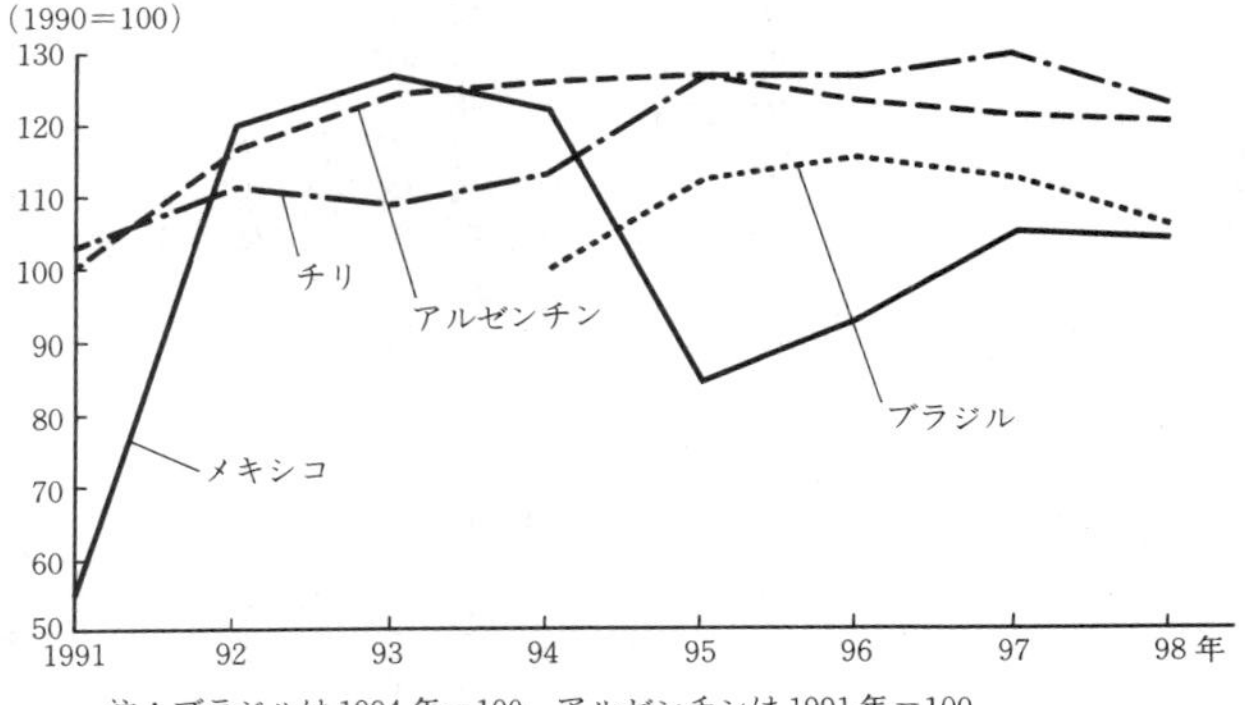

注：ブラジルは 1994 年=100，アルゼンチンは 1991 年=100．

⑦**南北問題の行方**　第二次大戦後、ほとんどの植民地ないし従属国がその宗主国から独立した。しかし、政治的な独立にもかかわらず、経済的には欧米諸国に遅れをとっていた。一九五〇年代末、イギリスの銀行家で当時の駐米大使サー・オリバー・フランクスが、富める国が主として地球の北側に、貧しい国が南側に位置したことから、この関係を「南北問題」と名付けたが、このころから南北間の所得格差を縮小することが、世界経済の大きな課題となってきた。

しかし、全般的にみると、第一次石油危機後の一時期を除いて格差は縮小せず、多くの地域で拡大さえしてきた。先進国の経済支援も——実態は東西両陣営がそれぞれの内部団結のために行ったことが多いが——南側の人口増加や一次産品国であるために貿易上も不利な立場にあることから、格差縮小に役立っていない。一九五〇年と二〇世紀末の一人当りGNPをOECD加盟国平均と比べると、途上国全体では、格差はほとんど変わっていない。地域別にみると縮小しているのはアジアだけで、その他の地域は軒並み格差が拡大している。中でもラテン・アメリカ、サハラ以南のアフリカの場合に、顕著に格差が拡大している。

先進国は、格差縮小のために資金援助を行ってきたが、途上国の多くでこの活用がうまくいかず、逆に一九八二年のメキシコの対外債務危機を機に、途上国全般の対外債務累積の問題が登場した。その後も、先進国にも〝援助疲れ〟がみえたり、途上国での金融改革の遅れなどで途上国に民間資金が流れるのも困難になり、逆流現象さえ起こった。冷戦が終った今日、南北問題を今一度「平和と共生」という立場から見直す必要がある。

DAC 加盟主要国の政府開発援助(ODA)の実績

(100 万ドル)

	1995	1996	1997	1997	GNP 比(順位)
日本	14,489	9,439	9,358	19.7%	0.22%(19)
フランス[1)]	8,443	7,430	6,348	13.3	0.45 (6)
アメリカ[2)]	7,367	9,058	6,168	13.0	0.08 (21)
ドイツ	7,524	7,515	5,913	12.4	0.28 (12)
イギリス	3,157	3,185	3,371	7.1	0.26 (14)
オランダ	3,226	3,303	2,946	6.2	0.81 (3)
カナダ	2,067	1,782	2,146	4.5	0.36 (7)
スウェーデン	1,704	1,968	1,672	3.5	0.76 (4)
デンマーク	1,623	1,773	1,635	3.4	0.97 (1)
ノルウェー	1,244	1,311	1,306	2.7	0.86 (2)
イタリア	1,623	2,397	1,231	2.6	0.11 (20)
スペイン	1,348	1,258	1,227	2.6	0.23 (18)
オーストラリア	1,194	1,093	1,076	2.3	0.28 (12)
スイス	1,084	1,021	839	1.8	0.32 (9)
ベルギー	1,034	937	764	1.6	0.31 (10)
オーストリア	767	640	531	1.1	0.26 (14)
フィンランド	388	409	379	0.8	0.33 (8)
ポルトガル	258	221	251	0.5	0.25 (16)
アイルランド	153	177	187	0.4	0.31 (10)
ニュージーランド	123	122	145	0.3	0.25 (16)
ルクセンブルク	65	77	87	0.2	0.50 (5)
DAC 加盟国の合計	58,882	55,116	47,580	100.0	0.22 (—)

注:支出純額ベース. 東欧向けは含まない. GNP は 1997 年.
1) 海外領土向けを含み, 海外県向けを除く.
2) 軍事債務救済分を除く.
資料:外務省経済協力局「我が国の政府開発援助 ODA 白書」(1998 年)による.

日本の政府開発援助の主要先進国との比較一覧

供与国			日本	アメリカ	イギリス	フランス	ドイツ
量	供与額[1)](100 万ドル)	支出純額ベース	93.6	61.7	33.7	63.5	59.1
	対 GNP 比(%)	1997 年	0.22	0.08	0.26	0.45	0.28
	国民1人当り ODA 額(ドル)	1997 年	74.4	23.2	57.3	108.7	72.2
質	贈与比率[2)]	約束額ベース(%)	41.4	98.4	96.7	82.7	78.6
	グラント・エレメント[2)]	(債務救済を除く)	80.5	99.3	96.7	91.9	91.5
	二国間 ODA のタイイング・ステイタス(1995 年約束額ベース, %)	アンタイド	96.3	n.a.	86.2	58.4	60.3
		部分アンタイド	3.6	n.a.	—	16.5	—
		タイド	0.2	n.a.	13.8	25.1	39.7

注:1) 1997 年. 東欧, 卒業国及び EBRD 向け援助は含まない. 2) 1995/96 年平均.
出所:1997 年 DAC 議長報告.

⑧市場経済化へのプログラム　冷戦の終焉、東西体制の崩壊に伴って、途上国で政治分野での民主主義とともに、経済の分野では〝市場経済化〟が転換期のキーワードになっている。それは中央集権的な、多分に指令経済的な体制から、漸次、市場原理を生かした自由経済体制への移行を図るものである。しかし、その順序も手段も、それぞれの国によって異なる。

市場経済化という場合、第一の問題は、経済の枠組としての政治形態である。国によっては君主制であったり、一党支配であったりするが、次第に自由選挙による複数政党下の議会制民主主義がふえつつある。民主主義と市場経済は対《つい》をなしている。要は、その国民の自由意志によって決定すべきで、海外から強制すべきものではない。

第二は、企業形態の問題である。職業選択の自由の下で、個人も企業も原則として起業は自由であり、またそうした企業が国有・国営の企業よりも質量の点で優勢に立つことが望ましい。国営の、とくに軍事関連の大企業はしばしば「大釜の飯を食い」やすく、あるいは政治と密着しすぎて経済全体の自由度を損ないやすい。公益的な事業には、国家が直接・間接に関与することはあり得るが、その場合でも、情報開示などによる透明性と効率性の確保が必要である。

第三は、経営上の諸種の意志決定の自由化である。投資、生産、販売、価格についての自由が与えられることが市場経済では不可欠である。もちろん、そのことは結果に対する自己責任、消費者に対する（製造物）責任、そして同業企業との公平な競争で裏付けられていなければならない。その保証のないところでは、政府による一定のルール設定が必要である。

IMFの支援を受けたアジア3ヵ国の経済改革への取組
（1997-98年）

タイ

1. 包括的金融再建策を発表（1997年10月）
・金融再建庁（FRA），資産管理会社（AMC）を設立
・不良債権基準の厳格化
2. 金融機関の整理，再編
・経営悪化から営業停止を命じられていたファイナンスカンパニー（FC）58社のうち，56社を閉鎖
・金融機関に経営立て直しを求め，増資がかなわない金融機関については減資の上，国営化（商業銀行4行，FC7社）
3. 閉鎖されたFC56社の資産の処理
・FRAにより，閉鎖されたFC56社の資産の売却を開始
4. 法制度の改正
5. 金融部門再建策を発表（98年8月）

インドネシア

1. 金融システムの再建
・資産管理会社を設立し，銀行再建庁監督下にある問題銀行54行の不良債権を移管（98年4月）
2. 高金利水準の維持
・インフレの抑制，為替レート下落の阻止
3. 対外民間債務問題処理
・一部の債務について返済猶予や長期債務への転換などの処理方法で合意（98年6月）
4. 緊縮的な財政改革
・食品，燃料，電気料金に対する補助金の削減
5. 弱体化した企業の淘汰を目的とした破産法を制定

韓国

1. 公的資金の導入による不良債権の整理
・公的資金約80兆ウォンを計上
2. 破綻銀行の国有化を始めとする金融機関の整理
・BIS規制を下回る商業銀行12行のうち，5行を整理（98年6月）
3. 資本市場の外資への開放
・外国人投資家による証券投資の投資枠を撤廃，全面開放（98年5月）
4. 労働市場の流動化
5. 財閥の構造改革
・相互債務保証の是正
・法的根拠のないグループ会長ポストを廃止して，財閥オーナーの経営責任明確化及び経営透明性の向上

⑨アジア通貨・経済危機の発生と終息　一九九七年後半から九九年初めにかけて生じたアジア通貨・経済危機は、九七年中のタイに発した通貨危機とその各国への伝播、九八年以降の経済危機への発展という二つの段階を経て深刻化したが、その背景・要因については様々な議論が入り乱れた。その大きな理由は、八〇年代前半の中南米、九〇年代の一部EMS（欧州通貨制度）諸国やメキシコなど過去の代表的通貨危機にみられた過剰消費、財政赤字、経常収支赤字、インフレの昂進等のマクロ経済の不均衡とは若干異なっていた。九七年後半以降の東アジア諸国では、経常収支赤字の水準こそやや高かったものの、高い貯蓄率、健全な財政、低いインフレ率などむしろマクロ経済の健全性が存在したにも拘わらず、国際的な短期資金の大量流入と大量流出に対して、十分な措置が取れなかった金融システム上の問題や、国際的支援の不適切さがあったために、開放経済下の各国に急速に伝染した。

八〇年代の通貨危機については、経常収支赤字や為替の過大評価等の伝統的な経済ファンダメンタルズ要因が働いたが、九〇年代後半の通貨危機では短期債務、外貨準備高及び内外金利差等の資本移動が影響したと思われる。

幸い、一九九九年春ごろから多くのアジア諸国は景気の回復をみせ始めた。同年第2四半期には殆んどすべてのアジア諸国で経済成長がプラスに転じ、二〇〇〇年以降成長率は九〇年代後半を越すと予測されている。各国の内需拡大策に加えて、金融システムが改善されてきたからである。

アジア各国の実質為替レート推移
（対米ドル）

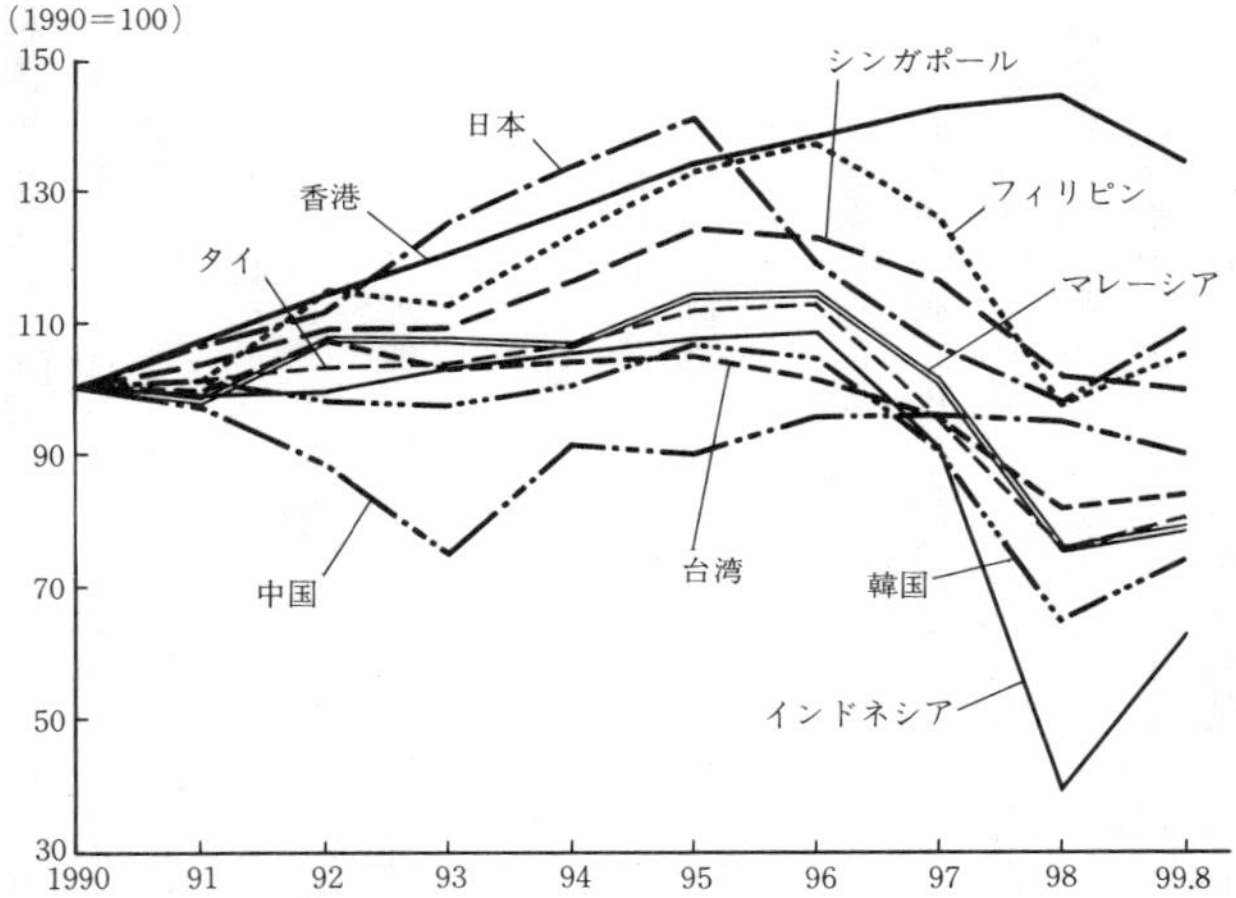

平均的通貨危機とアジア通貨危機の発生要因の比較

要因	80年代型通貨危機	90年代型通貨危機	アジア通貨危機（97年）	「△」の場合の該当国
経常収支	●		△	タイ
直接投資	●		△	タイ，韓国，フィリピン
短期負債		●	○	
外貨準備高		●	○	
為替の過大評価	●		△	韓国，フィリピン
内外金利差		●	○	

備考：1)「●」は，通貨危機の要因として，プロビット分析により有意な指標であったことを示している．
2) アジア通貨危機の要因については，危機の前年の当該指標が1980年代，90年代何れかの有意年代の安定期の平均水準よりも悪化していた場合には，当該指標を通貨危機の要因となっているとみなし，それが分析対象国全てで観察された場合には「○」，一部の国で観察された場合には「△」と表示した．

出所：「通商白書 平成11年版」．

⑩先進国による支援　市場経済への移行の第一義的責任は、あくまでも当該国の政府と国民の自助努力にある。しかし、それを促進するために外部の経済支援もまた不可欠である。先進国の支援は〝自助努力〟のための支援が基本で、被支援国での影響力を強めるためであったり、冷戦時代のように特定グループの利益を守るものであったりしてはいけない。

支援の形態の第一は、被支援国の国際機関への参加である。地球的レベルでの自由市場の枠組としてWTOへの加盟が必要であり、金融・通貨面では、IMF、世銀への参加が必要である。このことによって、IMFの資金の活用が可能となり、ほかにも欧州復興開発銀行（EBRD）をはじめ欧州投資銀行、アジア開銀、米州開銀などの利用が可能となっている。

第二は、金融支援である。従来これらの国がもっていた債務の返済を猶予したり、公的債務を一部切捨てないし棚上げしたり、民間債務のリスケジュールを行ったりすることである。その上で、公的資金による新規援助、民間資金の新規流入が奨励される。日本は、一九九七年末からのアジア金融危機に際して「宮沢構想」による支援を行ってアジアの回復に寄与した。

第三は、貿易の分野での支援である。このためには先進国が率先して自国市場へのアクセスの障害を除去することが必要である。OECD諸国はすでに殆んどの途上国に対して、規制の緩和・撤廃を行い、最恵国待遇を与えている。アジア諸国の近年の発展にみるように、途上国からの脱皮には輸出拡大が大きな決め手である。

第四は、市場経済のノウハウ、情報を提供し、市場化の自助努力を支援する知的支援である。

六　情報通信革命

「いま（インターネットによってアメリカで）進行している構造的変化は一世紀に一回か二回あるような根本的なものなのかもしれない」
（グリーンスパン米連邦準備制度理事会議長・一九九九年）

①**情報と情報媒体**　情報とは、ある物事についての「知らせ」あるいは「情況報告」である。それは政治、経済、文化から日常生活に関わるあらゆる分野をカバーしている。時系列的には過去、現在、未来に及ぶ。それは森羅万象に及ぶもので、われわれが接する情報は存在する情報のごく一部に過ぎないが、それでも人間の活動を大きく左右する。

情報は、個人自らが直接知る情報をはじめ家庭、学校、職場、地域、公共機関、海外からなど様々な経路を通じて、様々な情報源から情報利用者としての個人に伝達される。

情報は、情報利用者が自ら知り得たり、他人との会話を通じて得たりする他は、多様な媒体を通じて伝達される。媒体の最も古いものは活字(文字)による新聞、雑誌、書籍であり、ついでラジオ、テレビ、映画、さらには電話、電信に及び、最近ではインターネットなど電子機器によるものが大きく伸びている。

われわれは情報の八割を新聞や書籍のように視覚(読む、見る)を通じて認識し、ついでラジオやテレビなど聴覚(聴く)を通じて得ていると言われているが、テレビや映画のようにその組み合わせのものが増えている。身体の不自由な人びとには聴覚、視覚を補う器具が使用されるが、触覚や嗅覚に訴える情報伝達も行われている。各媒体はそれぞれの特徴を持っている。媒体の発達は、一方で消費者の選択――双方向性、選択性、保存性、速報性など――によるとともに、供給側のそれに応える技術、生産能力によって決まる。概して電子媒体によるものが将来、経済・日常生活の分野で圧倒的に多くなりそうである。

情報とは

「知らせ」(情況報告)が基本．(噂，意見，PRなどを含む)
「情報」の集積→知識→知恵→知性

情報ルート

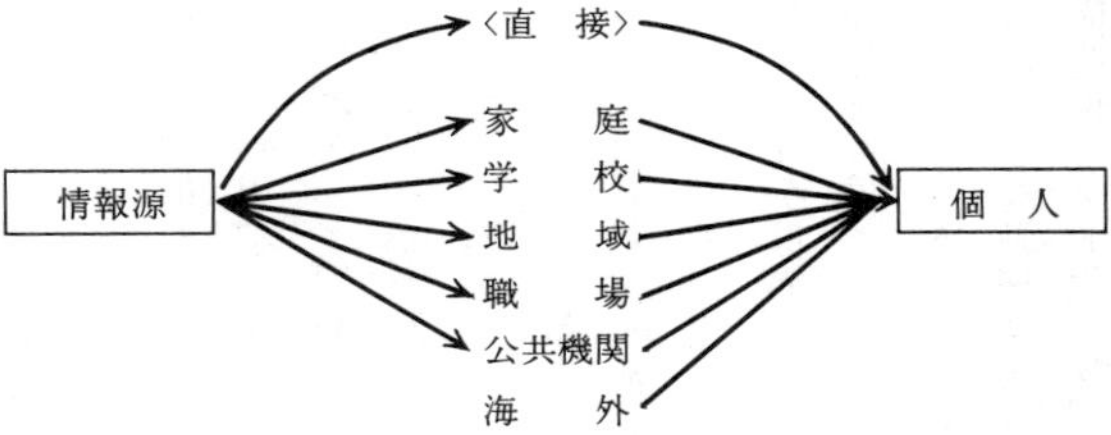

情報媒体

媒体	知覚	方向性	選択性	保存性	その他特徴	コスト
新聞	視覚（読む，見る）	片方向（新聞→読者）	記事非選択的	保存短期	速報性は放送に劣る	
出版物（雑誌，書籍）	視覚	片方向	選択的	保存可	—	やや高い
放送						
ラジオ	聴覚	片方向	半選択的	（録音は可）	ニュース性速い	
テレビ	視覚・聴覚	片方向	半選択的	（録画・録音は可）	ニュース性速い	
レコード・CD	聴覚	片方向	選択的	保存可	—	
映画	視覚・聴覚	片方向	選択的	再見可	—	高い
電話	聴覚	双方向	選択的	基本的にない（録音可）	速時	
インターネット	視覚・聴覚	双方向可能	選択的	保存可	速時	急減

②**情報革命と情報化社会**　媒体発達の初期は、印刷機の発達と製紙技術の発達に支えられて、新聞・書籍というかたちで大衆化が始まった。ついで電気の普及と機械工学の発展で電気通信・放送が登場した。

その後、情報媒体の多様化と発達は半導体、コンピュータ、電子機器の技術的発展と電波管理など通信、放送の分野の規制緩和、それに情報の処理、蓄積、管理面でのソフトの発展が加わって、一九九〇年代に入って爆発的に進行した。それは革命と呼ばれるにふさわしい衝撃を政治・経済・社会に与え、外交交渉の分野でも軍事活動の面でも、大きな変化を起している。

今、最も先端をいっているのがインターネットである。国別に情報化をみると、インターネットの普及率ではフィンランドが最も高いが、他の指標ではアメリカが圧倒的な強味を示している。インターネットの利用者は世界全体で一・六億人(一九九九年三月)で、うちアメリカの九四〇〇万人はヨーロッパの三六〇〇万人、日本の一六〇〇万人を圧倒している。インターネット・ホスト数でもアメリカが世界の七〇%を占め、そのうち二八%が商業用である。アメリカがその経済力と技術力を背景に、英語使用という有利性も加わって、他国を引き離している。

かつて産業革命は工業生産力を高め、鉄鋼業、機械工業あるいはそれを製造するための石炭、原材料産業、さらにはそれを運搬する鉄道や自動車の発達をもたらしたが、いまや情報と情報産業の発達が経済構造をソフト化させ、知識化させることで経済社会を一変させている。情報化社会からさらに高度な知識社会に移行する可能性をつくり出すものでもある。

情報化の進展

（インターネット・ホストは1万人当り，他は1,000人当り）

媒体	日刊紙	ラジオ	テレビジョン		携帯電話	FAX機器	個人コンピュータ	インターネット・ホスト
			セット	ケーブル加入者				
調査年次	1996	1996	1997	1997	1997	1996	1997	1998.7
アルゼンチン	123	677	289	156	56	2.0	39.2	15.92
オーストラリア	297	1,385	638	38.1	264	48.6	362.2	400.17
オーストリア	296	740	496	132.0	144	35.4	210.7	163.45
ベルギー	160	792	510	361.8	95	18.6	235.3	150.65
ブラジル	40	435	316	16.3	28	3.1	26.3	9.88
カナダ	157	1,078	708	261.4	139	33.0	270.6	335.96
中国	-	195	270	39.7	10	1.6	6.0	0.16
香港	739	695	412	61.5	343	53.2	230.8	108.02
チェコ	254	806	447	68.0	51	10.0	82.5	63.84
デンマーク	309	1,146	568	238.6	273	47.9	360.2	358.85
フィンランド	455	1,385	534	170.0	417	385	310.7	996.13
フランス	218	943	606	27.7	99	47.8	174.4	73.33
ドイツ	311	946	570	210.5	99	68.1	255.5	140.58
インド	-	105	69	18.8	1	0.1	2.1	0.4
インドネシア	14	155	134	-	5	0.4	8.0	0.52
イスラエル	290	530	321	160.1	283	24.9	186.1	146.78
イタリア	104	874	483	0	204	31.3	113.0	55.69
日本	578	957	708	114.8	304	126.8	202.4	107.05
韓国	393	1,037	341	162.4	150	8.9	150.7	37.66
マレーシア	158	432	166	5.2	113	6.9	46.1	18.38
メキシコ	97	324	251	15.2	18	3.0	37.3	8.75
オランダ	177	963	541	371.8	110	38.2	280.3	327.85
ニュージーランド	223	1,027	501	-	149	17.9	263.9	468.39
ノルウェー	588	920	579	160.2	381	50.0	360.8	705.28
ロシア	105	344	390	78.4	3	0.7	32.0	8.88
シンガポール	360	739	354	17.3	273	32.2	399.5	187.98
スウェーデン	446	907	531	218.1	358	50.9	350.3	429.86
タイ	63	204	234	3.5	33	2.5	19.8	4.17
イギリス	332	1,445	641	40.2	151	33.8	242.4	0.01
アメリカ	215	2,115	847	245.9	206	78.4	406.7	975.94

資料：World Bank「World Development Indicator 1999」.

③「**距離の死**」　情報の把握、伝達は経済が未発達の段階ではもっぱら人力に頼っていた。ついで、情報をもった人間を運ぶ運輸・交通手段が登場して、情報量の増大と伝達時間のスピード化がもたらされた。やがて電信・電波の利用が一般化し、スピード化が加速した。取り扱われる情報量も蓄積される情報量も膨大化した。そのこと自体が情報媒体の多様化とコスト低下をもたらし、情報化社会を形成している。

Ｅメール、インターネットの爆発的利用によって、経済的な空間距離、時間距離が短縮し、発信と受信が同時化して「距離が死んだ」とさえいわれている。

その結果、経済面では金融取引の形態が一変し、金融商品も多様化した。為替取引も株取引も情報が瞬時に伝わるため、取引の判断・決断も即決が迫られ、遅れるほど商機を逸してしまう。物流面でも取引の高速化と大量輸送化を促し、従来のような商品の在庫調整の性格が変化し、ひいては企業経営のあり方や産業構造全体の変化をもたらした。

情報化は、人々の一般生活にも大きな変化をもたらしている。消費財の多様化をはじめ注文・購買・消費の慣習が大きく変わってきている。教育の場でも、ただ単に教室に情報機器が持ち込まれるということだけでなく、教育内容自体が情報化社会を反映したものになってきた。医療の分野でも、人体に関する情報や病気に関する情報量がふえただけでなく、情報伝達のスピード化によって、救急体制が改善された。また、軍事面でも湾岸戦争(九一年)、コソボ紛争(九八年)などに見るように戦争の形態様相を一新した。

世界のインターネット・ホスト数の推移

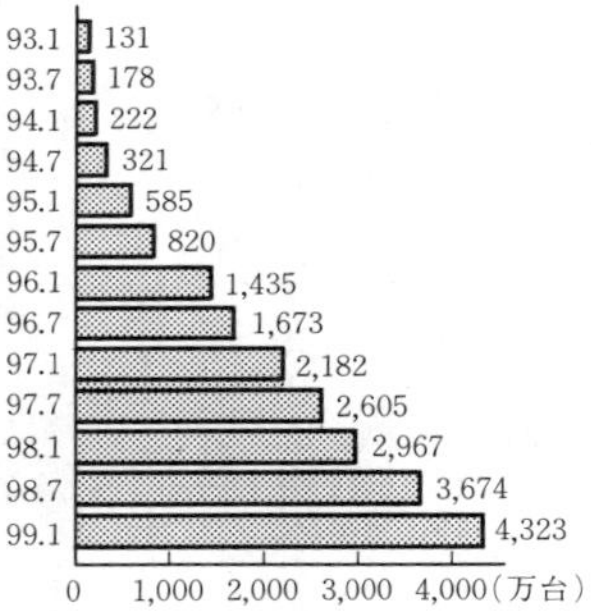

注：1998年1月からの計算方法の変更に伴い1995年1月-1997年7月のデータについては補正値を使用している.

世界のインターネット・ホスト数の国別内訳（1999年1月現在）

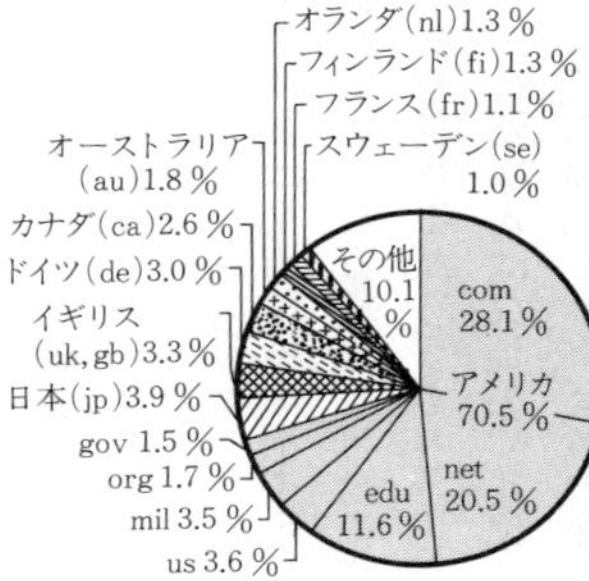

注：便宜上，com, net, org 等の一般トップレベルドメインは，最も利用の多いアメリカに含めている.

世界のインターネット・ホスト数の地域別内訳（1999年1月現在）

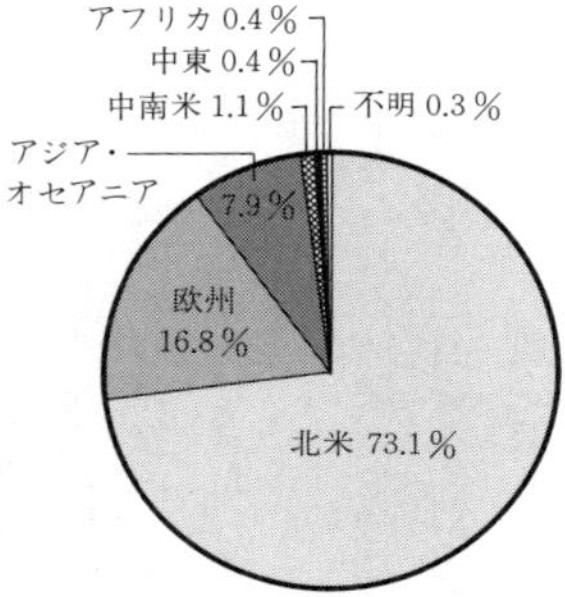

地域別インターネット・ホスト数の伸び率（1998年1月を100とする）

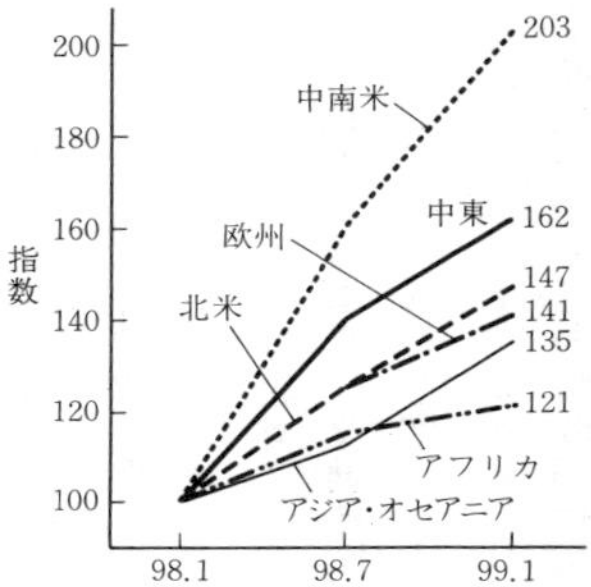

出所：「通信白書 平成11年版」．原資料は Network Wizards 社資料(http://www.nw.com/zone/WWW/top.html).

④情報化の社会的影響　情報化、特にインターネットの普及は、より多くの情報提供・公開の必要性を高めるとともに、それを促進する力になるであろう。それは従来権力の源泉であった情報独占を大きく崩すことにもなろう。とくに、政治の面では〝官僚の情報独占〟が失われ、〝知らしむべからず、寄らしむべし〟の政策態度はとることができなくなってきた。その限りでは、民主主義を前進させる要因である。

また、経済界でも、金融機関とくに銀行の情報開示が厳しく求められる結果、金融による産業支配や消費者コントロールを難しくし、市場における生産者（供給者）と消費者（利用者）の立場の公平化をもたらし一般の経済競争を促進することになるであろう。一般企業も同様で、公正で透明な情報公開によって競争がフェアになり、消費者の立場が強められることになろう。一般の国民生活でも、消費者として消費生活（消費物資の購入慣習、消費者への情報提供、苦情処理の方法など）が変わり、日常生活（対人関係のあり方、生活時間の変化など）も変容することになろう。

情報化の進展は都市環境や都市生活を変える。情報化が始まった当初は、情報の伝達が通信手段によって行われる結果、自動車やその他の都市交通機関の利用は減少し、交通機関や道路の混雑が緩和されるだろうとの予想も行われた。しかし、実際には人の移動も増加した。消費者の行動様式はたしかに変化してきている。情報量がふえ、消費者の選択幅は大きくなったが、同時に商品・サービスの注文も迅速・簡便になり、商品決済までの時間が短縮した。

日米の電子商取引市場規模

（億円）

	企業-消費者間電子商取引（B to C）		企業間電子商取引（B to B）	
	日本	アメリカ	日本	アメリカ
1998年	650	22,500	86,200	195,000
1999年	1,900	42,700	120,000	300,000
2000年	4,300	71,100	190,000	500,000
2001年	8,700	106,900	290,000	790,000
2002年	16,200	153,600	450,000	1,170,000
2003年	31,600	213,200	684,000	1,653,000

出所：通産省「日米電子商取引の市場規模調査」1999年．

インターネットによる金融サービス

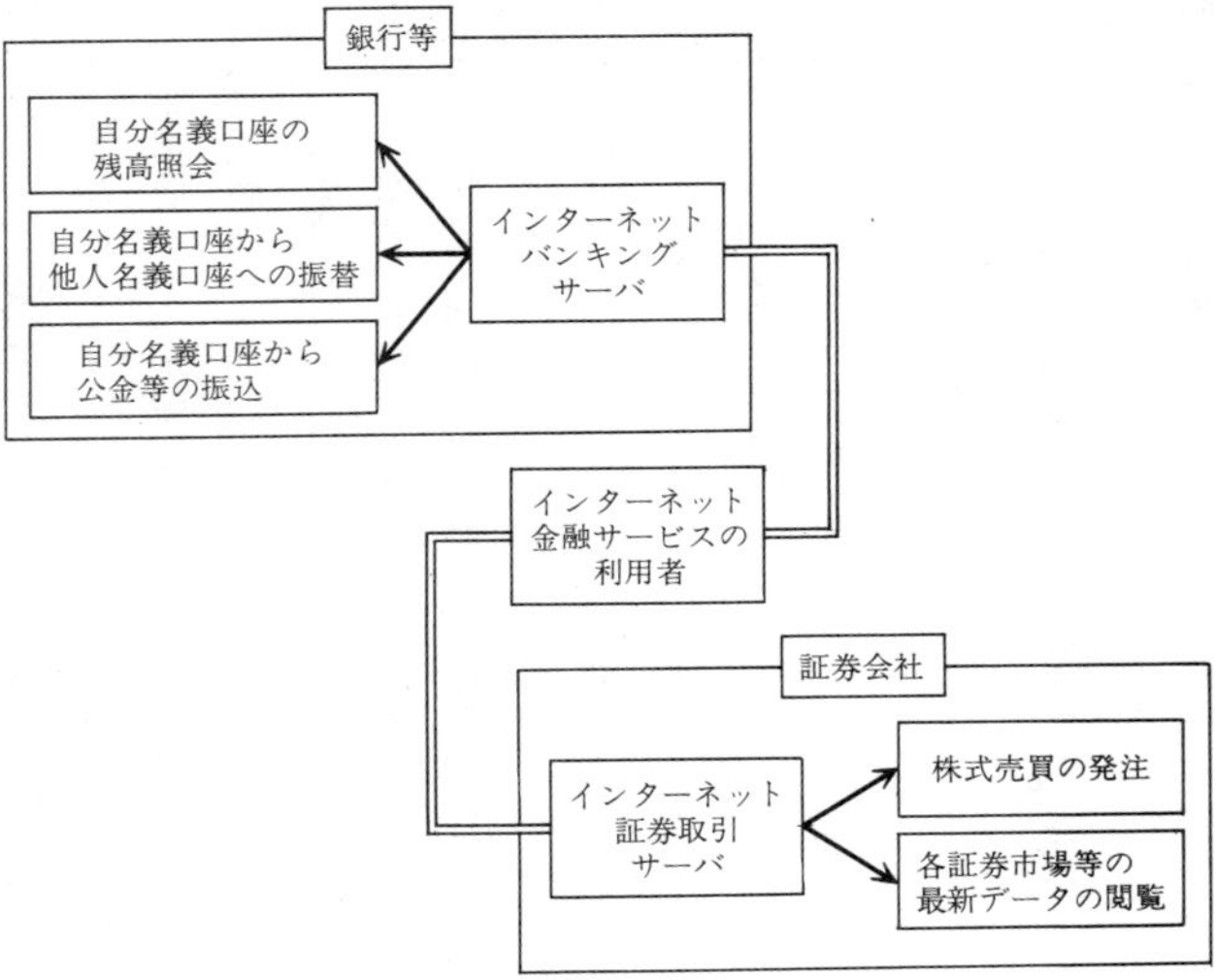

出所：「通信白書 平成11年版」．

⑤情報化投資と生産性　一九九〇年代に入ってからのアメリカ経済は世界の中で最も安定的で持続的な経済成長を示した。一部の強気論者のいう「ニューエコノミー論」には問題があるが再活性化しているのは事実で、その原因の重要な一つが情報化であることは、議論の余地がない。投資を牽引しているのも、雇用拡大に貢献しているのも、情報化関連部門である。

民間設備投資に占める情報関連(ハード)投資額の比率は、日本が二二・八%であるのに対してアメリカでは三四・七%になっている。すでに八〇年代半ば頃から、日米の情報関連の投資率の格差は拡大していた。もっとも、日本では景気不振が大きく響いていたわけで、不況要因を除けば情報化投資は確実に増え、また増え続けるであろう。

情報化投資がどれだけの生産性向上効果をもつかという定量的定説はない。効果をどの範囲でとらえるか、償却期間ないし新規投資出現との関連をどう考えるか、さらには投資の産出効果をどの範囲でとらえるかなど技術的な問題も多いからである。アメリカの一つの研究によれば、情報化投資の限界投資利益率は、他の投資に比べ一三倍近い高さ(九〇年代初頭)といわれ、日本でも八倍程度高いという数字があるが、分母の投資をどの範囲とするか、分子の利益をどう定義するかによって、結果にはかなりの幅が考えられる。

さらに、情報化投資が当該企業の生産性をあげることは間違いないが、その投資の結果、従来の情報伝達手段を陳腐化したり、不要にしたりすることによって社会全体の生産を縮小させたりする部分もある。長期に社会全体の生産性をあげるということであろう。

情報化投資額対 GDP 比率

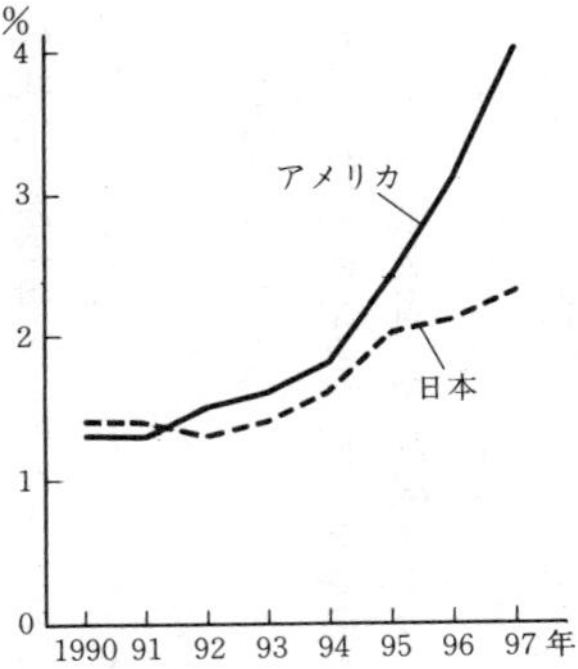

情報化投資額の推移

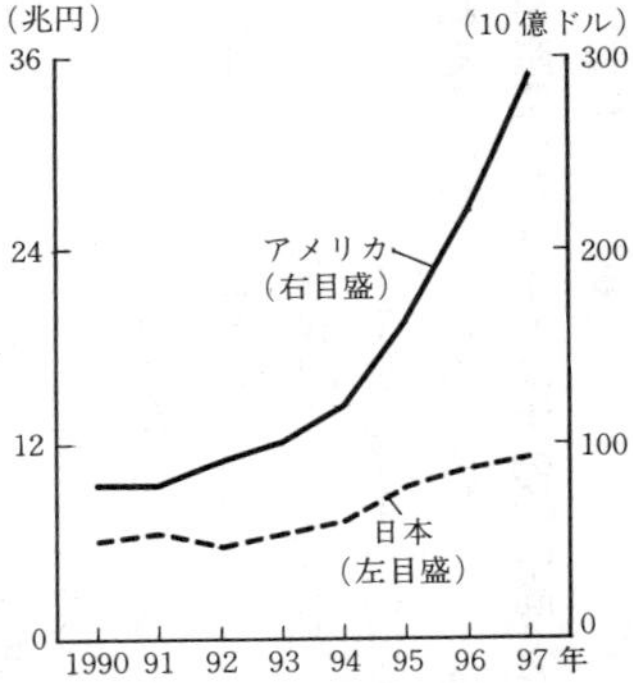

資料：「通信白書 平成 11 年版」.

業種別生産性上昇率

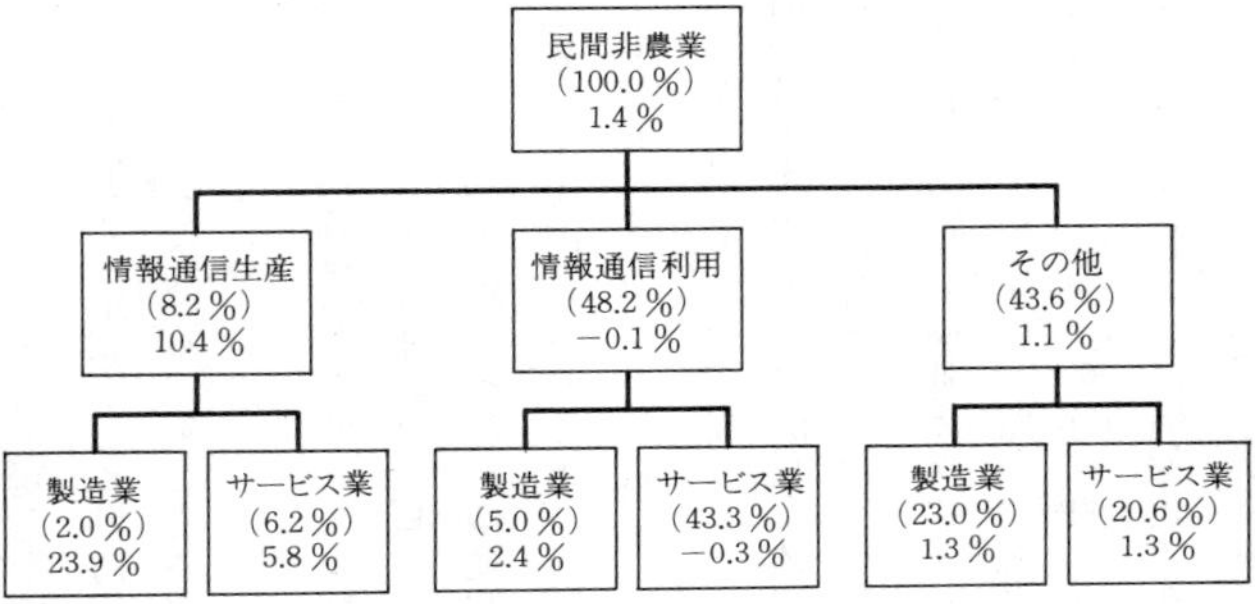

注：1)( )内は構成比，その下は生産性上昇率（1990-97 年の年平均上昇率）.
2)連鎖指数を用いているため，業種ごとの加重平均は必ずしも全体とは一致しない.

出所：米商務省「The Emerging Digital Economy II」.

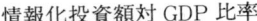

⑥情報化と産業構造　情報化の進展は供給、需要の両面から産業構造を変える。情報の利用者（消費者）はなるべく早く、良い、多くの情報を得ようと情報源（供給者）に期待し、供給者はそれに応えようと技術向上に努めながら生産を増やしコストを下げる。そこで情報産業が発達し、産業構造を変える。

具体的に情報産業とは何かを定義するのは難しい。IT（情報技術）を使っての情報機器のメーカー――製紙業者、印刷機メーカー、電子・電機メーカー、半導体、コンピュータ・メーカー――などは明らかに情報産業に属するといえるが、ソフト関係になるとその範囲は曖昧だし、情報利用の側でも利用のための設備・機器・人員が企業内で専門化されると、企業自体が情報産業になっているともいえる。鉄鋼業も自動車産業も流通産業も、そして農業でさえも、〝情報産業〟化している。従来の一次、二次、三次といった産業分類は無意味になった。

アメリカ商務省の調査によると、IT製造産業（情報技術産業）の経済成長全体に対する寄与度は年によって違うが一九九五、九六年の両年はいずれも四〇％を超え、九七、九八年も三〇％近い。情報ソフト関連の寄与度を加えると、成長の半分以上が情報関連産業によるものであった。この結果、IT製造産業の経済全体に占める比率は一九九三年の六％から九九年には八％を超えるに至っている。情報ソフト関連産業や情報利用度の高い金融部門も加えると、広義の情報産業のウェイトは圧倒的に高くなる。日本経済でも全く同じように情報化で産業構造の変化がおこっている。

アメリカのIT製造産業の実質経済成長への寄与度

	1993	1994	1995	1996	1997（推定）	1998（推定）
実質経済成長率の変化 国内所得(GDI)*(%)	2.2	4.1	2.9	3.5	4.2	4.1
IT産業の寄与度(パーセンテージ・ポイント)	0.6	0.6	1.2	1.5	1.2	1.2
他のすべての産業の寄与度(パーセンテージ・ポイント)	1.6	3.5	1.7	2.0	3.0	2.9
GDIの変化率に占めるIT比率(%)	26	15	41	42	28	29

GDIの変化率に占めるIT比率

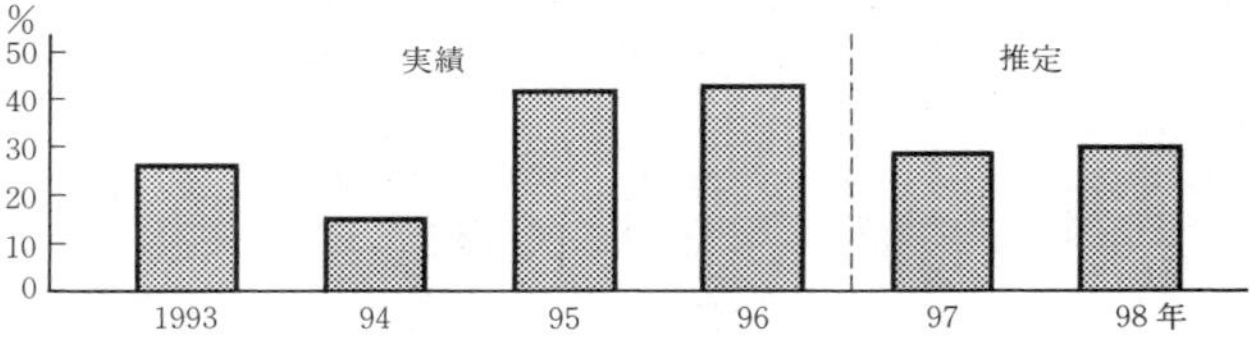

注：*GDIは，アメリカの労働財産に帰す財とサービスの生産から起こる所得に等しい．

アメリカ経済全体に占めるIT製造産業のシェア

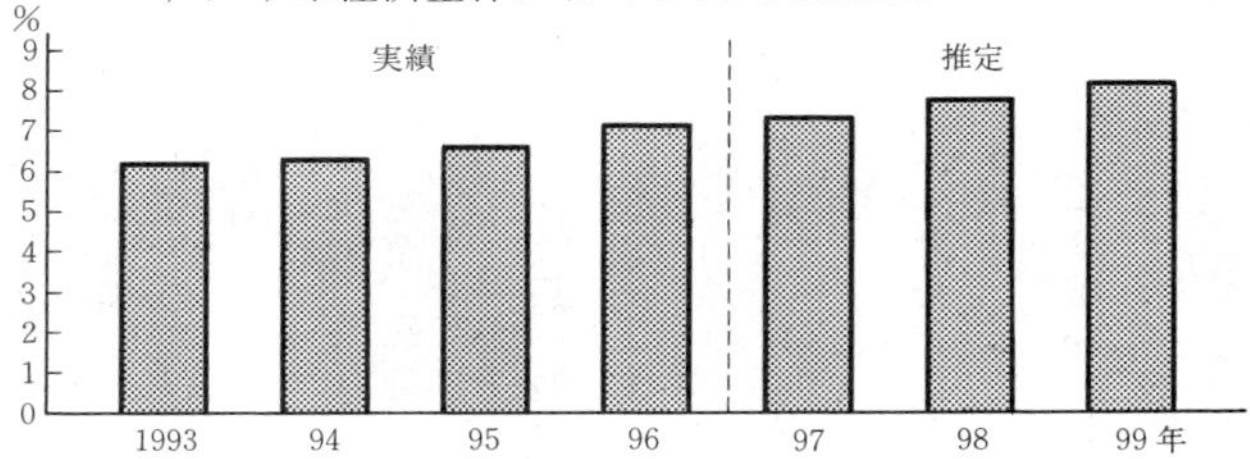

注：1997年のデータは，センサス局が97年の各産業の詳細データを未公表なので，推定値であり，計算が必要である．
出所：ESA資料(ESA推計)．1993-96年はBEAとセンサス局のデータを，1997-99はDOC「Industry and Trade Outlook '99」を利用．

⑦情報化と企業経営　情報化は企業の経営管理について様々な影響を与える。まず、情報化は既存の物流ルートを革命的に変えている。伝達、配送の時間的空間的短縮で、原料手当のコスト、在庫管理のコストが軽減される。他方、注文先への商品やサービスの提供に要する手間と時間が短縮される結果、販売コストが低下する。また販売市場が製品・サービスの提供だけでなく、人材派遣、企画支援、金融支援などの分野に広がる他、情報が多くの場合、他企業と共有されるようになった。従来の一つの企業内で完結していた企画、営業、経理、労務管理といったシステムが、情報の流れに即して変更されなければならなくなった。それは情報技術（IT）と、インターネットを中心としたネットワークを形成する。それは既存の企業組織、企業の意思決定方式を変えるものであり、仕事の分権化と管理の一元化を求めるものである。

このような企業経営の改革を支援するため、政府は自由参入、自由競争を促進するための環境作りをすべきで、具体的には参入規制の撤廃、ベンチャー企業の支援、人材育成の支援、電子商取引のルール作り、とくに消費者保護の法整備が急務となっている。

かつて、製造業が農業に代って登場したときには、流れ作業や大量生産など工学的技術革新がその推進力となった。企業経営はモノ（原材料）とヒト（労働力）とカネ（資金）を最も合理的効率的に組合せることを目標とした。いま情報化が進む経済社会では、企業戦略は最新の情報を迅速に入手し、分析することによって形成され、情報を駆使することによって最大の利潤を獲得することを目標とすることになった。

経営システム革新，情報システム導入による効果と今後の期待

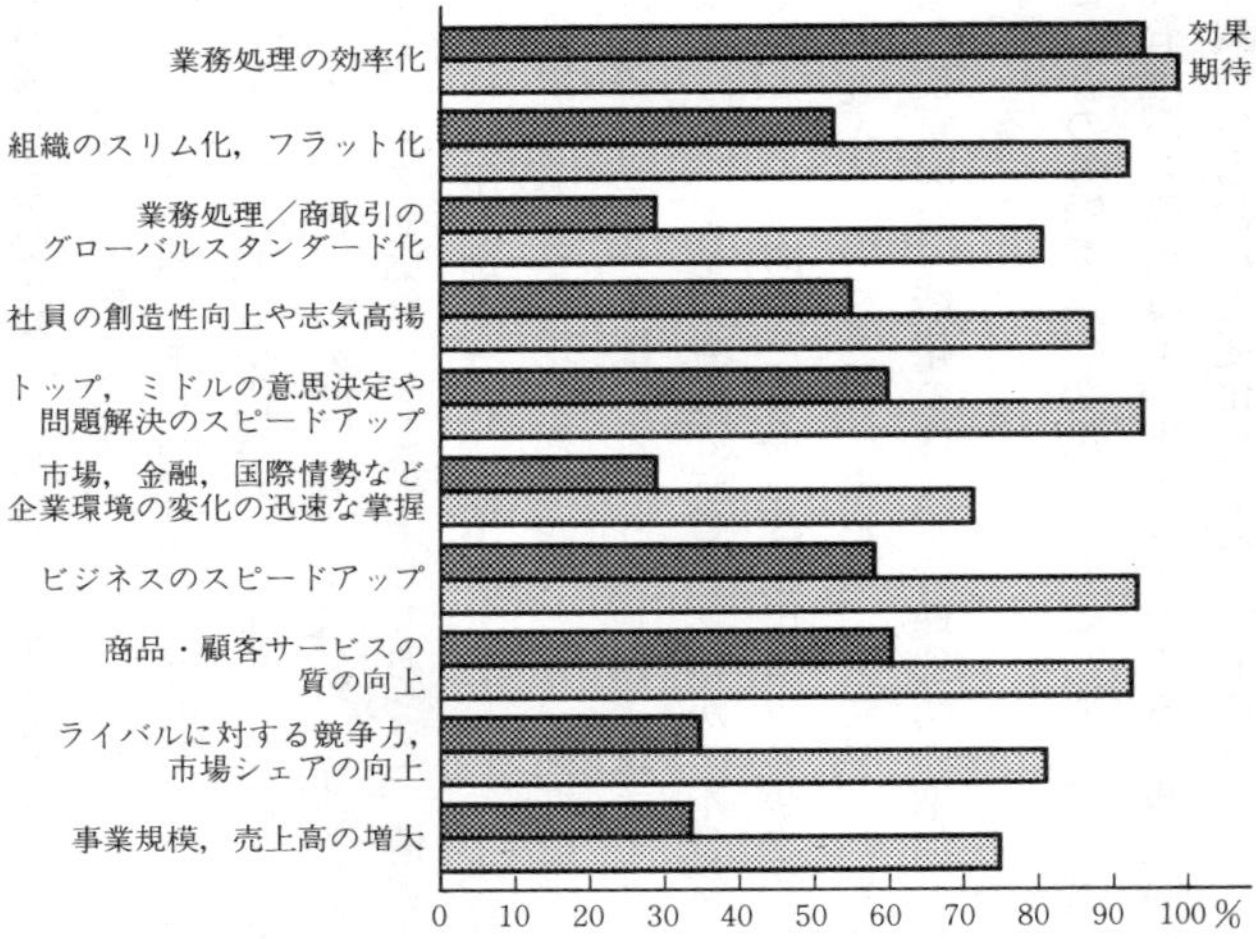

出所：郵政省「通信利用動向調査（企業調査）」（1999 年）により作成．

企業における通信網の利用動向

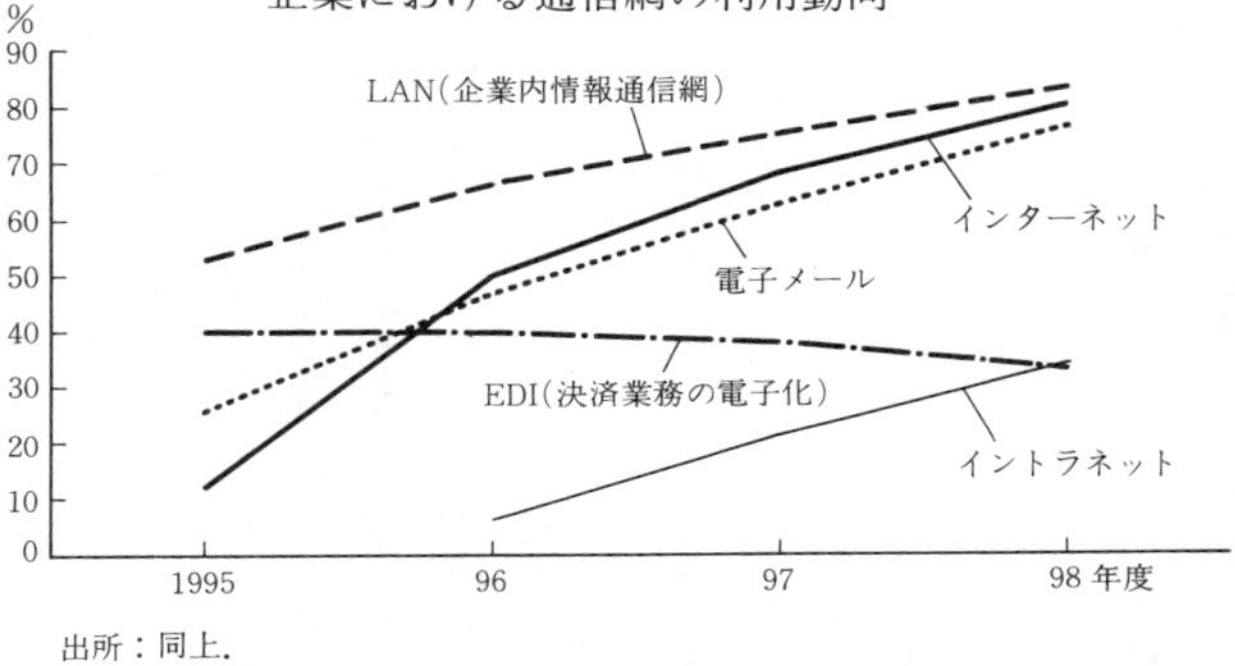

出所：同上．

⑧情報化と労働市場　情報化は一方で新しい職場を創出するが、他方で情報化によってなくなったり縮小する職場も多い。

産業間、職種間、年齢間で激しい移動が生じ、労働市場が大きく変貌する。

アメリカでは九〇年代に入ってからの持続的成長の結果、失業率は一九九九年には四％前半にまで下がった。この間、全ての分野で雇用が増えたわけでなく、情報関連産業（情報機器メーカー、ソフト業界）などが中心であった。情報化によって一九九〇年から九七年の間に五八八万人の雇用が創出され、他方でコンピュータなどによって排除された労働者が二四八万人（主として高齢者）、差引き三四〇万人の純増だったという推計がある。もっともこの種の計算には〝差し当たっては〟という但し書き付きではあるが。

日本についても、各種の試算があるが、不景気の時にリストラで縮小した職場と、情報化による省労働力のあった職場では雇用減少の数字的区分は難しい。通産省の調査では今後五年間（一九九九～二〇〇三年）に、事務職、営業職、購買職などで一六三万人の職場がなくなる一方、情報化投資関連、情報の作成、管理部門の増加で新たに二四九万人の職場が創出されると予想されている。

またこの労働需給の変化とともに、上級管理者は少数精鋭主義の下で相対的に減り、一部の中間管理職の職場はもっと大きくなろう。専門職は増加し、パートや派遣スタッフ、在宅高齢者の職場の需給にも変化を与えるであろう。

アメリカのIT製造産業とIT利用産業の雇用者数
(1989-96年，2006年)

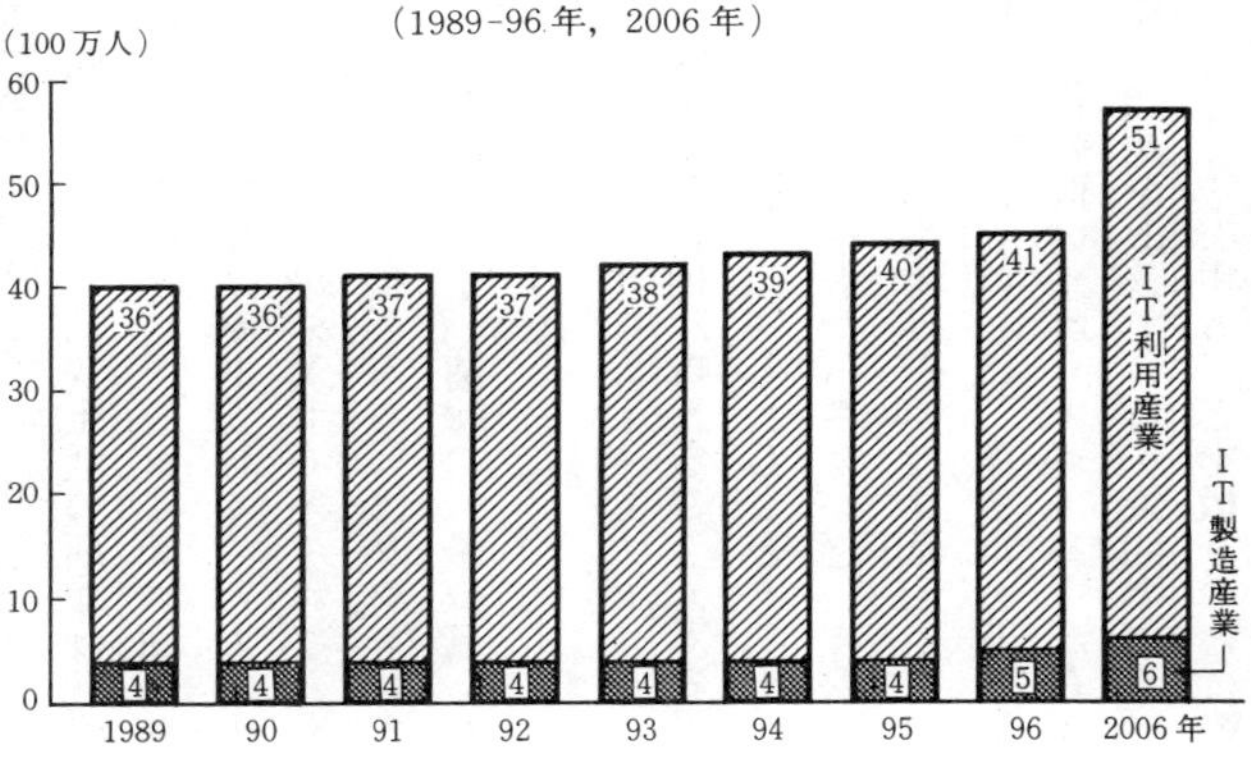

出所：ESAの推定.

IT関連投資と雇用の増加

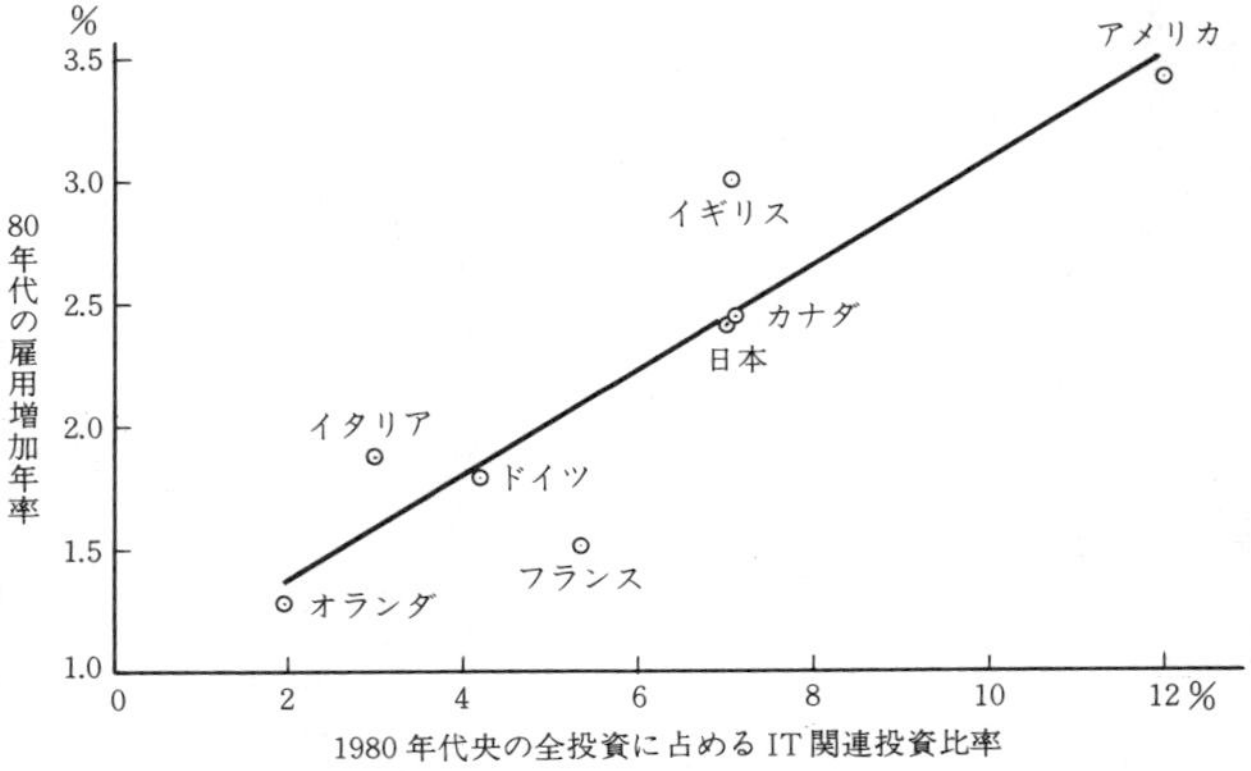

出所：OECD「Information Technology Outlook 1995」.

⑨情報化のマイナス　情報が豊富になり、かつ伝達のスピードが速くなることは、経済的に効率向上となり、消費生活の面では利便性が増し、経済社会発展にとって好ましいことである。しかし、副作用として、マイナス面も存在する。

例えば、情報は原則として「万人に平等」に与えられなければならない。しかし、経済的な理由で十分に情報を入手できないこともあるし、また、最近の技術的に高度化した情報機器を操作する能力の差、あるいはソフトを十分に使いこなせないいわゆるコンピュータ・イリテラシーの問題がある。情報の〝優位者〟が新たな〝支配者〟になりうる危険性をもっている。情報が豊富になり、またいつでも、どこでも入手できるようになることは、別の表現でいえば、誰もが情報ネットに結び付けられていることを意味している。ネットを通じ個人が選択しない情報を押し付けられることもあるし、個人のプライバシーに関することや企業の機密に関することを他人に知られることもある。そうした行為を排除しようとすると、言論の自由の制限という事態をもたらさないという保障はない。情報ネットワークの形成は社会的連帯感を強めることではあるが、プラス面だけではない。

情報はまたしばしば〝悪貨は良貨を駆逐する〟性格をもっている。多くが健全である新聞の中でも質の低いイエローペーパーが存在し、テレビでも〝俗悪〟番組も多い。精神論だけでこの種の問題を改善できるか疑問である。そこには、意識的に情報を〝盗聴〟したり、情報網に侵入（ハッカー）することを扱うのとは違った難しさがある。

日本コンピュータ緊急対応センター
(JPCERT)への報告件数(3ヵ月単位)

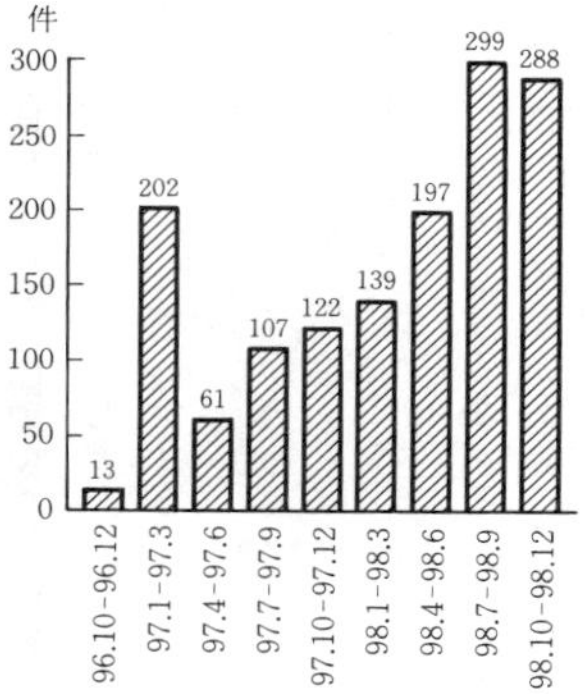

米国コンピュータ緊急対応センター
(CERT)への年別報告件数

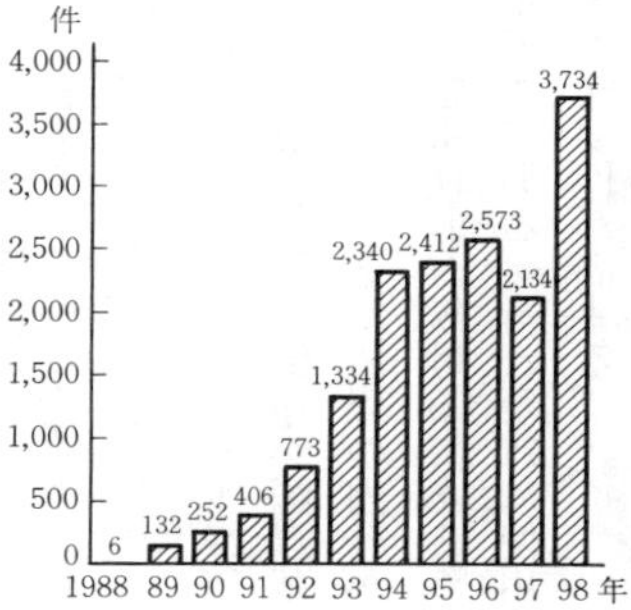

ソフトウェア海賊版による
推定被害率
(1996年世界平均=43%)

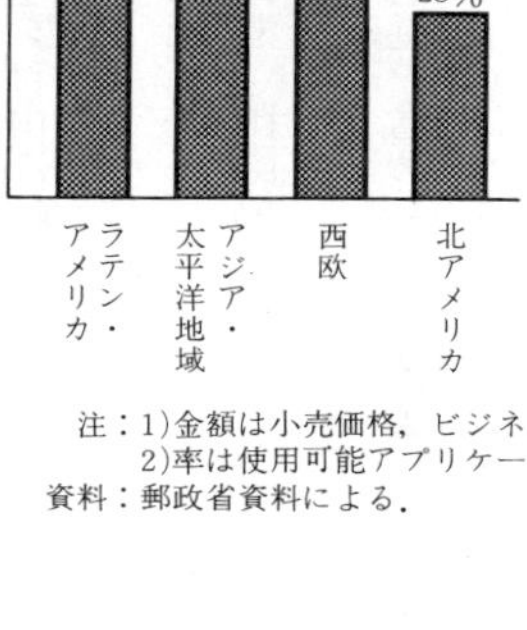

ソフトウェア海賊版による
推定被害額

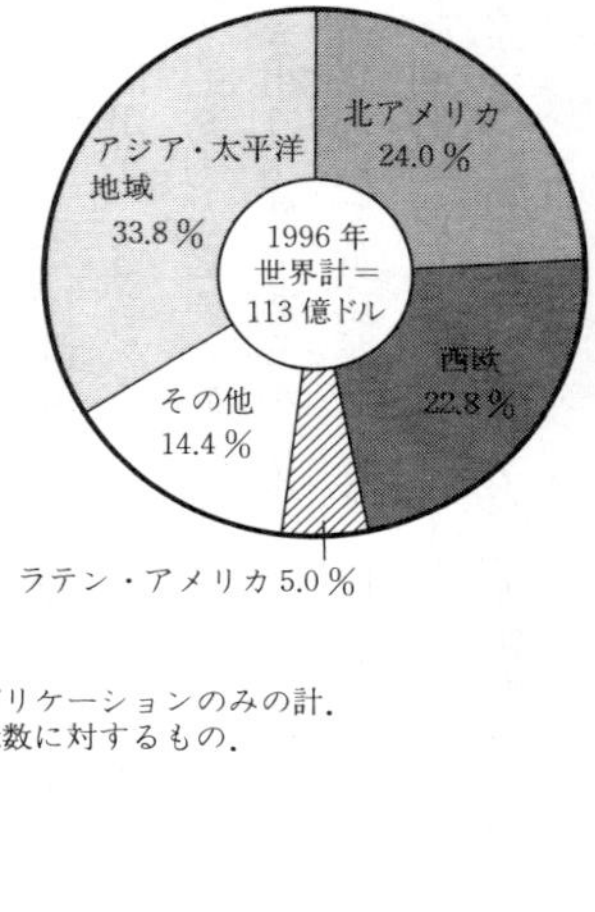

注：1)金額は小売価格，ビジネス用アプリケーションのみの計．
　　2)率は使用可能アプリケーション総数に対するもの．
資料：郵政省資料による．

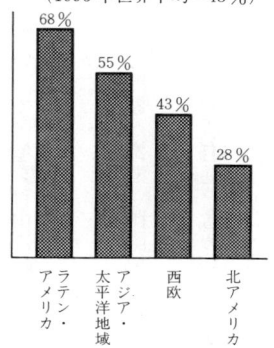

⑩望ましい情報化社会と国際協力　情報はその性格からいって国境を自由に越えて伝達される。国籍のいかんに拘わらず、必要な情報を、いつでも、誰でも、どこでも入手できることは、情報の共有、自由な利用という点で人類にとってきわめて望ましいことである。

しかし、情報の国際的な流通、処理に当たっては厄介な問題があり、国際協力が不可欠である。

第一に、情報のうち個人のプライバシーに関わるもの、知的所有権を含めた企業の機密に関する情報の規制をどうするか。それぞれの国の固有の伝統・慣習と普遍的なルールを、いかに調整するかは決して容易ではない。WTOでも、これまでの物財中心のルール作りから、金融取引さらには情報(技術、特許など)取引に関するルール作りのウェイトが高まるであろう。

第二に、情報インフラの整備や関連費用の負担能力の差によって国際間の「情報格差」が生じ、それが拡大する可能性もある。人類の共通財産たる情報に、格差があることは望ましくない。いわゆるコンピュータ・イリテラシーをなくす国際的努力が必要である。

第三に、情報の国際的伝達が国際基準で行われるべき事は当然であるが、現実的には使用人口数からいっても、また情報の内容からいっても、共通語として英語が最も多く使われている。それは今後とも使われ続けるであろう。特定の言語を強制的に使用させることも禁止することも事実不可能である。それだけに使用語「格差」、語学習得の問題など検討すべき課題も多い。国際協調の必要性が高まる。

七　人口・食糧・エネルギー

「合理的なエネルギー政策の採用は、各国政府が直面する最も挑戦的にしてかつ複雑な仕事である」

（P・トルドー『住みよい世界のためのエネルギー』序文、一九九一年）

①世界人口の急増　二〇世紀に入ってから世界人口は急増を示している。西暦元年に三〜四億人程度であったとみられる世界人口は、二〇世紀初頭には一六億人程度になった。一九〇〇年かけて約一二億人強の増加であるが、二〇世紀に入ってからの増加は著しい。とくに一九五〇年代以降増加テンポも速まり、一九九九年秋には六〇億人に達したとみられている。二〇二五年には八〇億人、二〇五〇年には一〇〇億人になるとの予測もある。

人口は、経済的にみれば労働力・生産力の増加を意味するから基本的には、〝結構なこと〟であるが、しかし問題も多い。第一は、人口増加の大部分が開発途上国でみられることである。この結果、途上国の成長率が先進国より多少高くなっても、一人当りの所得水準の格差は縮まらない。世界銀行によれば、現在六〇億人の世界人口のうち一日二ドル以下の水準で生活している人が四三億人いるが、世界人口が八〇億人になる二〇二五年には五八億人になるだろうという。

第二は、途上国は今後工業化が進み、消費水準も高まる。そのこと自体は歓迎すべきことであるが、この間に先進工業国でも多少は消費水準が上昇するから、世界全体で消費する食糧、エネルギーなどが急増し、農産物やエネルギーの供給力とのアンバランスが生ずる可能性がある。もちろん、技術革新の可能性があるから一概にマルサス論的悲観論になることはないが、環境損傷の問題や人口の都市への過度集中の問題がある。途上国の経済進歩を止めるわけにいかないから、今後、技術進歩と国際協力が問われるところである。

世界人口の増加(1950-2050年)

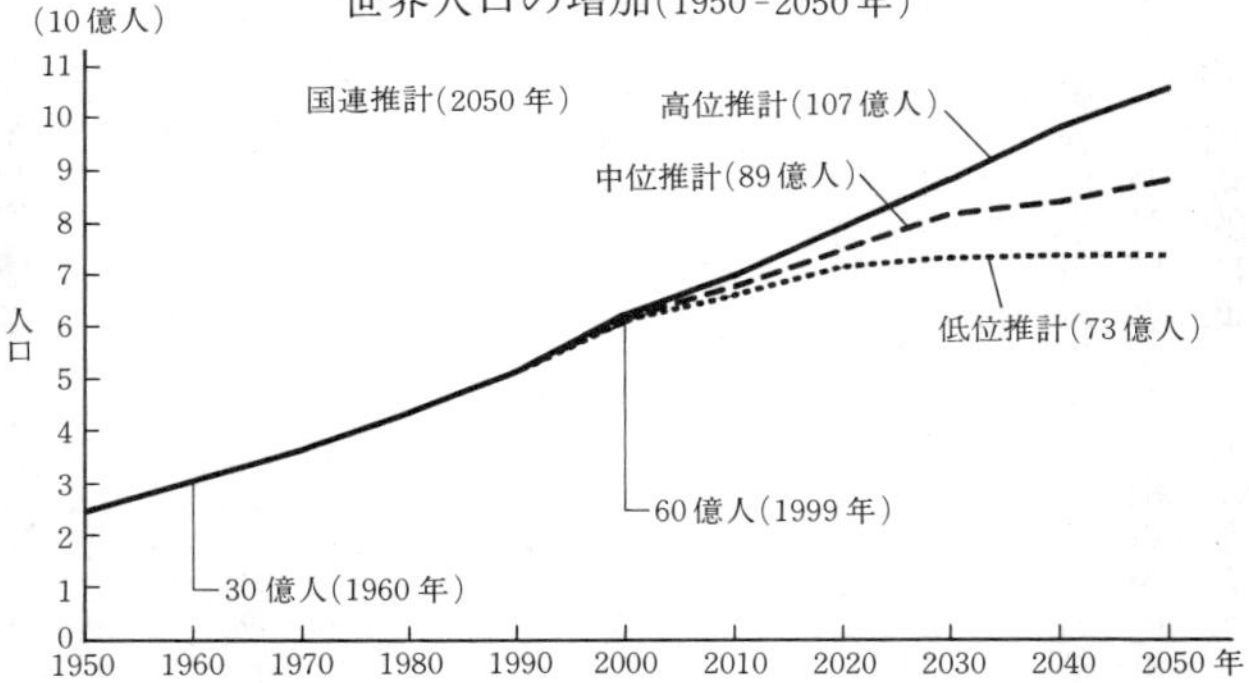

出所：国連「世界人口白書 1999年版」.

地域別人口分布(1950-2050年)

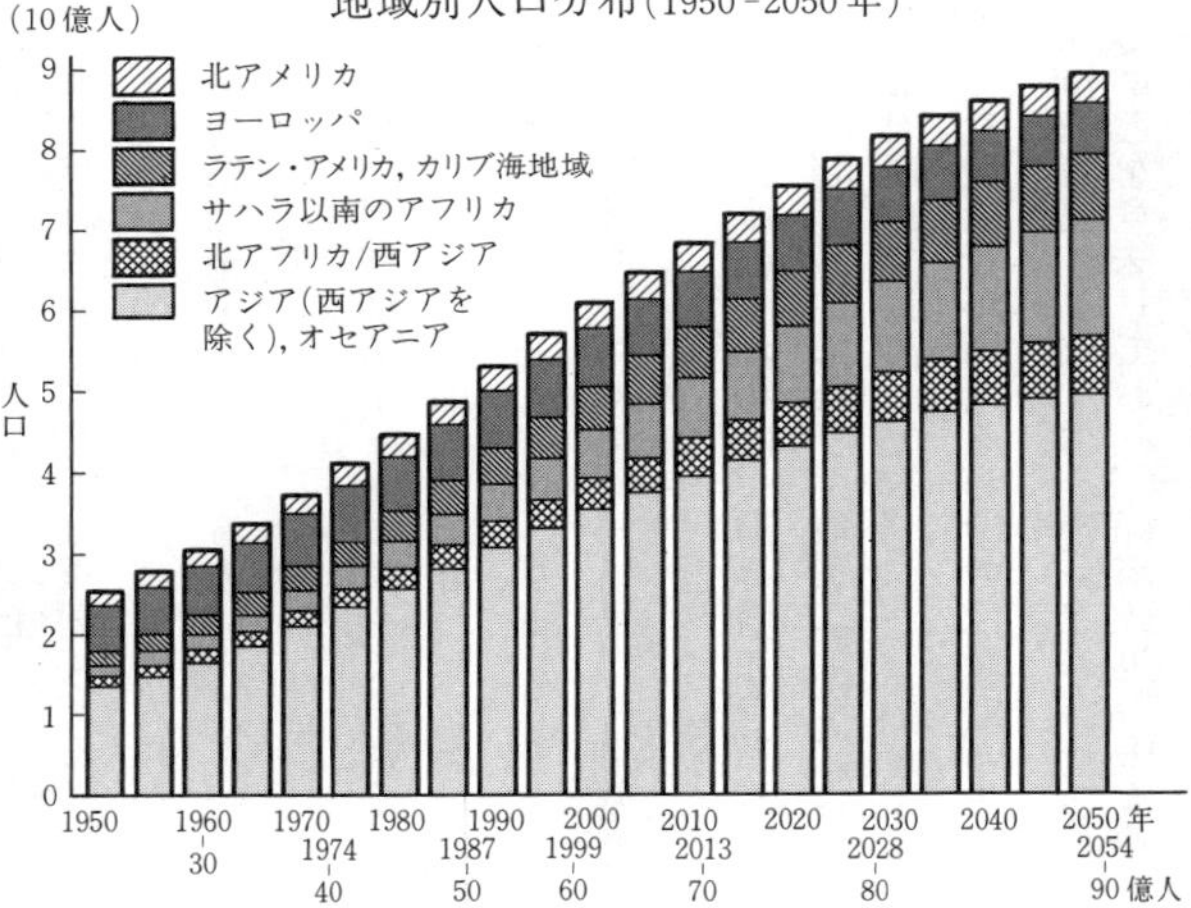

出所：同上.

②世界の食糧事情　人間の生命維持と健康の保持は、生存権の最も基本的なものである。その意味で、食糧の安定的供給と食材の供給者である農林水産業の役割は重要である。現在地球上には生存に必要で十分なカロリー摂取もできず、栄養水準の低い飢餓線上の人口が四〜八億人いるといわれるが、大部分の人間には食糧は量的には充足されているといってよい。しかし、問題がないわけではない。

第一に、供給側についてみると、主食である穀物の耕作面積が、国によって差はあるが、全体としてはあまり増えていないことである。途上国では今も焼畑農業が行われ、また全般に、農薬の使用や近代的農用機器の採用で生産技術が進歩しているものの、農薬は作物や土地そのものを損傷するケースもあり、またコスト増の要因にもなっている。一人当りの生産性もあまり上がっていないというのが現状である。

第二は、需要側の事情である。需要が増大しても、農林水産物は、需要増加の当該地・当該国で生産が行われるわけではないから、当然価格の問題が生じたり、取引(輸出入を含む)・流通の問題が生ずる。それはとくに開放体制下では国際的な問題となる。

また、マクロ的に見ると、所得水準と併行して食糧消費が増えるわけではない。エンゲル係数の動きに示されるように、家計消費の中に占める食費の割合は低下するが、このことは産業構成の中の農林水産業の相対的比重が低下することを意味しており、経済政策の中でのこの部門は、相対的に低い評価にならざるを得なくなってきている面がある。

地域別の人口・食糧生産の年平均増加率

(%)

	人口		食糧生産		1人当り 食糧生産	
	1990-95	1995-97	1990-95	1995-97	1990-95	1995-97
アジア	1.6	1.5	4.8	3.8	3.2	2.3
インド	1.8	1.7	3.1	2.1	1.3	0.4
中国*	1.1	1.0	7.5	6.0	6.3	5.0
アフリカ	2.7	2.7	2.4	2.9	−0.3	0.2
ヨーロッパ	0.2	0.1	−1.1	0.9	−1.3	0.6
北中アメリカ	1.3	1.2	1.6	3.0	0.3	1.7
アメリカ	1.0	0.8	1.6	3.5	0.6	2.7
南アメリカ	1.6	1.5	3.5	3.8	1.8	2.3
オセアニア	1.4	1.3	3.2	3.5	1.9	2.1
世界	1.5	1.4	1.9	2.9	0.4	1.5

注：年平均増加率は，人口は実数より算出し，食糧生産は1989-91年平均を100とする指数より算出したもの．＊台湾を含む．
資料：「FAO生産年鑑」(1997年)により作成．
出所：(財)矢野恒太記念会編「1999/2000 世界国勢図会」国勢社．

世界の穀物収穫面積（1950-98年）

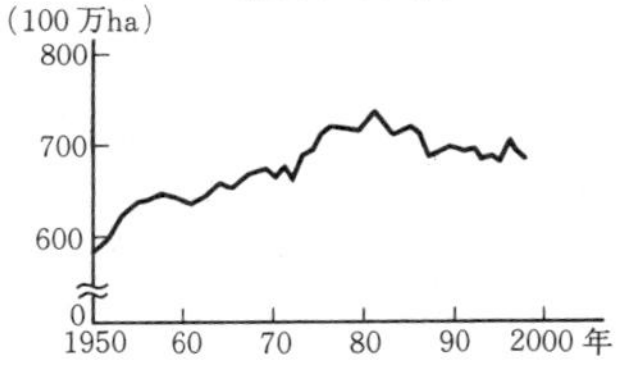

世界の穀物生産量（1950-98年）

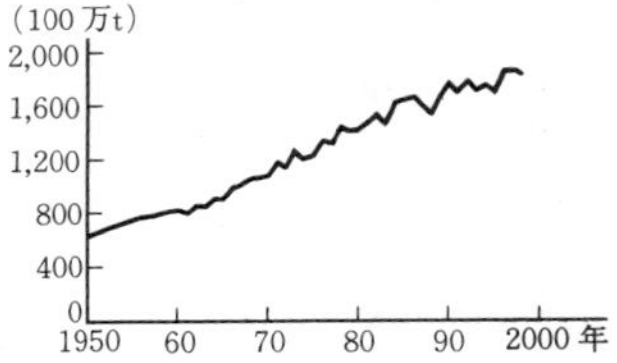

世界の1人当り穀物収穫面積(1950-98年)

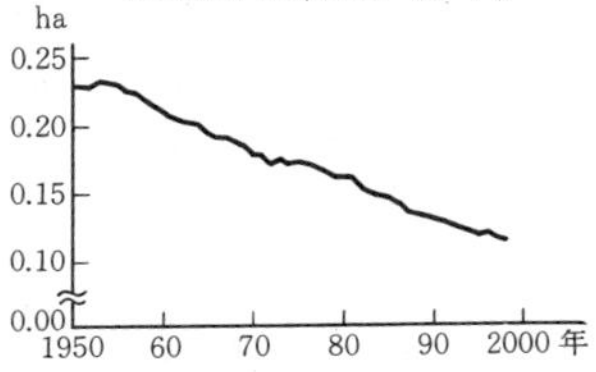

世界の1人当り穀物生産量（1950-98年）

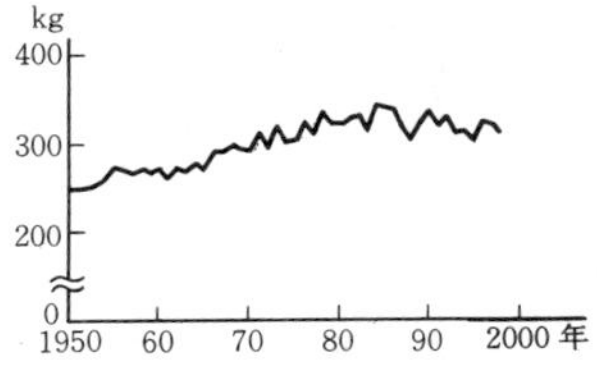

資料：USDA.
出所：ワールドウォッチ研究所「地球データブック 1999-2000」ダイヤモンド社．

③食糧消費の高度化　所得水準・消費水準の上昇とともに、食糧消費の絶対量も消費支出金額も増加する。しかし、全消費に占める食糧費の割合は低下する。

同時に、食糧消費の中身は食生活の変化に対応して変化する。先進国と比較的所得の高い途上国の傾向として、所得水準の上昇とともに主食としての穀類の消費が減り、いわゆる副食が増え、副食の中でも肉類の消費が相対的に増える。こうした傾向を「食糧消費の高度化」と呼んでいるが、このことは食生活の質的な向上を一面では示しているものの、いろいろ問題を起こしている。

一つは、個人の健康に関する問題で、従来の食生活が変り栄養バランスが変ることである。一部の人には健康増進の要因になっているが、他方、脂肪摂取の過剰、太りすぎ、それらが引き金となる疾患が年代・老若を分かたず増える傾向がある。二つは、食生活の高度化に伴う廃棄物、残滓物の増加で、とくに都市における衛生問題、ゴミ処理などの問題を深刻化させている。また、とくに高所得国では〝食べ残し〟が目立つようになり、途上国の情況と比べて〝資源の無駄遣い〟の問題を生んでいる。

さらに、マクロ的には肉類の消費が家畜用の飼料の増大を伴っていることである。飼料穀物の増加が、主食用の飼料生産を圧迫したり、そのため穀物の国際取引が増加していることである。〝食〟に関る財貨の生産・消費・輸出入の問題が市場原理だけで律しうるものかどうかWTOなどで議論されている。

肉類の供給量と自給率(1994-96年平均)

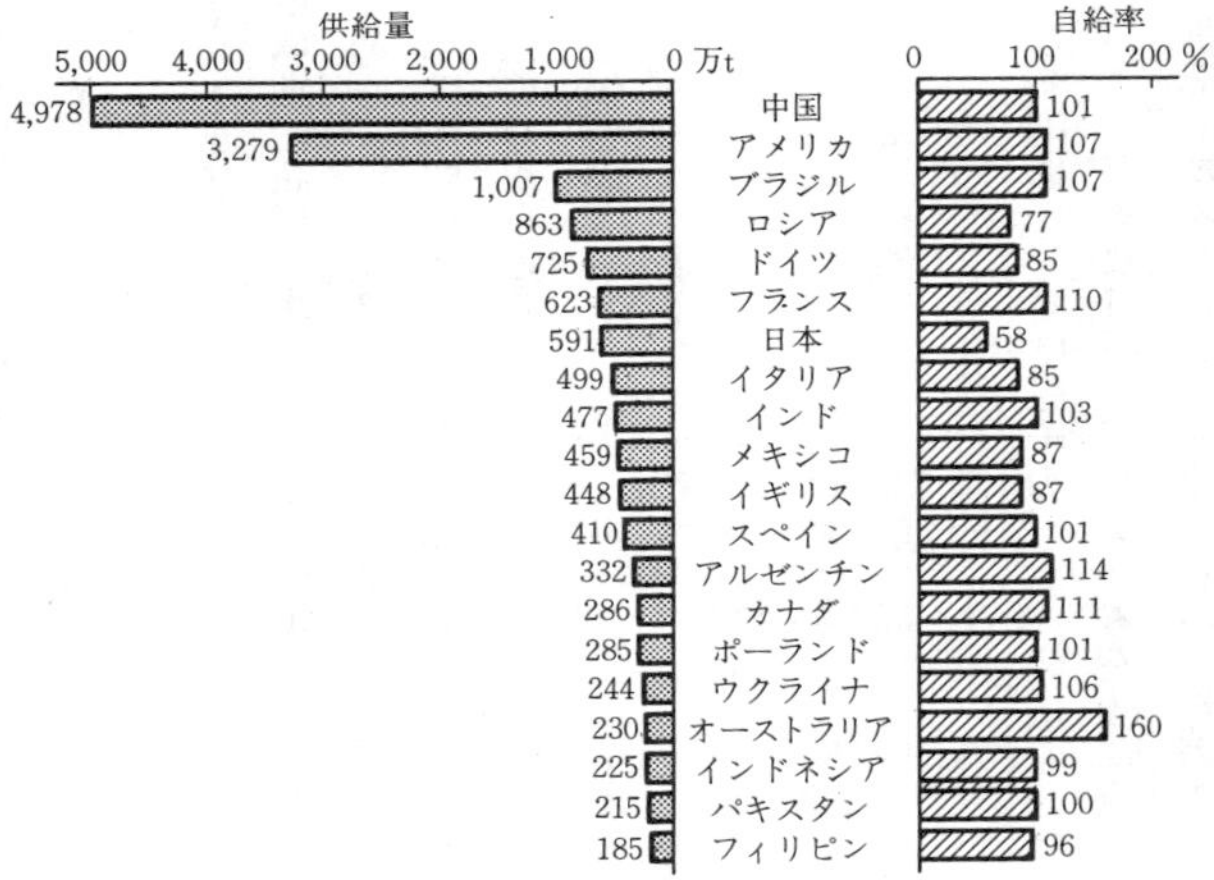

資料：FAO「Food balance sheets 1994-96 average」により作成.
出所：(財)矢野恒太記念会編「1999/2000 世界国勢図会」国勢社.

世界の1人当り漁獲量
(1950-97年)

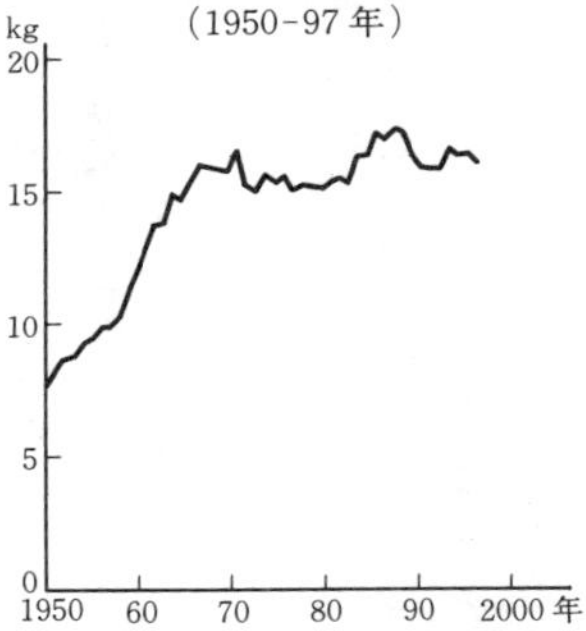

世界の漁獲量(1950-97年)

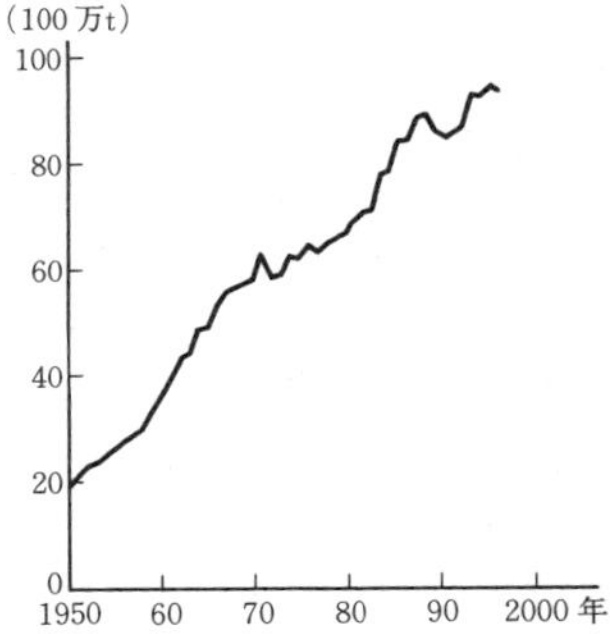

資料：FAO.
出所：ワールドウォッチ研究所「地球データブック 1999-2000」ダイヤモンド社.

④世界のエネルギー需給　エネルギーは産業用、運輸用、家庭用などの基礎的な資源として広範囲に使われる。その総消費量は一九九五年において、石油換算八三億四一〇〇万トンに達した。二〇一〇年には一一五億トンを超え、二〇二〇年には一三七億トンに増加するとみられる（IEA見通し）。

地域別に商用一次エネルギーの需給をみると、中東、アフリカ、旧ソ連では埋蔵量が多いこともあって、供給超過であり、他方、ヨーロッパ、アジアでは需要超過になっている。また、先進国は需要超過、逆に途上国全体では国別のアンバランスはあるが、供給超過になっている。消費の点からみると、世界人口の一五％を占める先進工業国が一次エネルギー消費の約五〇％を占め、人口が四・八％の旧ソ連は二割弱を占めるのに対し、世界人口の八割を占める途上国は三割強を消費しているにすぎない。もっとも、今後の工業化と人口増加を考えれば、途上国の消費の絶対量は増加するが、消費のシェアは若干増加するにとどまる。

一次エネルギー源としては水力発電、原子力、石炭、天然ガス、石油などがある。このうち低廉・豊富な石油のシェアが最も高く、伸び率としては天然ガスが高い。石炭はシェアは依然高いが、その伸びは環境の制約、生産コストの上昇などあって緩慢である。ウェイトは小さいながら、国によっては原子力、水力発電の伸びが高い。消費構造をみると、日本では石油が、中国、インドでは石炭が、フランスでは原子力がそれぞれウェイトが高いのが特徴である。今後は世界的にクリーンで安全な新エネルギーの開発が期待される。

IEAによる世界の一次エネルギー需給見通し

（単位：石油換算100万t，％）

	供給量(構成比)				年平均伸び率		
	1971	1995	2010	2020	1971-1995	1995-2010	1995-2020
固形燃料	1,503(30)	2,347(28)	3,269(28)	3,947(29)	1.9	2.2	2.1
石油	2,448(49)	3,324(40)	4,468(39)	5,264(38)	1.3	2.0	1.9
天然ガス	899(18)	1,810(22)	2,721(24)	3,468(25)	3.0	2.8	2.6
原子力	29(1)	608(7)	670(6)	604(4)	13.5	0.6	0.0
水力	104(2)	215(3)	296(3)	352(3)	3.1	2.2	2.0
その他再生可能エネルギー	4(0)	36(0)	83(1)	113(1)	9.8	5.7	4.7
一次エネルギー計	4,988	8,341	11,508	13,749	2.2	2.2	2.0

出所：「総合エネルギー統計」.

一次エネルギーの自給率と消費量

	自給率[1](％)			消費量[2](1995年)	
	1980	1990	1995	総消費(万t)	1人当り(kg)
アメリカ	86.1	85.9	80.9	211,510	7,918
中国	112.3	112.4	105.7	81,949	684
ロシア	-	-	150.5	70,326	4,737
日本	9.5	17.7	20.8	44,692	3,573
ドイツ	44.1[3]	48.1[3]	43.4	32,271	3,955
インド	81.4	91.1	86.7	25,111	270
カナダ	111.0	132.5	154.6	22,460	7,639
イギリス	101.4	97.8	117.5	21,691	3,721
フランス	20.6	48.3	53.8	21,604	3,716
イタリア	13.6	16.8	18.2	16,495	2,882
メキシコ	167.0	165.9	151.4	13,072	1,434
韓国	25.1	26.4	15.7	13,020	2,899
サウジアラビア	2,875.7	601.3	581.3	7,956	4,358
インドネシア	366.4	243.2	243.2	7,676	389
ベネズエラ	387.9	316.0	291.5	6,833	3,128
タイ	4.3	40.6	40.5	5,124	880
マレーシア	172.3	229.5	180.5	3,457	1,717

注：1）生産÷消費×100　2）石油換算.　3）旧西ドイツの数値.
資料：国連「Energy Statistics Yearbook」による.

⑤**石炭・水力発電**　産業革命は、エネルギー面からいえば、石炭がその担い手であった。そして今日まで産業用、運輸用、家庭用と広範に使用されてきた。しかし、埋蔵量が豊富であるにもかかわらず、採掘のコストが上昇するとともに、環境問題もあって消費の伸びは著しく鈍化してきている。

しかし、埋蔵量は豊富で、確認埋蔵量は約一兆トン、可採年数は今の消費と技術を前提にしても二三〇年程度という量である。従って、このまま石炭資源を活用しないというのも、もったいないことである。環境対策を強化して、よりクリーンな使用法を講ずるとか、地下でガス化して利用するとか、気化ないし液化したものを輸送するなどして、この資源の活用を図るべきであろう。

一方、世界の発電用のエネルギーをみると、六割強が火力発電であるが、水力による発電も二割近くを占めている。もっとも、地域によってバラつきがある。自然条件が異なるからで、水量豊かな南米では水力発電が六割以上に達する。

水力発電の電力量という点から見ると、水力豊富な北米が全世界の四分の一強を占め、そのうちアメリカ、カナダはそれぞれ半々を占めている。ついで多いのは日本、中国を含むアジアと、ノルウェー、スウェーデンの北欧諸国を含むOECDヨーロッパの二〇％となっている。

世界的にはアメリカのテネシー渓谷開発、あるいはエジプトのアスワンダムなどの建設が注目されたが、いま中国では長江（揚子江）の大ダム建設が始まっている。

石炭の確認埋蔵量分布(1998年末)

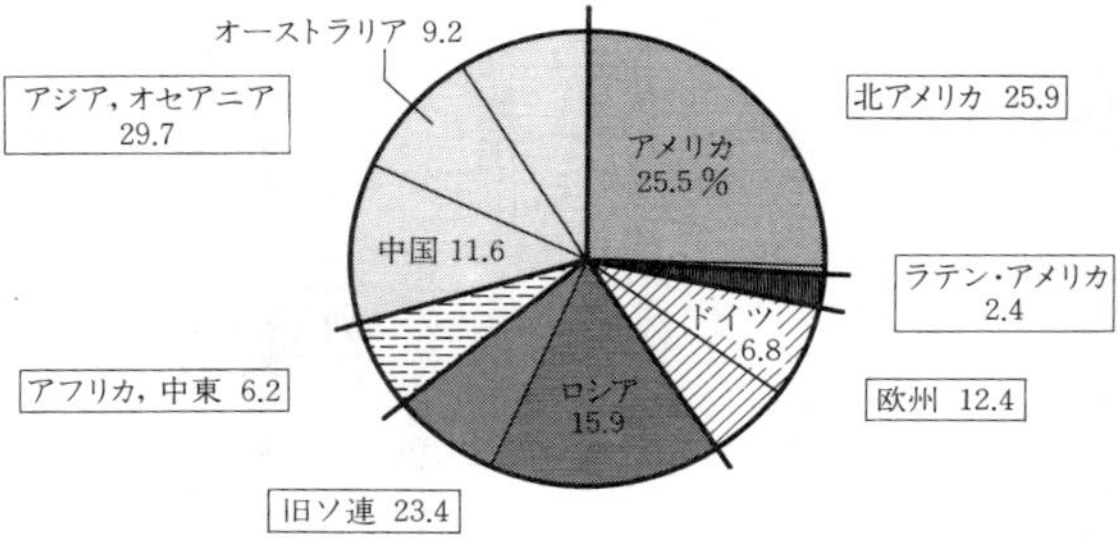

資料：BPAMOCO「Statistical Review of World Energy」1998.

世界の石炭消費量推移

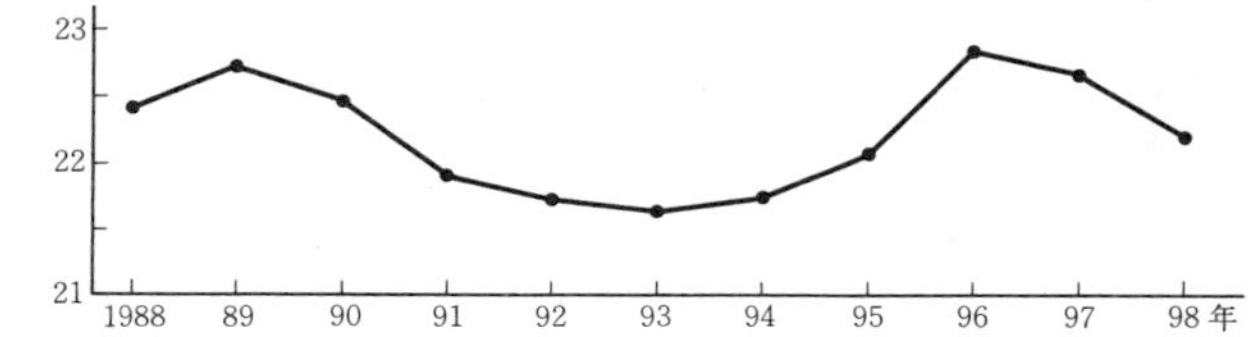

資料：BPAMOCO「Statistical Review of World Energy」1990, 1993, 1999.

総発電電力量(1995年)

(10億kWh)

	アフリカ	北アメリカ*	中南米	アジア	ヨーロッパ	オセアニア	世界
火力	297	2,459	265	2,789	2,272	166	8,249
原子力	10	766	16	414	1,062	—	2,268
水力	57	639	508	564	720	45	2,533
合計	365	3,882	798	3,778	4,061	213	13,098
構成比(%)	2.8	29.6	6.1	28.9	31.0	1.6	100.0
							対前年増加率 3.1 %

注：合計には地熱発電設備を含む．*カナダとアメリカの合計．
資料：国連「Energy Statistics Yearbook」1992-1995.

⑥石油・天然ガス　石油はエネルギー源の中で、相対的に生産コストが低く、埋蔵量もこのところ可採年数が伸びている。そして技術的にもその使用が多様である。目下エネルギーの中では最もウェイトが高い。しかし、生産のレベルと消費のレベルは国によって異なり、世界的につねに需給のアンバランスが問題になる。一九九〇年代後半時点で地域別にみると中東、アフリカ、ラテン・アメリカは生産超過、これに対して北米、アジア、OECD欧州は消費超過となっている。国別にみると、日本、ドイツ、フランスは消費国、アメリカはもともと生産国であったが、近年の消費増加で消費超過国となった。イギリスは北海油田の生産が始まってから石油輸出国となった。旧ソ連は生産の伸びは落ちているが、需要も落ちている。中国は生産・消費がほぼバランスしていたが、最近輸入国に転じている。

天然ガスは近年生産が伸びている。地域的アンバランスは石油ほどではない。ただ、国別にみると、日本、ドイツ、フランスは純消費国である。過去二五年間の世界全体での消費の伸び率を年平均でみると、石油の一・三%に対し、天然ガスのそれは三・〇%と圧倒的に高いが、それは、天然ガスが石油にくらべて、よりクリーンなエネルギーだからである。

なお、石油についてはここしばらくはエネルギーの主たるものであることから、消費節約技術が進んでも、消費の絶対量は確実にふえていくであろう。その点で、可採年数が問題になるが、それも、このところなお中東を中心に上昇をつづけている。新油田の発見もあるが、開発技術の進歩も大きい。

世界の原油生産とOPECのシェア

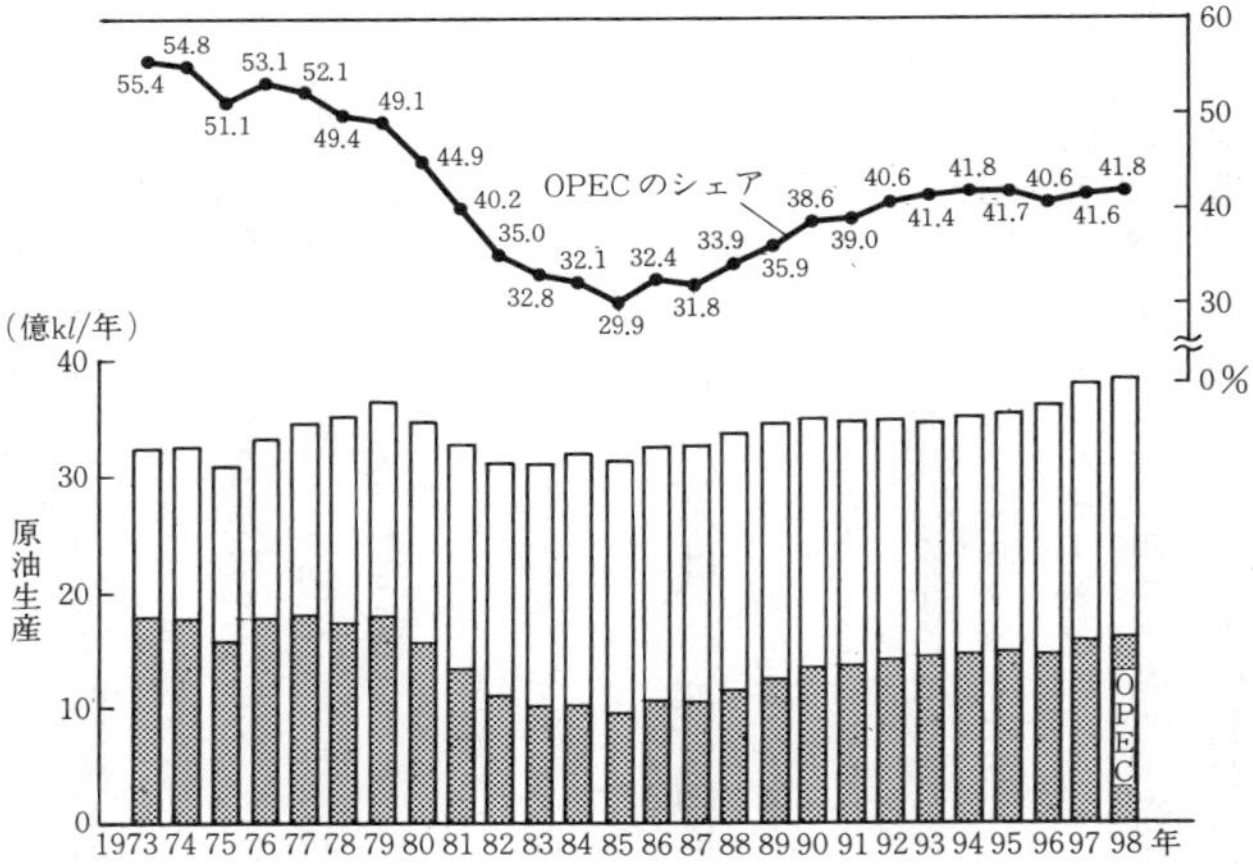

資料：石油連盟資料による.
出所：(財)矢野恒太記念会編「1999/2000 世界国勢図会」国勢社.

世界のエネルギー資源埋蔵量

		石油	天然ガス	石炭	ウラン
確認可採埋蔵量		1998. 1. 1 1,019,546 百万バーレル	1998. 1. 1 143兆9,471億m³	1993年 10,316億トン	1995. 1 451万トン
地域別賦存状況	北米	2.6%	4.6%	24.2%	17.0%
	中南米	12.4	5.6	1.1	5.8
	西欧	1.8	3.3	7.3	3.1
	中東	66.4	33.9	0	0
	アジア・太平洋	4.1	6.3	30.9	24.0
	アフリカ	6.9	6.9	6.0	16.6
	旧ソ連・東欧	5.8	39.4	30.6	33.5
全世界可採年数		42.7年	62.6年	231年	73年

注：ウランについては，十分な在庫があることから年需要量を下回っている．このため，可採年数については，確認可採埋蔵量を年需要量で除した値とした．
出所：「総合エネルギー統計」．

⑦原子力発電と新エネルギー　広島・長崎での原子爆弾投下で終わった第二次大戦のあとも、残念ながら、原子力の軍事的利用は引き続き政治的に大きいウェイトを持っているが、同時に、その平和的利用――とくに発電エネルギーとして――も増大してきた。

原子力エネルギーの消費量は七一年の三〇〇〇万トン弱(石油換算)から、二〇世紀末(九五年)にはその二〇倍の六億トン強に達した。原子力発電の危険性が一〇〇%排除されたわけではないが、安全対策が進み、また発電コストも商業採算ベースに乗ってきたことが、その背景にあった。今後の見通しとしては、全体のエネルギー需給と安全対策いかんということになるが、国民に不信感のある一部先進国や放射能被害が相次いだ旧ソ連では大きく増えることはなさそうである。

原料のウランの埋蔵・生産は、一部の国に偏在している。埋蔵量(一九九五年)は世界全体で四五一万トンで、可採年数は「相当確かな埋蔵量」として計算すると約七三年、「多分」を含めると一〇〇年を越す。この点では将来有望なエネルギー資源といえるが軍事目的の利用はあってはならず、平和的利用は安全性と環境保全の確保を前提に進められるべきである。

新世紀を迎えてクリーンで低コストの新しいエネルギー開発が急務となってきた。それは太陽熱、太陽光、自然エネルギー系と原子力エネルギー系のものに分けることができ、前者の自然エネルギー系には、水力、地熱、風力、海洋(波力、潮力)、バイオ、海中の水素の活用などがあり、後者には夢のエネルギーといわれる核融合がある。

世界の原子力発電設備容量の推移

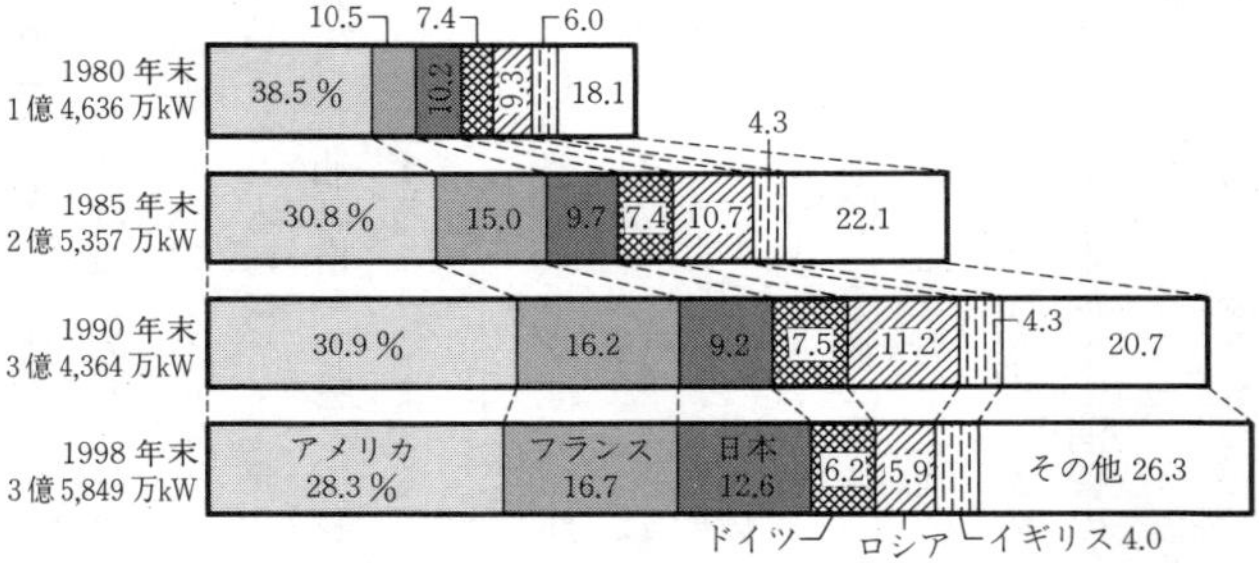

注：実際に運転中の原子力発電設備に関する数値．1990 年末までの数値は，ドイツが西ドイツと東ドイツの合計で，ロシアは旧ソ連に関する数値．
資料：日本原子力産業会議の資料による．
出所：(財)矢野恒太記念会編「1999/2000 世界国勢図会」国勢社．

新エネルギーの種類

エネルギーの種類			主なエネルギー変換および利用例
再生可能エネルギー	太　陽	光	太陽光発電 等
		熱	ソーラーシステム 等
	風　力		風力発電，風力揚水 等
	水　力(中小水力)		水力発電，水車 等
	地　熱		地熱発電 等
	海　洋		波力発電，潮汐発電，海洋温度差発電 等
	温度差エネルギー		海水・河川・下水の温度差などの未利用エネルギーを利用した熱供給 等
リサイクル型エネルギー	廃　熱	工場等	工場廃熱等を利用した発電 等
		LNG	LNG 気化冷熱発電 等
	廃棄物	家　庭	ゴミ焼却熱による発電，ゴミ焼却熱の利用 等
		排泄物等	下水(し尿)処理メタン発酵ガス利用，畜産廃棄物メタン発酵ガス利用 等
		工　場	工場廃液メタン発酵ガス利用，木質系廃棄物燃料利用 等
従来型エネルギーの新しい利用形態			クリーンエネルギー自動車 (天然ガス・電気・メタノール等を使用する車，ハイブリッドカー 等) コージェネレーション 燃料電池発電 その他

出所：新エネルギー財団まとめ．

⑧省エネルギー　産業にとっても一般家庭にとってもエネルギー資源は不可欠なものであるが、その消費は価格の動きによっても大きく左右される。

一九七〇年代はじめの第一次オイル・ショックまでは石油価格が相対的に安く、それを存分に消費することによって工業化や経済成長を進めることができた。しかし、オイル・ショックを機に、石油価格が急騰し、石炭など他のエネルギー価格も上昇した。企業も家庭も省エネルギー策を講ずることによってそれに対抗した。石油はもとより、一次エネルギー消費の原単位（ここでは一次エネルギー消費量全体を実質GDPで割ったもの）は十数年のうちに劇的に低下した。石油消費原単位は、一部の国を除いて五〇%近く落ちた。一次エネルギー全体でも三〇%近く低下した。一言でいえば〝高いものは使わない〟という市場原理が働いたのである。

その後、八〇年代半ば以降、石油をはじめとするエネルギー価格が安定してくると、再び原単位は若干の上昇、下げどまりを示している。もともとエネルギー資源のような基礎的物資については、価格弾性値は小さい（つまり、価格の変動にかかわらず使わざるを得ない）といわれていたが、現実にはかなり価格機能が働いたのである。

この省エネルギーを促したのは、①個々の製品の消費原単位を合理化・技術進歩によって低めたこと、②エネルギー消費のより少ない製品に転換したこと、③同じく低エネルギー型の産業構造にシフトしたこと、④安い輸入製品に代替されたこと、などの複合的な要因による。このような努力は今後ともつづけるべきである。

一次エネルギー消費原単位（日本，1973年度＝100）

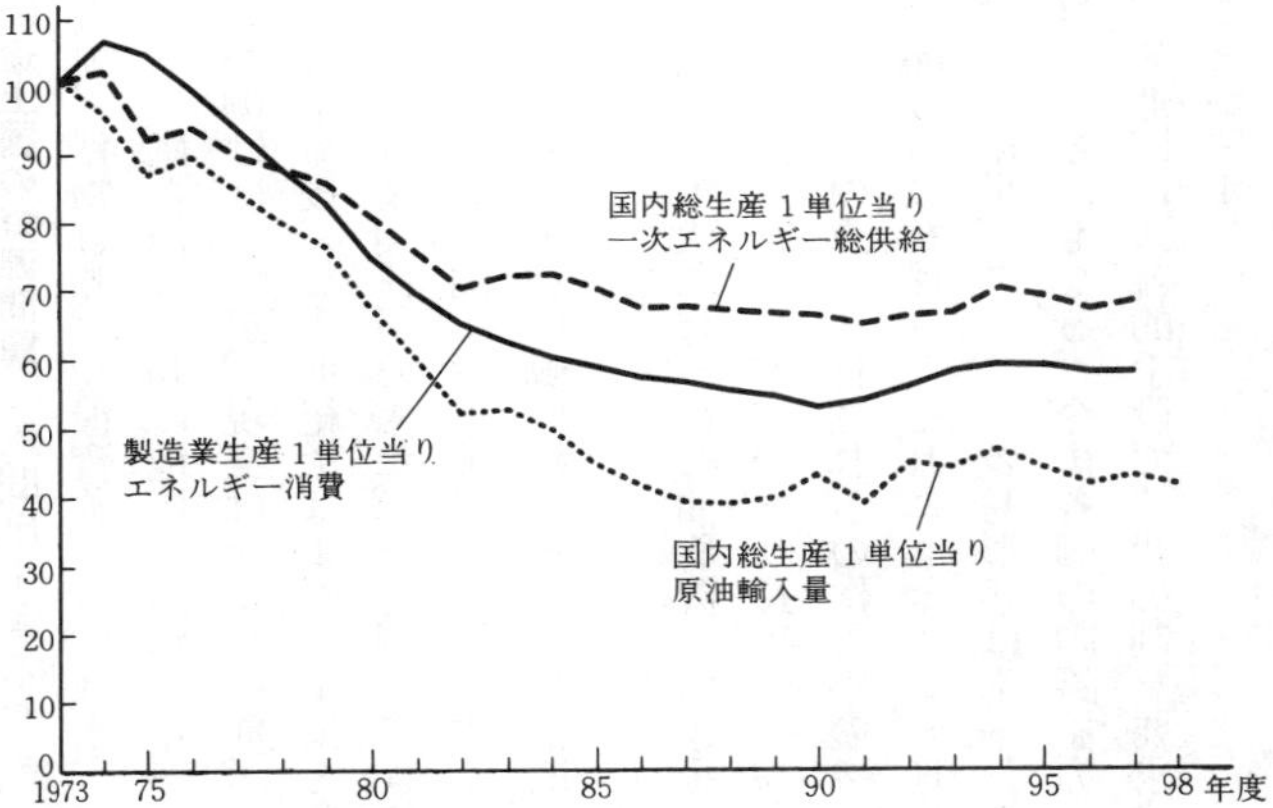

出所：「総合エネルギー統計」等により作成．

発電のための代替エネルギーのコスト

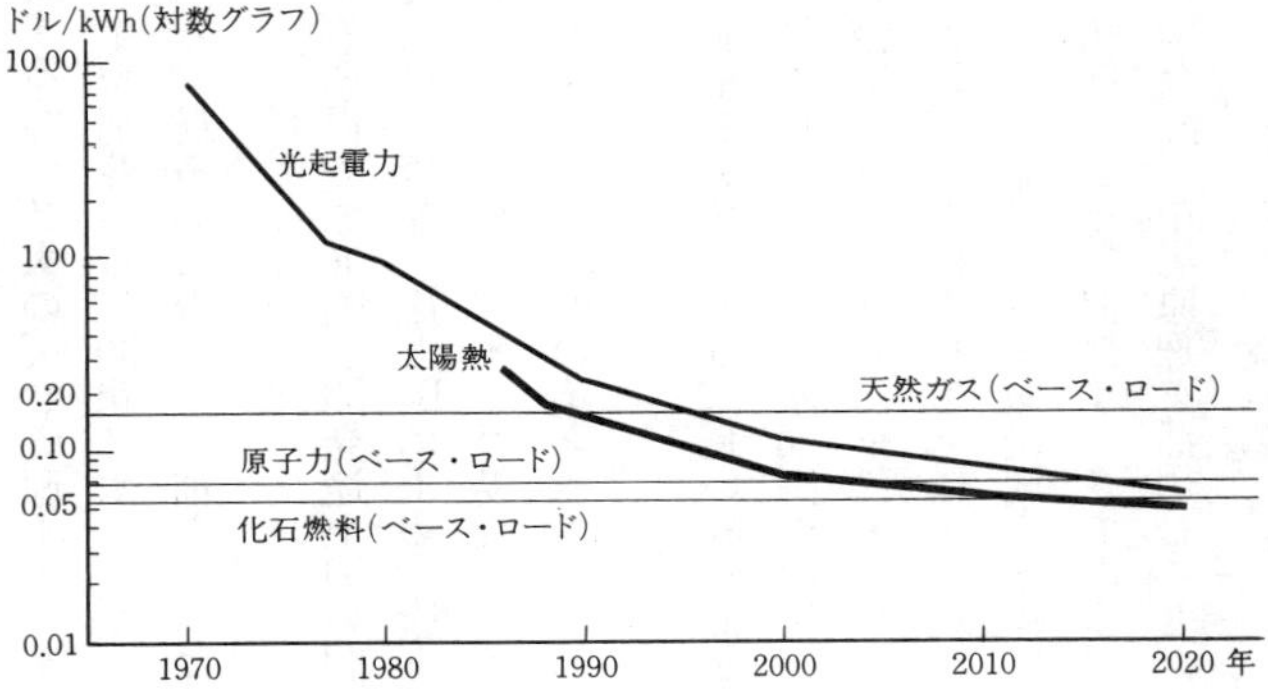

資料：World Bank「World Development Report 1992」．

⑨途上国の資源問題　人間は生きるため、そして発展するため多大の天然資源――エネルギー資源、鉱物資源、食糧資源さらには水、海水、大気――を消費する。問題は水・大気を別として、生産と消費の間に地域別国別に差があることである。経済的に過不足を補うように市場原理が働けばよいが、現実はそんなに簡単ではない。

産業革命後、二〇世紀半ばまで、工業と貿易が発展する過程で先進国と開発途上国の間に、垂直的な分業関係ができた。先進国はできるだけ低廉な原材料資源を途上国に求め、途上国はその代金で先進国から工業製品を輸入するというパターンであったが、多くの場合、交易条件は途上国側に不利に働いた。それは政治的に植民地主義を生み、国際間の絶えざる紛争の種になった。

一九七〇年代に起った石油危機の引き金となった石油価格の引き上げは、長い間石油価格が不当に抑えられたこと、つまり長年の交易条件の不利を是正しようとする産油国の政策発動であった。この点で注目されるのは近年のアジアの経済発展である。一九七〇年代後半から積極的に開放政策を採り、それによってこの地域の輸出が増大し、その輸出をテコに工業化が進んだ。その結果、アジアの貿易形態は水平分業型に変わりつつある。それは植民地主義に終止符を打つことにもなる。今後各国の国際協力によってこの傾向をさらに促進すべきである。ただし、先進国に人為的手段で消費抑制を要求するような形でなく、市場原理を活用して変えていくことが望ましい。

発展途上国の貿易構造（1996年，構成比％）

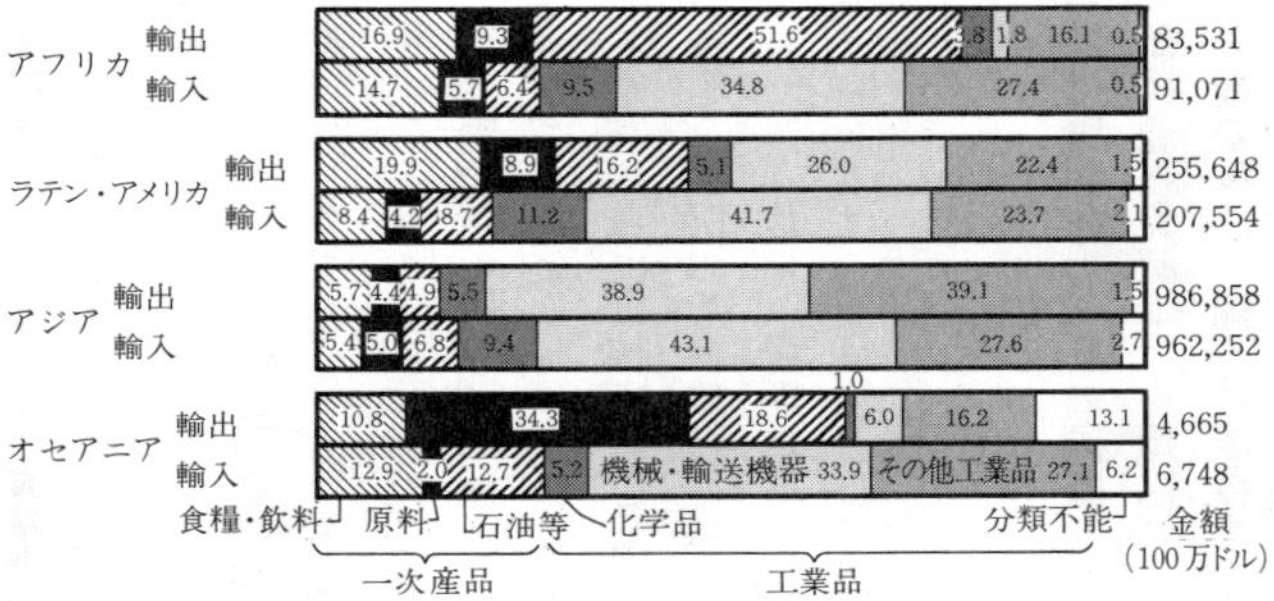

注：1）輸出・輸入ともf. o. b. 価格．2）ラテン・アメリカ：カリブ海を含む．3）アジア：NIEsを含むが中近東を含まない．
資料：国連「1996 International Trade Statistics Yearbook」．
出所：（財）矢野恒太記念会編「1999/2000 世界国勢図会」国勢社．

品目別輸出シェア

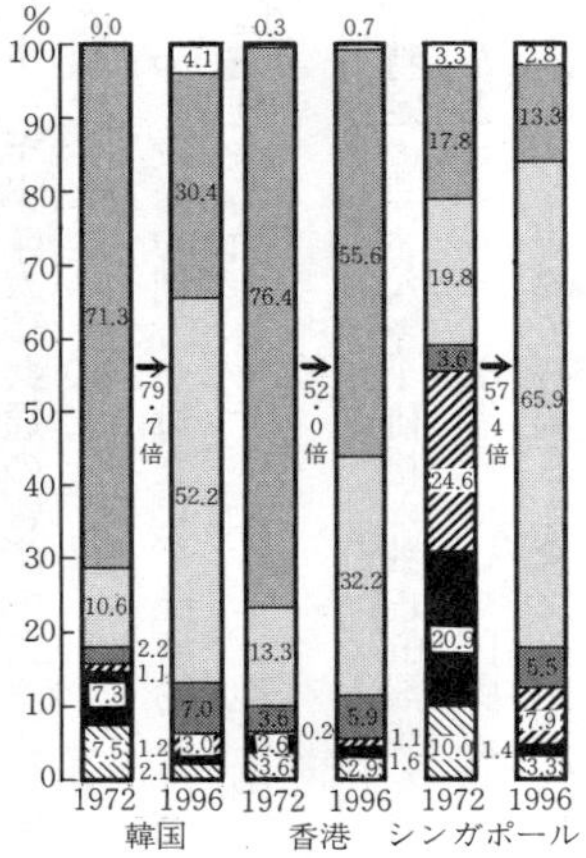

品目別輸入シェア

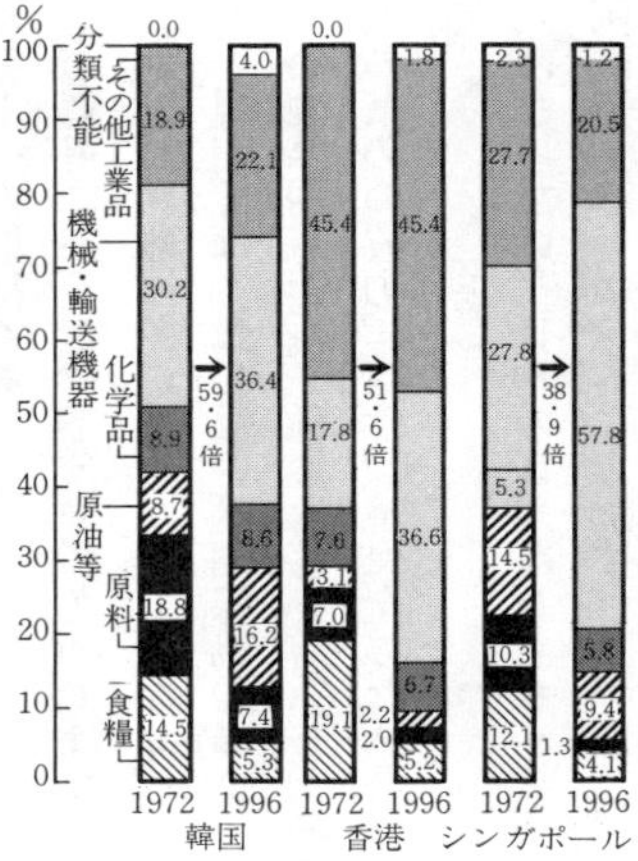

出所：同上．

⑩国際協力（エネルギー・食糧問題に関連して）　エネルギーは人類共通の資産であるが、実際には主権を持つ異なった国家によって所有かつ生産され、他方、消費は生産国とは異なった国で多分に行われている。従って、生産・消費をめぐって政治的利害が対立し、経済的には価格決定がこれまた政治的色彩を帯びる。かくして、国家利害が衝突しやすいだけに、逆に国際協調が不可欠なのである。

一九七〇年代の二度にわたる石油危機を契機に、特定のエネルギー価格の独占的設定を避けるとか、緊急時の国際間の融通システムを整備するなどエネルギー問題について国際協調が議論されるようになった。それに拍車をかけたのが、地球的な規模で登場してきた自然環境の問題であり、さらには核廃絶とも関連しての新エネルギーへの期待であった。

食糧も、人間の生命維持の基本的資源であり、その獲得に不安定や不公平があってはならない。しかし、農耕の場所あるいは漁獲の場所は消費地との距離の差があるだけではなく、市場経済においては〝商品〟として扱われるので必要性と現実性は一致しない。国際協力によって解決すべきものが多い。例えば、農耕地確保のための国際的ルールや種の保存を尊重した漁場の設定、バイオ・テクノロジーによる生産性の向上のための協力、自然環境保全のための協調、さらには緊急時のための国際システムの整備である。

人類共通の資産は、人類協同の努力で守らなければならない。日本のように、エネルギー資源や食糧の多くを輸入に依存する国は、積極的に国際協力のシステムに参加すべきである。

八　地球環境保全

「今世紀以降の持続可能な将来を設計するためには、……〝環境倫理〟が途上国・先進国の全ての国によって、新たに確約されることが必要である」
（「地球環境保全に関する東京会議・議長サマリー」一九八九年）

①個別〝被害〟から〝公害〟へ　人間の日常生活や生産活動に伴って、人体が損傷を受けたり、大気や水を汚染するという現象は、古い時代から存在した。また、金属鉱山などで、その採掘過程で有毒ガスが発生して、作業者やその周辺の住民に犠牲者が出たことは、本格的工業化の時代以前にもあった。しかし、発生する汚染源の規模は小さく、環境を広く汚染・破壊することはほとんどなかった。

第二次大戦後をとっても、一九六〇年代の〝黄金の時代〟——日本でいえば高度成長——の初期には、工場からの排煙・排水の増加やモータリゼーションの展開などで、大気汚染や水質汚濁が急速に増加したものの、それらは人口集中の都市や特定の水域といったように、地域的にある程度限定されていた。やがて、それらの現象によって被害を受ける人は、特定の個人から徐々に不特定の多数に及ぶようになってきた。もっとも、その当時、それら被害源に対する人びとの苦情をみると、日常的な範囲のものであった。日本の場合、当時は苦情の半分近くが「騒音」であり、ついで「振動」や「煤煙」といったものが多かった。日本で、この種の被害をどう呼ぶべきか、欧米の文献などが参考にされたが、不特定多数の被害者を生むという意味で「公害」という言葉が使われるようになった。英語でいう場合 public nuisance という言葉が用いられ、「公的な不快」といった感覚的なものとされた。やがて、もっと広い意味の pollution（汚染）という言葉が使われるようになったが、今日ではさらに、人間環境（human environment）のあり方をさす表現として多く使われるようになった。

人類とエネルギーとの関わり

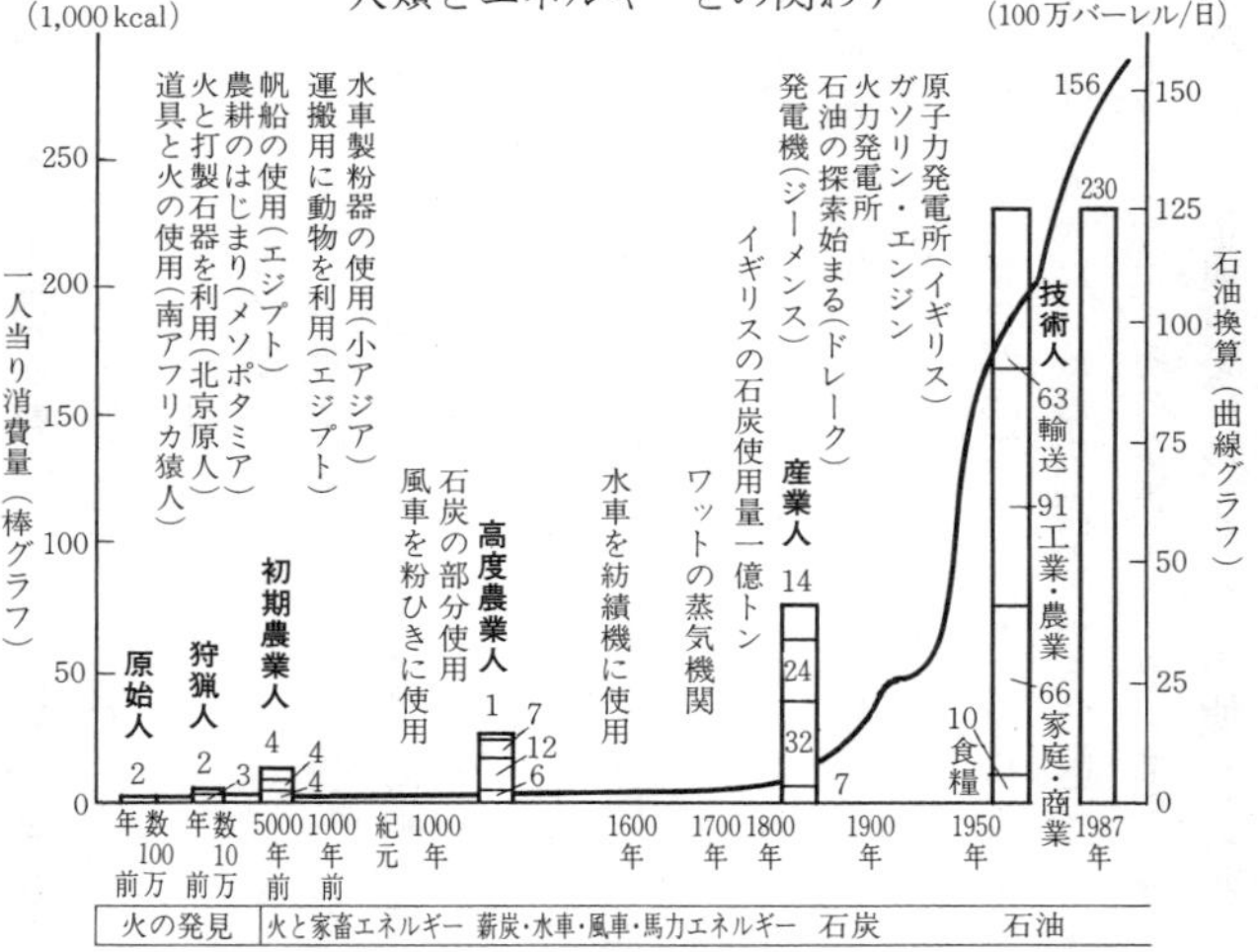

資料：NIRA「エネルギーを考える」エネルギー経済研究所.

「公害」初期の公害の苦情件数(1963年度)

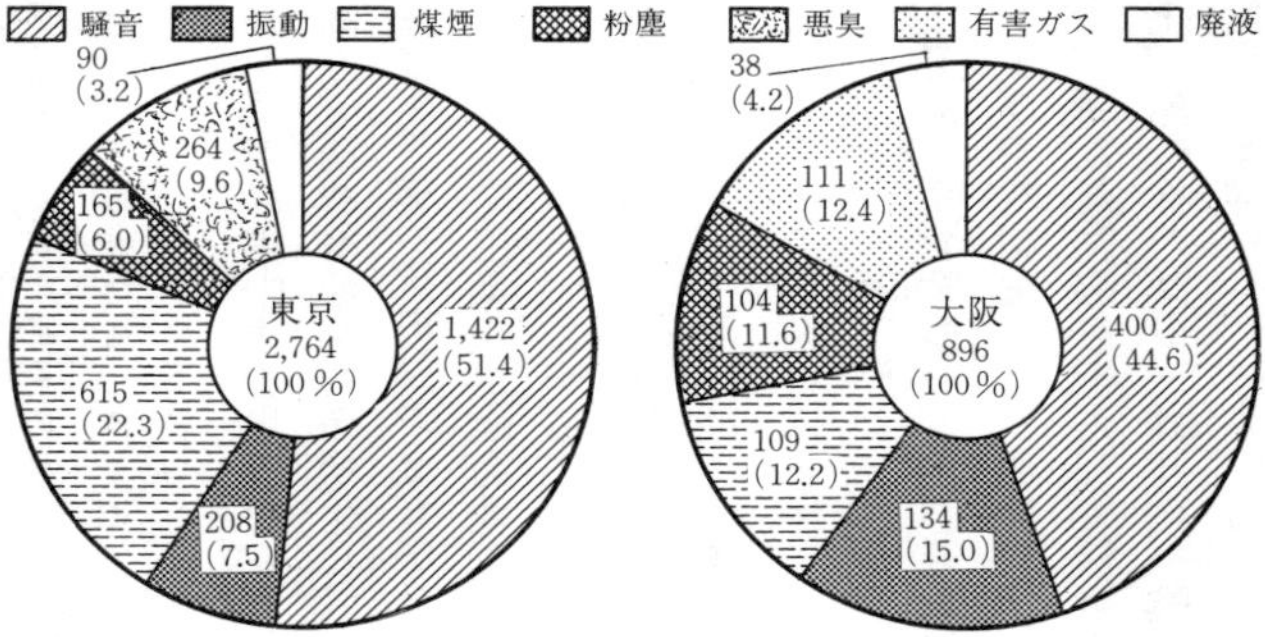

資料：東京都公害部，大阪府商工部調べによる(「国民生活白書 1963年版」).

②広域化する環境問題　六〇年代以降、多くの国で工業化が進み、とくにそのエネルギー源として化石燃料の消費が急速にふえた。その上、先進国・途上国を問わずモータリゼーションが進み、ガソリン消費が急増を示した。

こうした経済発展は、経済効率の良さを求めて産業・人口が都市に集中する現象をひきおこした。しかも、一般的に都市部が農村部にくらべて所得が高く、消費も活発で多様化している。そのため大気汚染、水質汚濁、騒音、振動のほか悪臭、各種廃棄物の排出がふえ、いわゆる〝都市公害〟を深刻化させた。日本の場合、大都市部のほか、重化学工業化が臨海地帯で進行したため、工業関連地帯の公害の発生が七〇年代半ばごろまで目立った。しかし、諸種のきびしい公害規制が実施されるとともに、緑地化も進み、他方、産業における公害防除技術の著しい進歩によって――省エネルギー、エネルギー少消費型産業構造など――局地的、産業公害的なものはかなり抑制されてきた。もっとも最近では、家庭や事務所から排出されるゴミ、産業廃棄物の増加等から、再び問題が尖鋭化してきている。

しかも、こうした公害はさらに広域化し、ヨーロッパでは工業国間で摩擦がふえ、米・加でも同じような動きが出てきた。そのほか、途上国、旧ソ連および東欧諸国でも、環境悪化が急速に進んできた。公害が国境を越えて波及するようになって、新たな国際摩擦として注目されるようになった。その被害も、オゾン層の破壊、地球温暖化、熱帯林の減少、砂漠化、酸性雨、海洋汚染、諸種の廃棄物、そして生態系への悪影響と、複雑化・多様化してきている。

地球環境問題の広がり

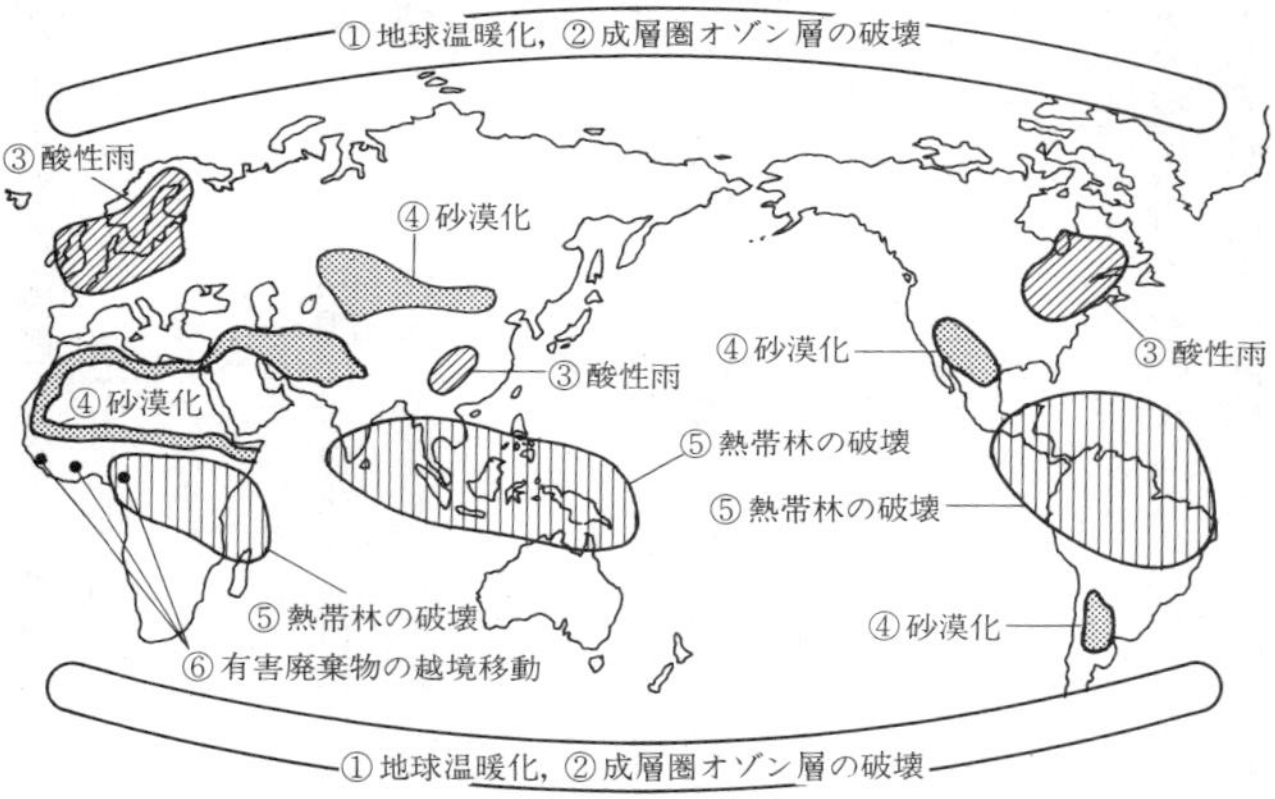

資料：矢野恒太記念会編「1992-93 世界国勢図会」国勢社．

地球環境問題に対する国民の意識と行動の様子

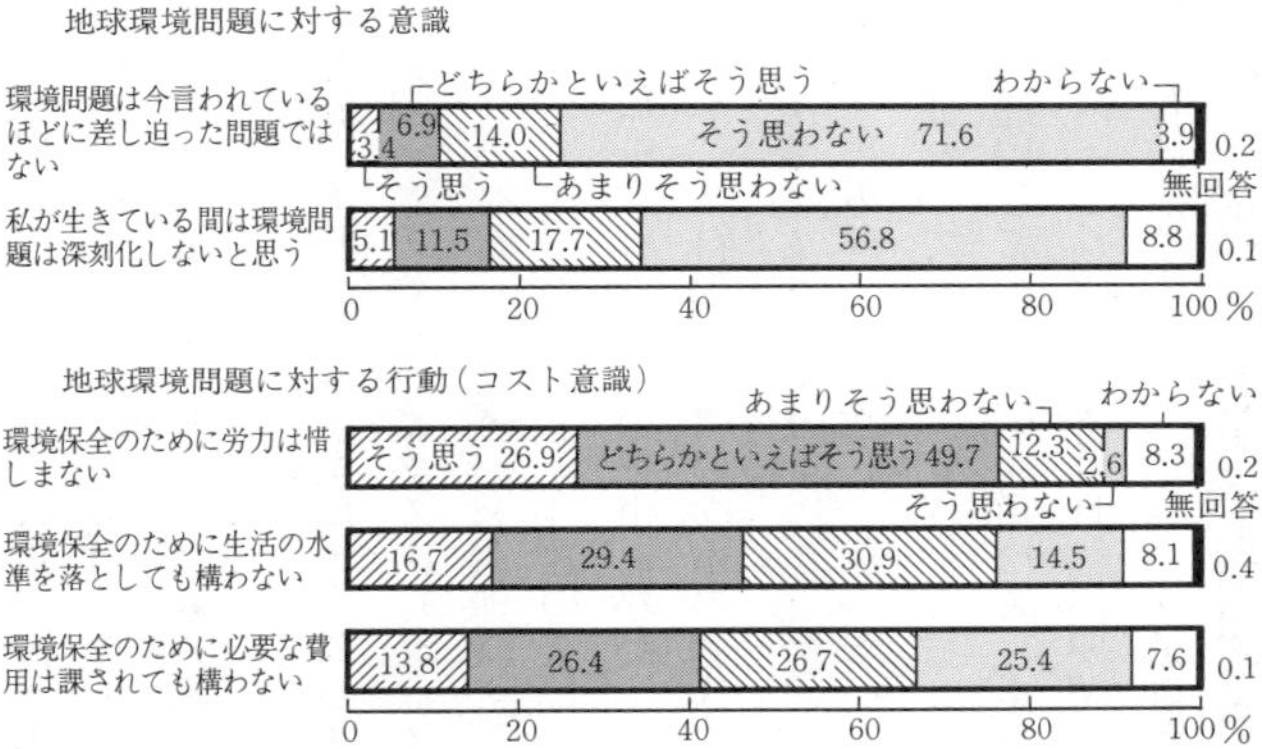

資料：「環境白書総説 平成11年版」．

れている。

③途上国の環境問題　環境問題は先進工業国ではじめに登場したが、今日では途上国でも進行し、問題によっては先進工業国の場合より深刻化している。途上国自体の環境対策を強力に進めなければならないのは当然であるが、同時に、先進工業国の資金的・技術的支援が要請されている。

途上国の環境問題は、急速な人口増加と不均衡な経済発展、それに先進工業国の貿易政策など種々の要因が絡んで発生しているが、一言でいえば「貧困」がその背景にあるといえよう。途上国では人口が多く、しかもその増加率が「貧困」のゆえに高い。大部分は農業等の一次産業に従事しているが、そこでは土地改革が進まず、農業の近代化の恩恵も大多数の農民に及ばず、農民は低い生活水準の農村にとどまるか、あるいは職を求めて過密の都市に移動するか、の苦しい選択しかない場合が多い。そのため、農村の自然が、燃料源としての樹木の過伐、耕地の荒廃による土壌の損傷、外貨獲得のための森林過伐などを通じて破壊されているケースが多い。他方、移動先の都市では人口過密のため大気汚染、水質汚濁などが激しくなっている。こうして、これら途上国では保健政策や都市計画の遅れも加わって疾病がふえている。

途上国側からみれば、先進工業国の産業政策や途上国に進出してきた外国企業の責任も無視しえない、という。たとえば、先進国の木材需要(住宅用、パルプ用)による木材輸出要請、現地企業の環境保全を軽視した生産第一主義、先進工業国文化の無遠慮な持ち込み、先進国からの来訪者の現地人の健康に対する関心の薄さである。〝共生の時代〟に反省すべき問題である。

貧困と環境の関係

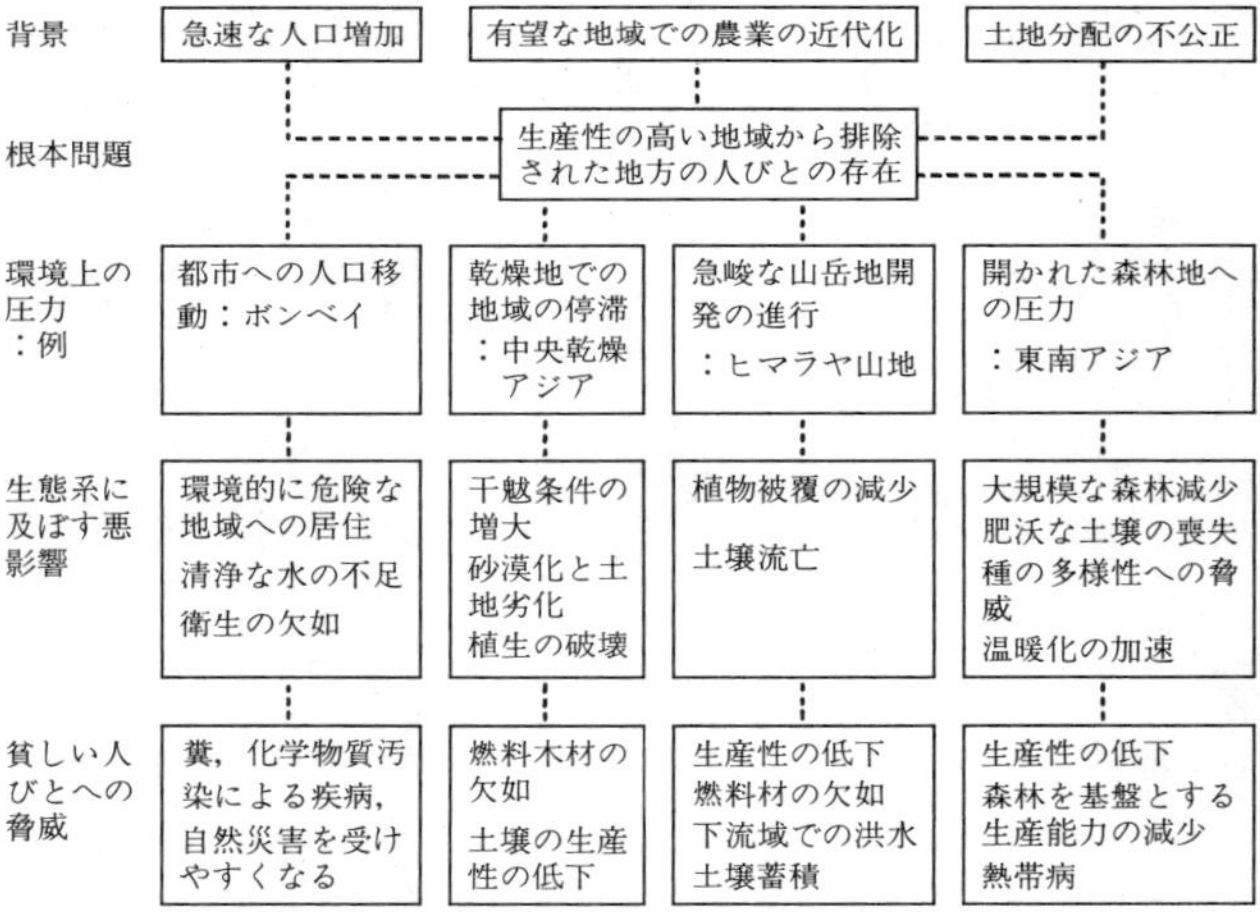

資料：国連 ESCAP「The State of Environment in Asia and the Pacific」1990.

地域ごとの環境問題の相対的重要性

	アフリカ地域	アジア太平洋地域	西欧とロシア	中南米地域	北米地域	西アジア	極地域
土壌の劣化	●	●	○	●	○	●	△
森林の減少と劣化	●	●	○	●	△	△	×
生物多様性の減少と生態系の分断	○	●	●	○	○	○	○
淡水供給と水質汚濁	●	●	●	○	●	●	△
海洋の汚濁	○	●	●	○	○	●	△
大気の汚染	○	●	●	●	●	○	×
都市及び産業による汚染と廃棄物	○	●	●	●	●	●	○

●非常に重要　○重要　△重要性が低い　×軽微

資料：「環境白書総説 平成11年版」.

④大気汚染　日常の生活や産業活動のためにエネルギー消費は不可欠であり、その大部分は化石燃料に依存している。しかし、エネルギー消費の過程で、不用物を環境の中に排出している。燃料の使用が人口増加、消費水準の向上、モータリゼーションの進行で増加すると、排出物が直接、間接に人体に悪影響を及ぼし、またそれらが蓄積されて自然を汚染し、さまざまな悪影響を人間環境に与えてきている。

大気汚染は工場のボイラーおよび自動車を主な発生源としている。化石燃料燃焼によって一酸化窒素（NO）、二酸化窒素（NO_2）などの窒素酸化物（NO_x）が排出されるからで、高濃度では人体の呼吸器などに悪影響を与え、また酸性雨および光化学大気汚染の原因物質になる。日本の場合には、発生源（自動車、工場）に対する総排出量の規制など、海外にくらべてきびしい規制で、相対的に被害が抑制されてきているが、エネルギーの絶対消費量が大きいだけに、汚染物質の蓄積に対しては不断の注意が必要である。NO_x、SO_x（硫黄酸化物）等の増加は、酸性雨を降らし、それは直接に建築物の老朽化をもたらしたり、あるいは森林の減少をもたらす。同時に、フロンガスの使用量増加と併せて地球温暖化（温室効果）が生ずる。温室効果によって海面が上昇したり、砂漠化が進んだりすると同時に、生態系への影響が憂慮されている。

なお、大気汚染の進行は、窒素酸化物でみてロサンゼルス、メキシコシティ、モスクワ、サンパウロが、硫黄酸化物による汚染では北京、メキシコシティ、ソウル、リオデジャネイロ、上海が目立ち、急速な人口増加、自動車普及、それに地形状況が影響している。

地球規模の大気汚染

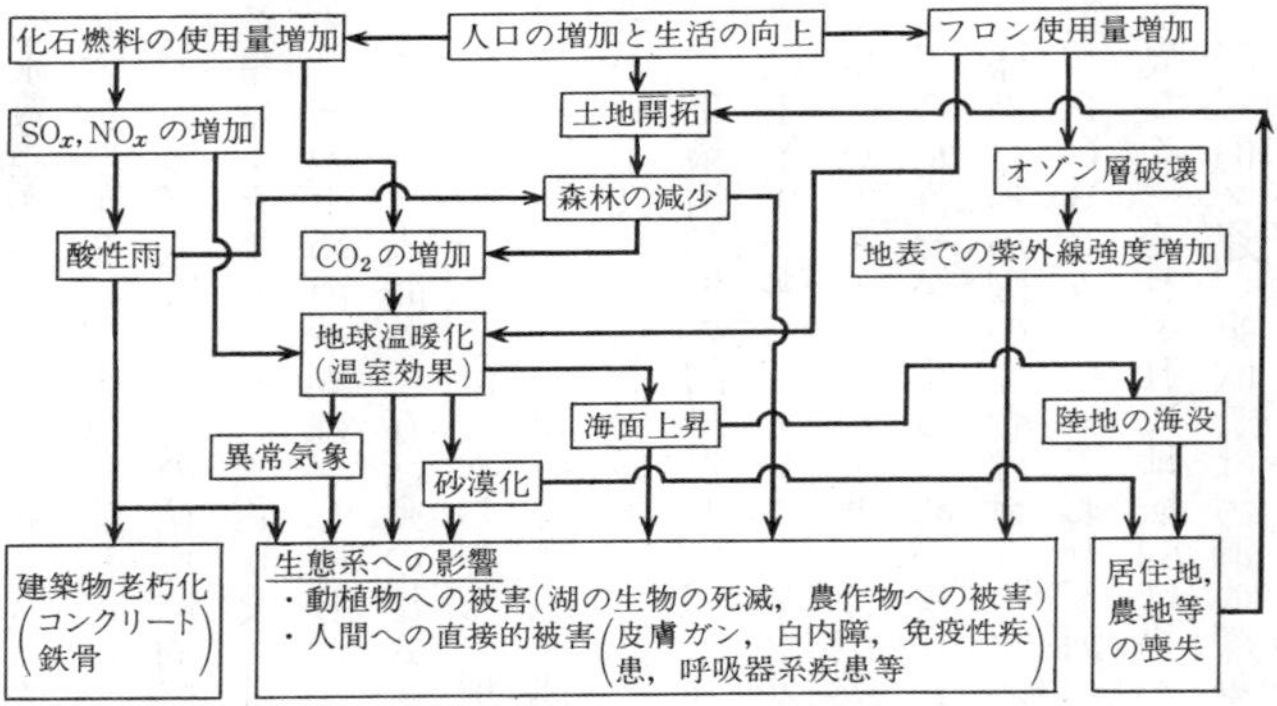

注：SO_x(硫黄酸化物)，NO_x(窒素酸化物)，CO_2(二酸化炭素).
資料：大和総研「地球環境問題と関連企業」産業・技術展望 vol.6，1992 年.

大都市(アジア)の大気汚染状況(1992 年)

都市名	SO_2	SPM	Pb	CO	NO_2	O_3
バンコク	○	●	▲	○	○	○
北京	●	●	○	—	○	▲
ボンベイ	○	●	○	○	○	—
カルカッタ	○	●	○	—	○	—
デリー	○	●	○	○	○	—
ジャカルタ	○	●	▲	▲	○	▲
カラチ	○	●	●	—	—	—
マニラ	○	●	▲	—	—	—
ソウル	●	●	○	○	○	○
上海	▲	●	—	—	—	—
東京	○	○	—	○	○	●

● 深刻な問題．WHO ガイドラインが 3 つ以上の要因を超えている．
▲ 中程度の汚染．WHO ガイドラインが 2 つまでの要因を超えている．
○ 低い汚染．WHO ガイドラインがおおよそ満たされている．
— データ入手不可又は深刻なデータではない．

注：最近韓国政府より，WHO の基準を満たし，SO_2 の汚染が下がったとの報告書あり．SPM(浮遊粒子状物質)．
出所：WHO, UNEP「大都市の都市大気汚染」Blackwell, 1992,「環境白書総説 平成 11 年版」．

⑤水質汚濁　水は大気と並んで、人間生活の営みと自然の保全に不可欠なものである。それは地表から蒸発し、大気の流れによって移動し、雨や雪となって大地に戻るという循環をくり返している。人間は、その循環に適応しながら、さまざまな形態でそれを利用してきた。その供給量はもとより、その水質が変化すると、人体や生活環境をはじめ、広く生態系に影響を及ぼす。そのため河や湖は、しばしば「神の水」「聖なる河」などと呼ばれてきた。

その水が、人間の生存活動の様式の変化でしばしば汚染され、〝病み〟、ときには〝死に瀕する〟状況になってきた。もちろん、地形の変化や雨量の変化による水環境の変化も見逃せないが、その場合でも、人間の対応が不適切であったという〝人災〟的な側面もあった。

水の利用は、経済発展段階、自然条件等によって国ごとに異なる。用途別では農業用が最も多く、工業用がその四割程度で、家庭用が最も少ない。用途別を地域ごとにみれば、ヨーロッパでは工業用が多く、アジア、アフリカでは農業用が多い。アメリカも農業用が多い。ただし排水量の点でみると、アメリカは工業用が多い。

河川の水質を保全するため、現在、各国とも規制を行っている。対象となっている汚濁物質は多様で、わが国の場合はカドミウム、シアン、有機燐、鉛、クロム、ひ素、水銀、アルキル水銀、PCB等々となっており、河川、閉鎖性水域（湖沼、内湾）、閉鎖性海域によってその状況が異なる。それぞれに地域的性格が異なるので水質の地域比較はむずかしい。なお、一部の途上国、旧ソ連、東欧では汚濁の深刻化がなお進んでいる。

世界の水利用(1900-2000年)

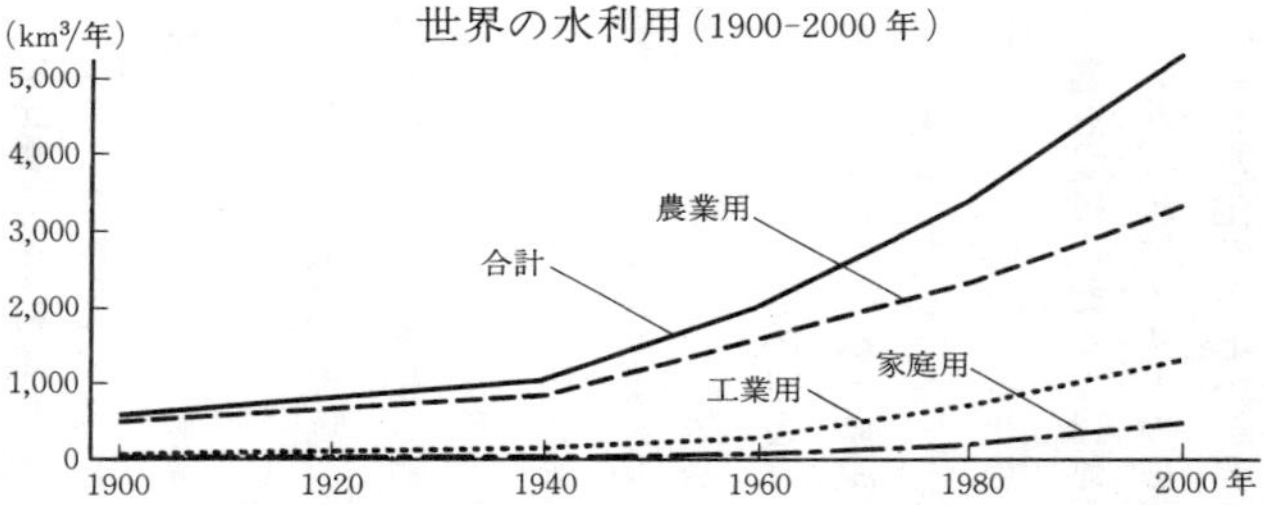

資料:OECD. 原資料は Shiklomanov, 1988.

アジア太平洋地域の水質問題

	南アジア	東南アジア	太平洋諸島	中国	日本, オーストラリア, ニュージーランド
病原体	1-3	1-2	2-3	1-3	0-1
有機物	1-3	0-2	0-1	1-3	0-1
塩化物	0-1	0-1	0-3	0-2	0-1
硝酸	0-1	0-1	1-2	0-2	0-1
フッ化物	0-1	0	0	0-2	0
富栄養化	0-1	0-3	0	0-2	0-1
重金属類	0-1	0-2	0-1	0-2	0-2
殺虫剤	0-1	0-1	0-1	0-1	0-1
沈殿物負荷	0-2	0-2	0-1	0-1	0-1
酸性化	0	0-1	0	0-1	0-1

0- 汚染なし又は無関係.
1- 少し汚染. 適切な対策をとれば使用可能.
2- 大部分汚染.
3- 基本的な水の使用ができない深刻な汚染.

出所:「環境白書総説 平成11年版」.

いる。

⑥土壌汚染・砂漠化　〝母なる大地〟といわれるように、土地は人間にとって、基盤的な〝営みの場〟である。その土地＝土壌は農産物、林産物の生産に決定的な影響を持ち、また人間をはじめとする自然生態系に関わりを持つ。その土壌に、このところ劣化現象が目立ちはじめている。

土壌の汚染は、大気、水等を媒介として、排気や排水中に含まれる重金属等の有害物質が長期間にわたって蓄積されることから生ずる。あるいは比較的短期間には、農薬の使用によっても生ずる。それは農産物の生育だけでなく、それを通じて人体にも悪影響を与える。さらに、産業用の関係では製造施設等の不備ないし損傷に伴って汚染が進行することもあるし、有害物質使用後の処理が不適切なために生ずる場合もある。また、近年では不特定多数の家庭からの廃棄物、排水などによっても土壌の劣化が起こっている。

さらに、土壌汚染とは若干性格が違うが、地球の乾燥地における土壌の劣化や喪失という砂漠化の問題がある。砂漠化は気候的要因(下降気流の発生など)と人為的要因(過放牧、過耕作、過伐採)によって生じているが、食糧生産の大きな制約要因になっている。世界の乾燥地六一億ヘクタールのうち九億ヘクタールが砂漠、三六億ヘクタール(全陸地の四分の一)が砂漠化の影響を受け、そこでは地球人口の約六分の一の人が住んでいる。地域的にみれば、アジア、アフリカ、北アメリカの被害面積が大きい。土地はいま世界の各地で〝病んで〟いる。国際協力による悪化の防止が重要である。

アジアの土壌劣化度合いの概要

国　名	全土地(1,000 ha)	土壌劣化地域(1,000 ha)	構成比(%)
バングラデシュ	13,391	989	7.0
中国	932,641	280,000	30.0
インド	297,319	148,100	49.8
インドネシア	181,157	43,000	24.0
ラオス	23,080	8,100	35.0
ミャンマー	65,754	210	3.2
パキスタン	77,088	15,500	17.3
フィリピン	29,817	5,000	16.8
西サモア	283	32	11.3
スリランカ	6,474	700	10.8
タイ	51,089	17,200	33.7
トンガ	72	0	4.5
ベトナム	32,536	15,900	48.9

出所:「環境白書総説 平成11年版」.

砂漠化の状況

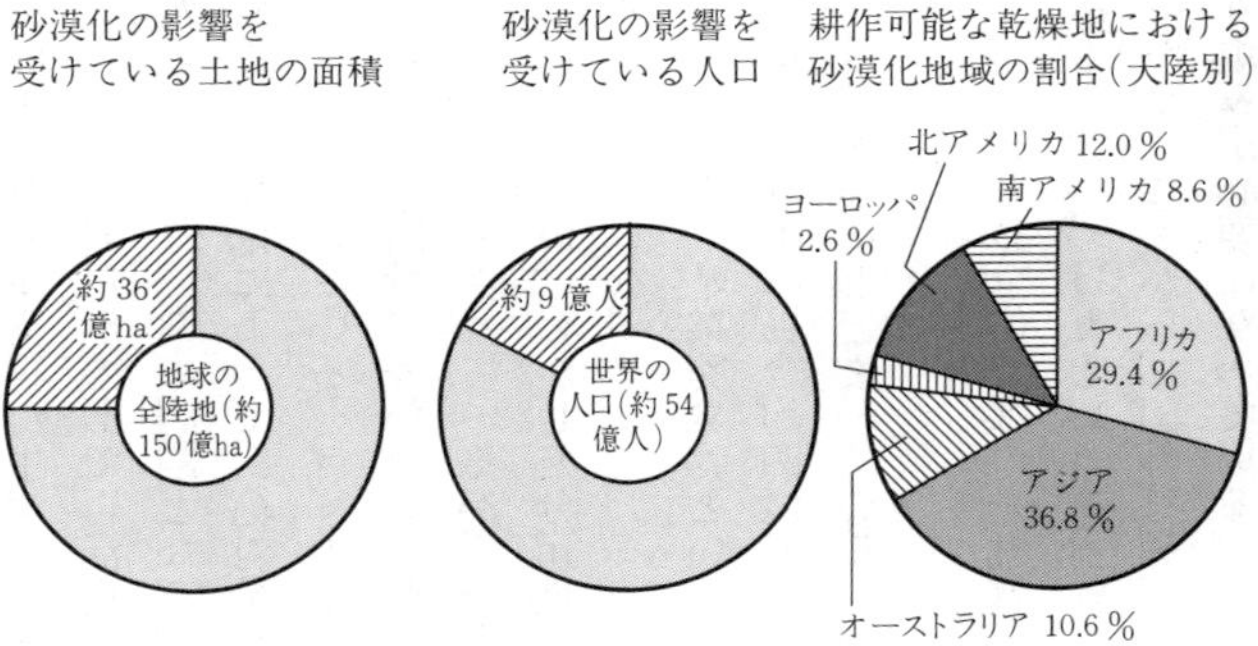

出所:「環境白書総説 平成11年版」.

⑦ゴミ・廃棄物　人間の消費活動、生産活動には、なんらかの形の廃棄物が生ずることは避けられない。もちろん、排出量を少なくすることもできるし、また何らかの形で再活用・再利用をすることはできる。しかし、排出されるものをどう処分するかは、常に問題となる。

家庭で生ずる一般廃棄物（ゴミ）は、所得・消費水準と消費の多様化によって、絶対量が急増するだけでなく、内容も大型化、複雑化（ときに危険性の高いもの）している。ゴミの量の的確な国際比較はできないが日本は諸外国に比べ特に一人当りのゴミ排出量が多いというわけではない。一九八九年度（平成元年度）以降、毎年年間五〇〇〇万トン排出されているが、一九九六年度は五一一〇万トン（東京ドーム一三七杯分）であまりふえていない。しかし処分用地も少なく、また資源節約という意味からも一般廃棄物の抑制を図るべきである。

一方、産業廃棄物も著しく増加し、その処分が問題になっている。産業廃棄物といっても、その範囲は広く、定義も曖昧である。産業廃棄物の総排出量は、日本の場合約四億五〇〇〇万トン（一九九六年度）で、一九九〇年度（三億九五〇〇万トン）以降微増にとどまっている。内容的には汚泥、動物のふん尿、建設廃材で全体の八割を占めている。

その他もろもろのくずがある。国際比較はむずかしいが、OECD全体では、一九八〇年代前半で年間約四億トン、一九九〇年で一五億トン、その後もふえつづけたという推計がある。こうした廃棄物の中には危険物も多く、また国内での処分を嫌うことから、国外移動、それも不法投棄（海洋投棄を含め）が増加しているが、国際的取り組みが必要になっている。

各国の国別部門別廃棄物排出量

（1,000 トン）

	農林業	鉱業	製造業	エネルギー生産	水の浄化・配分	建設業	その他部門	都市廃棄物	合計
カナダ	14,000	1,052,990	—	—	—	—	—	18,110	—
メキシコ	11,498	123,187	29,565	—	—	—	—	30,510	—
アメリカ	—	—	7,080,000	—	—	—	—	189,696	—
日本	72,495	34,802	143,711	57,289	—	—	77,976	50,767	437,000
韓国	—	—	27,009	691	4,271	4,626	—	17,438	54,000
オーストラリア	562	—	37,043	11,000	—	6	—	12,000	—
チェコ	5,504	167	19,774	8,286	—	—	11,997	2,390	48,120
フランス	377,000	—	105,000	—	—	—	700	28,000	—
ドイツ	—	15,756	64,865	19,605	1,875	137,139	975	25,777	265,993
イタリア	—	—	22,208	1,330	—	14,311	42,500	27,000	—
オランダ	14,500	205	7,923	1,381	116	12,400	—	8,956	44,955
ポーランド	—	82,371	22,608	16,647	436	10	590	11,352	134,014
スペイン	114,000	70,000	13,828	—	10,000	—	—	14,296	—
スウェーデン	21,000	47,000	13,966	625	—	3,300	2,000	3,900	91,791
イギリス	80,000	80,000	56,000	13,000	34,000	70,000	51,000	20,000	404,000

資料：OECD「Environmental Data Compendium」1997.

各国の都市廃棄物（1980-95 年）

	総排出量（1,000 トン）		1人当り排出量(kg)	
	1980	1995	1980	1995
カナダ	12,600	18,110	510	630
メキシコ	—	30,510	—	320
アメリカ	137,350	189,696	600	730
日本	43,950	50,304	380	400
韓国	20,994[1)]	17,438	510[1)]	390
オーストラリア	10,000	12,000[2)]	700	690[2)]
ニュージーランド	2,106	—	660	—
オーストリア	—	3,841	—	480
ベルギー	3,082	4,781	310	470
チェコ	2,600[1)]	2,390	250[1)]	230
デンマーク	2,046	2,788	400	530
フィンランド	—	2,100	—	410
フランス	—	28,000	—	470
ドイツ	—	25,777	—	320
ギリシャ	2,500	3,200	260	310
ハンガリー	2,461	4,300	230	420
アイスランド	—	149	—	560
アイルランド	640	1,550	190	430
イタリア	14,041	27,000	250	470
ルクセンブルク	128	218	350	530
オランダ	7,050	8,956	500	580
ノルウェー	1,700	2,637	420	620
ポーランド	9,489	11,352	270	290
ポルトガル	1,980	3,500	200	350
スペイン	10,100	14,296	270	370
スウェーデン	—	3,900	—	440
スイス	2,290	2,660	360	380
トルコ	12,000	22,315	410	590
イギリス[3)]	15,500	20,000	280	340
スロバキア	1,901[1)]	1,620	370[1)]	300
北アメリカ	161,000	238,000	500	620
OECD 欧州	130,000	181,000	330	420
EU 15ヵ国	114,000	153,000	340	430
OECD	347,000	484,000	410	510

注：1）1985 年.　2）1990 年.　3）家庭廃棄物のみ.
資料：同上.

⑧都市問題と環境　経済的効率性、文化的施設の存在、生活の利便性等からいって、人口や産業とくに第三次産業は都市、それも大都市に集中する傾向がある。いわば都市には〝機会〟が多いのであって、これは先進工業国でも開発途上国でもおおむね共通した現象である。

とくに市場経済においては都市の吸引力が強く、他方、多分に公共的機関の関与する社会資本の整備が都市では遅れがちになるため、都市の環境問題が激しくなる可能性が強い。その結果、都市、大都市では、①急速なモータリゼーションと道路整備のギャップから交通混雑が日常化し、また道路・鉄道等の建設作業からの発生音を含めて騒音が生活障害になっている。しかも道路整備がいつも後追い的であるため、問題解決の展望が開けない。②同じような後追いは電力・水道・ガスの供給にもみられる。とくに途上国でこの傾向が強い。③土地価格や土地自体の限界から、住宅の整備が遅れ、それが人びとの不満感を高めている。それはまた、しばしばスラム街の存在を多くしている。④これら地域では緑地がつぶされる一方、新たな公園用地の取得などがむずかしくなっている。⑤こうして都市は、住みよい面を持っていると同時に住みにくい面も作られているが、そうした中で犯罪がふえ、また麻薬取引などが増加している。

今後とも、市場原理に任せておくだけでは、一部高所得者層の流出はあっても、全体としては都市集中がつづくであろう。環境問題を解決するためには、一方で長期的展望に立つ都市の改造計画を作って対応をすすめるとともに、当該都市、中央政府レベル、あるいは国際機関の協力もえて、工場その他の地方分散・地方分権化計画を進める必要があろう。

開発途上国の大都市の人口増加

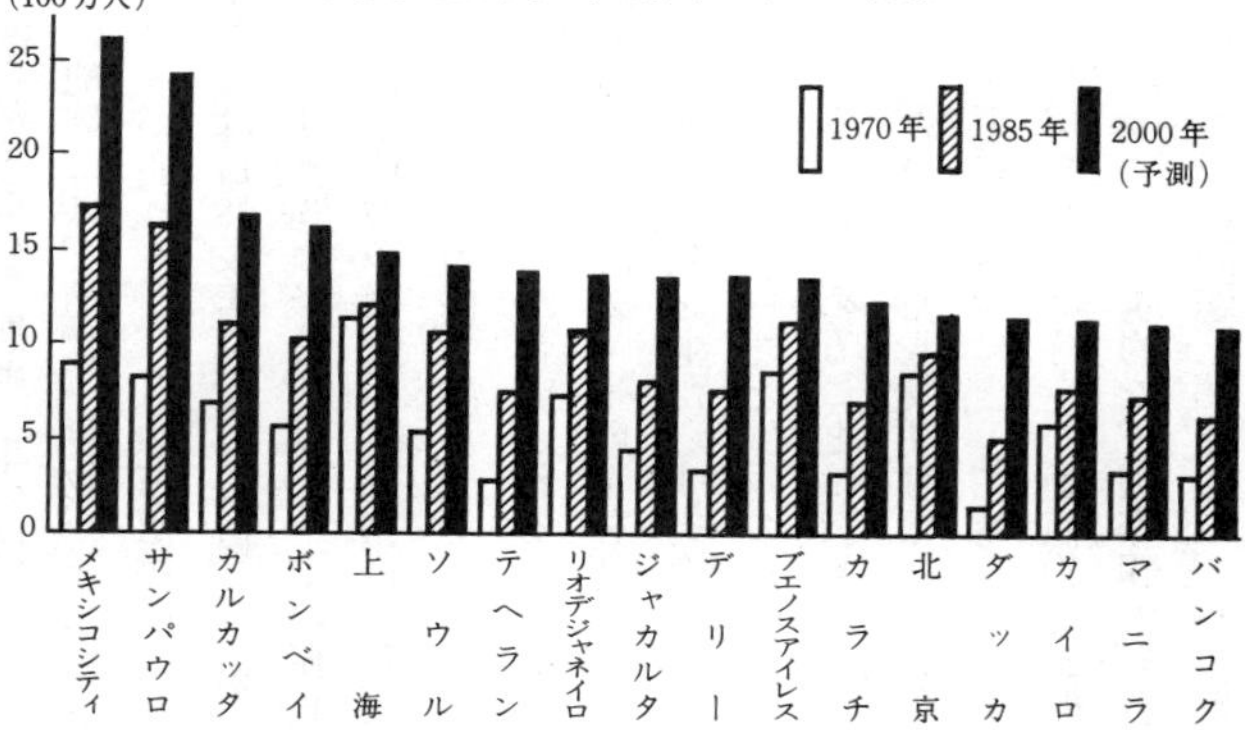

資料：United Nations「The Prospects for World Urbanization, Revised as of 1984・85」1987.

都市の生活環境

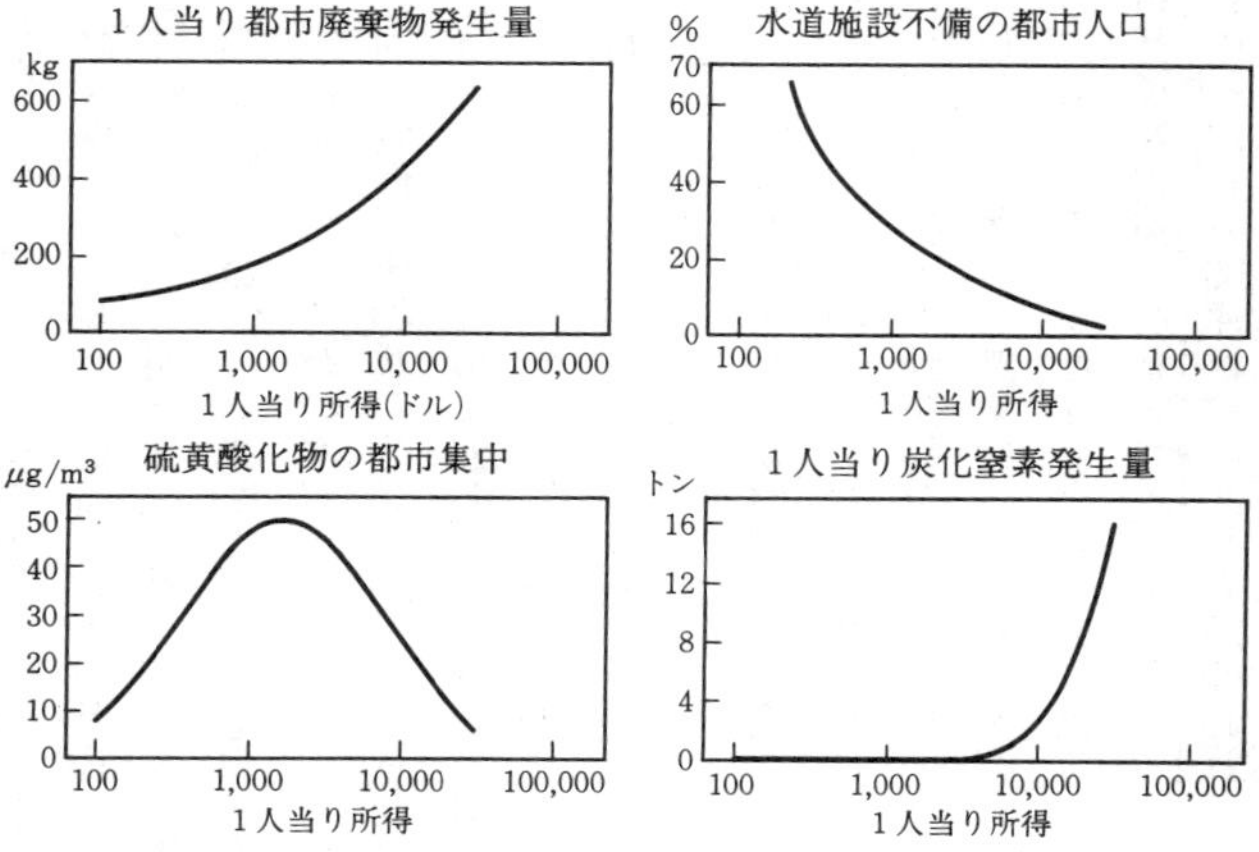

資料：世界銀行推計.

⑨自然環境と生態系 生物は、この地球にしか存在しない。そしてこの美しく、かけがえのない地球には、植物、動物、そして人間がバランスを保って生息している。この自然環境のバランスが崩れると、自然と植物・動物(人間を含む)のバランスも崩れる。このバランスを破壊する力は自然災害(洪水、台風、干魃、異常温度差、地震、天然火災など)によっても起きるが、しばしば人間の経済活動——その膨脹、収縮等——によってひき起こされる。

化石燃料の多消費、有毒物質の利用とその無分別な処理、核物質の開発とその不注意な利用、とその原因は多様である。そして、個人ないし個々の企業が、環境に対して用心深い行動をとっても、それらが合成されると量的変化が質的変化をひき起こして、自然環境を損傷することがある。その結果、生態系を変え、ときに歪め、特定の生物を損傷し、しばしばその死から、さらに種の絶滅をもたらす場合さえある。

しかし、何が自然と生物の適正なバランスであり、何が人間と他の動植物との適当なバランスであるかを決めることは容易ではない。もちろん、人間がその欲望のために無定見に緑地をつぶしたり、地形を変更することは好ましくないし、また特定の動植物を乱獲、乱伐することは、生態系の保全にとっても良くないであろう。しかし、逆に、無条件に動植物の生存を放置したり、あるいは特定の動植物を過保護する場合にも、生態系を壊すことは十分にあり得る。それだけに、客観的で、国際間でも合意できる自然環境対策が必要とされる。

なお、この問題と関連して、バイオテクノロジーをはじめ関連科学のあり方が問われている。

環境汚染物質の健康への影響

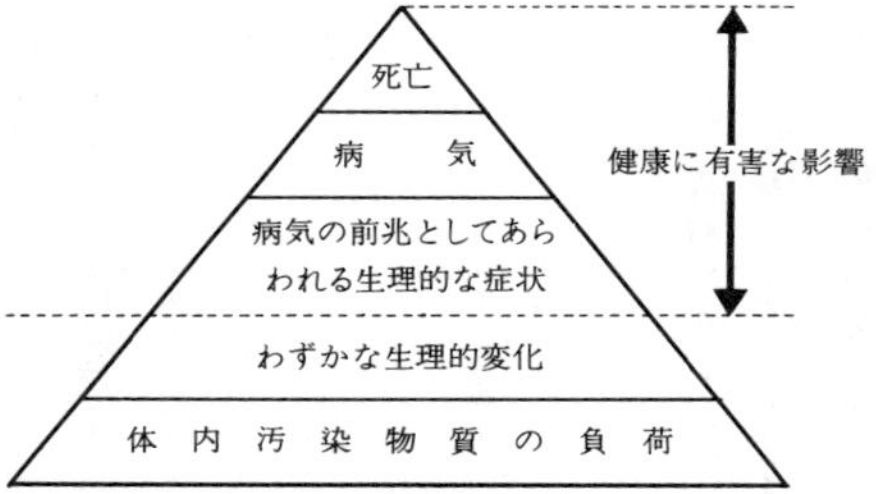

影響を受ける集団の割合

資料：スウェーデン政府報告書「Acidification Today and Tomorrow」1982（小沢徳太郎著『いま環境エネルギーを考える』より）

「絶滅の危機」の要因とその内訳

要因／綱	生息環境の破壊・悪化		乱　獲		侵入種の影響		食物不足		作物，家畜の加害者としての殺害		偶発的な捕　獲	
	種類	%	種類	%	種類	%	種類	%	種　類	%	種類	%
魚　類	127		19		64		2		—		1	
両生類	27		10		5		1		—		—	
爬虫類	40		47		13		1		2		4	
鳥　類	102		53		49		1		2		—	
哺乳類	153		121		14		20		17		7	
合　計	449	67	250	37	127	19	25	4	21	3	12	2

注：1) IUCN(国際自然保護連合)調べ．

2)合計欄の％は $\frac{\text{当該要因により「絶滅の危機」にある種類数}}{\text{「絶滅の危機」にある全種類数}}$ ×100であり，一つの種について複数の要因があるために合計は100％にならない．

西暦2000年までの動植物種の絶滅予測（単位：1,000種，％）

地　　域	種の総数	種の消滅率	消　滅　量
熱帯林			
ラテン・アメリカ	300～1,000	33	100～333
アフリカ	150～　500	13	20～　65
南アジア，東南アジア	300～1,000	43	129～430
小　　計	750～2,500	33	249～828（57％）
他の生息環境			
海洋，河川，非熱帯林，島等	2,250～7,500	8	188～625（43％）
合　　計	3,000～10,000	15	437～1,453（100％）

注：1)アメリカ政府特別調査報告「西暦2000年の地球」(1980年)による．

2)森林減少率最低位のケース．

⑩国際協力（**自然環境と開発**）　かけがえのない地球の環境を守るためには、個人が、企業が、そして政府がそれぞれ努力しなければならないが、国際間の協力も絶対に必要である。

「環境」といっても国によって環境分野の定義はさまざまだが、ＯＥＣＤでは環境衛生（給排水、廃棄物、大気汚染防止など）、土地資源（土壌保全、砂漠化防止など）、水資源（水質保全、洪水対策など）、組織強化（政策決定、情報収集など）、その他（エネルギー保全、移住者援助、魚種保護など）をカバーする広範なものになっている。ほかにも居住環境から核処理関係などもある。いずれも、空間的にはいまでは国境を越える問題となっている。

国際的には一九七二年の「国連人間環境会議」以来、環境保全のための国際協力が本格的に議論され、一九九二年六月リオデジャネイロで開催された「環境と開発に関する国連会議」（地球サミット）で一つの節目――これから実施をするという――を迎えた。この間、先進国首脳によるサミットやＯＢサミットでも問題の重要性がくり返し強調された。そして基本的理念として「環境と開発に関するリオ宣言」も出された。その後、地球温暖化防止条約、生物多様性保護条約、森林原則宣言など法制的枠組も整ってくるとともに、京都会議（九七年一二月）をはじめ一連の国際会議が開催されている。

しかし、肝心な資金面では、地球環境保全のための費用が年間六〇〇〇億ドル必要だとの試算は出されたけれども、具体的拠出割当などは抽象的に決められているだけである。資金調達もさることながら、行動が急務である。この間にも、地球環境は損なわれているからである。

九　軍縮の経済と「平和の配当」

「他の国民やその政府の利害、不安、希望を認識することが必要なのである。〝敵のイメージ〟から出発する者には平和を樹立することはできない」

（H・シュミット著・永井清彦ほか訳『シュミット外交回想録』一九八九年）

①**軍拡のムダ**　第二次大戦が終われば、今度こそ平和が到来すると人びとは期待した。現に、すでに終戦前に連合国はヤルタ構想を練って「戦後秩序」を謳い、経済の面でもブレトン・ウッズ構想やGATT（関税と貿易に関する一般協定）を論じていた。そして一九四五年の終戦とともに、これらの構想が具体化され、国際連合が生まれた。けれども、平和は束の間の到来にすぎず、米ソの蜜月は短期間に終わった。「鉄のカーテン」が下りて「冷たい戦争」が始まり、一九五〇年には熱い朝鮮動乱も起こり、かくして〝壮大かつムダ〟な軍拡競争が始まった。

それは心理的な〝恐怖の均衡〟〝ダモクレスの剣の下の脅威〟を作り出したが、経済的につぎのような代償を払うことになった。第一に、巨大な軍事費支出はほとんどの国で財政悪化の主因となり、それゆえまたインフレ要因となった。

第二に、軍事部門への資金、労働力の傾斜配分は民間技術の進歩をおくらせ、国際競争力を弱めた。

第三に、軍事的取引では通常の価格原理・市場原理が働かず、自由経済・市場経済全体に硬直性を与えた。そして社会的には〝産軍体制〟を作りあげてしまった。そこでは権力が一部に集中し、民主的な自由が多くの点で実質的に制約された。

幸い、一九九〇年代初めに冷戦が終結した。人々は「争いより平和」（シモン・ペレス）を求めるようになった。しかしながら、現実にはこれまでのところ、「平和の配当」には多くの国、国民は浴していない。相変わらず地域紛争、民族対立が続いているからである。

主要国国防費の推移

	1995年度	1996年度	1997年度	1998年度	1999年度
日本（億円）	47,236 0.86%	48,455 2.58%	49,475 2.1%	49,397 −0.2%	49,322 −0.2%
アメリカ（100万ドル）	259,442 −3.4%	253,187 −2.4%	258,311 2.0%	251,385 −2.7%	252,650 0.5%
イギリス（100万ポンド）	21,715 −4.6%	21,425 −1.3%	21,122 −1.4%		
ドイツ（100万マルク）	47,859 1.4%	48,237 0.8%	46,290 −4.0%	46,685 0.8%	
フランス（100万フラン）	194,262 0.2%	189,599 −2.4%	190,922 0.7%	184,725 −3.2%	189,959 2.8%
ロシア（億ルーブル）	485,770 19.6%	801,851 65.1%	1,043,175 30.1%	817,650 −21.6%	
中国（億元）	631.0 21.2%	702.3 11.3%	805.7 14.7%	909.9 12.9%	1,046.5 15.0%

注：%は対前年比．
資料：各国予算書，国防白書などによる．

主要国・地域の兵力一覧（概数）

陸上兵力		海上兵力			航空兵力	
国名など	兵力（万人）	国名など	トン数（万トン）	隻数	国名など	作戦機数
中国	210.0	アメリカ	501.6	950	中国	4,030
北朝鮮	100.0	ロシア	255.2	980	アメリカ	3,780
インド	98.0	中国	102.3	830	ロシア	2,710
韓国	56.0	イギリス	86.5	280	ウクライナ	1,040
トルコ	52.5	フランス	44.2	320	インド	860
パキスタン	52.0	インド	31.1	160	北朝鮮	610
アメリカ	47.9	台湾	23.2	380	シリア	600
ロシア	42.0	トルコ	22.6	230	エジプト	600
ベトナム	41.2	イタリア	20.2	170	フランス	590
イラク	37.5	スペイン	19.0	140	台湾	560
日本	14.6	日本	36.6	150	日本	510

資料：陸，空については「ミリタリー・バランス 1998/99」など，海については「ジェーン年鑑 1998/99」などによる．

②軍縮のコスト　冷戦の終焉と東西対立の解消は、無条件に歓迎すべきことであった。しかし、それですぐに軍縮が進んだわけでなく、「平和の配当」が生まれたわけでもない。それに軍縮を進めるに当って、われわれは次のようなコストを払わなければならない。

第一は、軍縮を実施するための経済的費用である。その中の一つは、果して軍縮とくに核軍縮が実行されているかどうかを査察・検証するための費用である。核拡散防止のための査察の費用も当然含まれる。もう一つは、すでに存在する兵器・弾薬等の廃棄・処理の費用である。戦車の解体一つをとっても、この費用は大きい。それだけでなく、危険が伴う化学兵器や核兵器の処理、さらには、その関連施設の安全な処理や事後の環境保全のための費用があって、合計すると核兵器とその関連施設を作るより大きい金額になるといわれている。

第二は、残念ながら軍縮といっても軍事の全面的撤廃ではない。核兵器については拡散や増強が止められたとしても、地球上に存在する量は、いぜん人類を全滅させてもなお余りある状態がつづいている。そしてほとんどの国で、軍縮を機に装備の近代化を促進しようとの動きが強まるが、近代兵器とその関連分野での費用は莫大な金額に達する。

第三に、いくつかの小国では地域紛争や民族対立の激化などから、むしろその軍事力を増強しようとの動きがある。関連して武器取引が増大し、武器輸入国の負担は大きい。

右のような事情のほか、軍需から民需への転換が難航する場合――現に難航しているが――、軍縮による経済的負担の軽減効果の顕現はいっそう遅れることになる。

CIS 諸国の核解体・原子力安全支援コスト

(略)旧ソ連域内諸国にある原子力発電所のうち，チェルノブイリ型 15 基と旧式のソ連型加圧水型炉 4 基の 19 基が構造的に危険である．また，事故の確率の高い原子炉については，安全装置や炉心の遮蔽の改修を行いながら，可能な限り早い時期に閉鎖すべきであり，そのために今後 10 年間に必要な費用は，200 億ドルから 300 億ドルと推計されている[1]．

(略)非核化・核解体支援を実行に移すために，日本政府はロシア，カザフスタン，ベラルーシ，ウクライナとの間に二国間委員会を設置した．1993 年 4 月，日本政府はこの分野に 1 億ドル(当時の為替レートで 117 億円)の出資を約束している．これとは別にモスクワの国際科学センターの基金として 2,000 万円の出資を公約した．(略)

注：1) CSIS 推計(Congressional Study Group and Task Force, Nuclear Energy Safety Challenges in the Former Soviet Union, 1995)．
なお，1993 年 5 月に東京で開かれた旧ソ連，東欧の原子力安全支援に関する先進 7 ヵ国作業部会の試算によれば，旧ソ連および東欧諸国の原子炉 25 基の改修・運転停止にかかる費用は，2000 年までに約 180～240 億ドルとなっている．

出所：国際大学のホーム・ページ(山内康英氏)．

戦略核弾頭の削減の推移

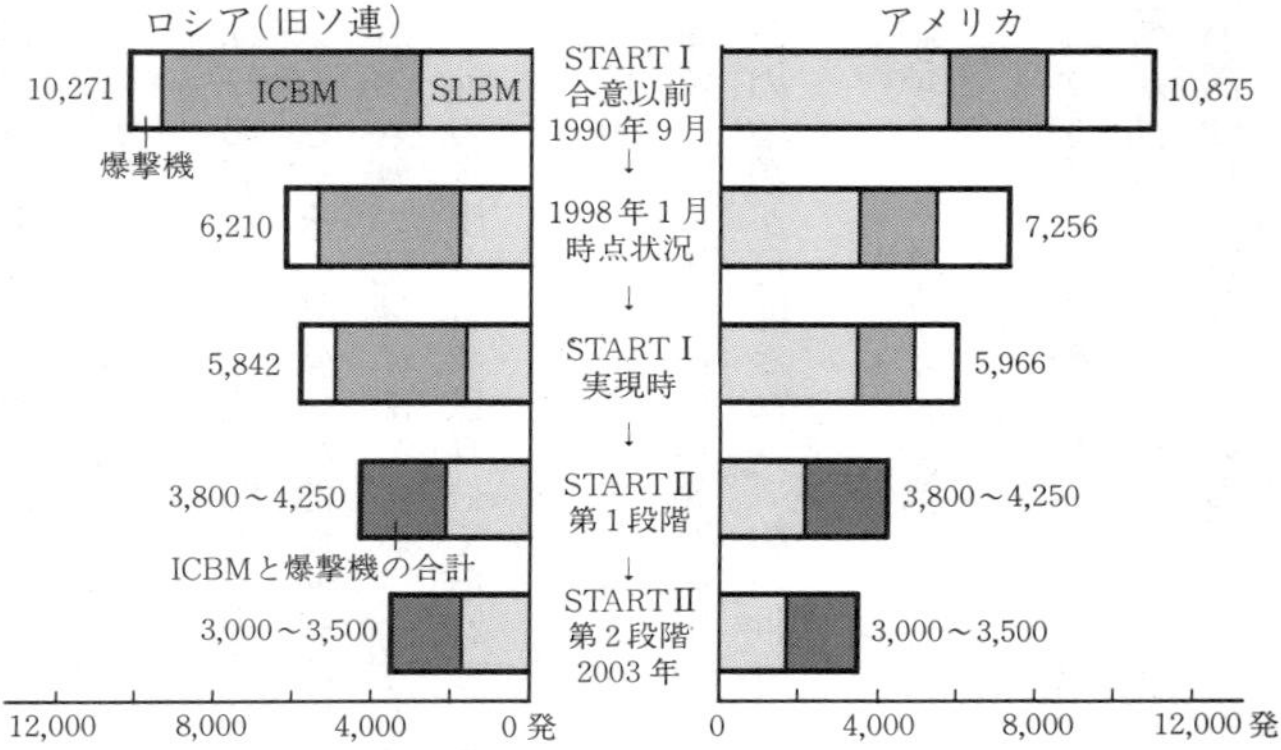

注：START は戦略兵器削減条約．
資料：米軍備管理協会資料，SIPRI 年鑑などによる．
出所：(財)矢野恒太記念会編「1999/2000 世界国勢図会」国勢社．

③軍縮の経済的効果　人道的・社会的な立場からは軍縮は必要であり、歓迎される。それは終局的にも経済にとってはプラスである。もちろん、たとえ経済的にそれほど引き合わないことでも軍縮は必要なものであるが……。

どのような経済効果があるか。それは軍拡の「ムダ」の裏返しで、次の四点に要約できる。

第一は、軍事費の削減による財政の健全化である。もし、その削減分が他の使途に振り替えられないとすれば、それは減税という形をとるか政府借入れの縮減にあてられ、いずれにせよ民間部門の負担軽減になろう。もっとも、現実には、他の支出項目に振り替えられて、直接的な歳出減につながり難いことが多い。

第二は、技術の解放である。大戦前と違い、現代の技術進歩の経済に対する波及効果は、軍需技術より民需技術のそれが大きい。したがって、軍縮は国全体の技術の発展を早めよう。

第三は、軍事支出に代わって国際協力費(経済援助)の増額が可能となり、第三世界の開発を促進することになろう。

そして第四に、軍事費の削減は、経済の合理性、価格メカニズムの再生を促し、〝産軍体制〟の崩壊を早めることに役立つ。

冷戦が終結した今(一九九九年)も、アメリカ、ロシアを除いて軍縮が目に見えて進行しているわけではない。アメリカでは冷戦終結を境に国防費が減少し、それが歳出の縮小を通じて予算均衡化に寄与した。また民需転換でアメリカ経済の活性化に寄与している。

アメリカの国防費の減少

会計年度	歳出規模(100万ドル)	国防費(100万ドル)	名目GDP(10億ドル)	国防費/歳出	国防費/名目GDP
1983	795,917	210,464	3,441.7	26.4	6.1
84	841,798	230,234	3,846.6	27.4	6.0
85	945,983	252,785	4,141.6	26.7	6.1
86	989,789	273,369	4,398.3	27.6	6.2
87	1,001,679	282,270	4,654.0	28.2	6.1
88	1,063,317	290,366	5,016.7	27.3	5.8
1989	1,144,020	303,551	5,406.6	26.5	5.6
90	1,251,774	299,345	5,738.4	23.9	5.2
91	1,323,757	286,689	5,927.9	21.7	4.8
92	1,380,793	297,947	6,221.7	21.6	4.8
93	1,408,532	290,873	6,560.9	20.7	4.4
94	1,460,552	281,135	6,948.8	19.2	4.0
95	1,515,412	268,156	7,322.7	17.7	3.7
96	1,560,211	266,758	7,700.2	17.1	3.5
97	1,600,911	270,001	8,182.8	16.9	3.3
98	1,652,222	269,478	8,636.3	16.3	3.1
99	1,704,545	276,794	9,110.7	16.2	3.0

冷戦終結後低下

資料：米商務省.

冷戦終結後の軍事調達額(1990年実質100万ドル)

	1989年	1996年	変化率(%)
イギリス	8,974	6,956	−22.5
フランス	18,270	13,298	−27.2
ドイツ	7,628	3,661	−52.0
アメリカ	81,088	58,630	−27.7

資料：アン・マークセン「ポスト冷戦期の防衛産業の挑戦」(ECAAR 日本支部会議録，1998年10月).

④軍需から民需へ　軍拡を支えていた軍需産業は、地域的に広範にわたり、部品調達の関連分野の裾野は広い。それに軍人、軍属、技術者、ホワイトカラー、労働者、さらに関連サービスに従事する人間も含めると〝雇用〟の範囲はきわめて広い。したがって軍縮による軍事産業の縮小は、さまざまな影響を各方面に与える。民需への転換は容易ではない。

まず第一に、転換先の民需部門に需要が存在しなければならない。ところがロシアや東欧市場においては、経済混乱のため、民需自体が停滞している。新たに参入の余地ができても、西側の企業が競争力において優れているため、旧ソ連の軍事産業が参入するのは容易でない。

第二に、参入する余地ができても、軍需産業の従事者、とくに管理者層はマーケティングの方法はもちろん、民間企業の管理・運営についてのノウハウを身につけていない。まして、一般経済が不景気のときには、民需転換はいっそう困難になる。

第三に、設備の転換や関連インフラの整備には、政府ないし自治体の支援を必要とするが、多くの国で財政上の制約があって、適時・適切に手が打たれにくい、という事情がある。

国内において民需転換がうまくいかないと、窮余の策として、軍需品の海外市場を求めることになり、軍縮の効果を減殺しかねない。

アメリカでは冷戦終結後、一般景気の上昇と規制緩和などで、比較的軍民転換が進み、それが経済の活性化に貢献している。しかし、軍事関連企業では合併・リストラなどの厳しい状況が続き、また生き残りの販路として「第三国の軍拡」に依存する武器輸出が増えている。

インターネット発展の経緯

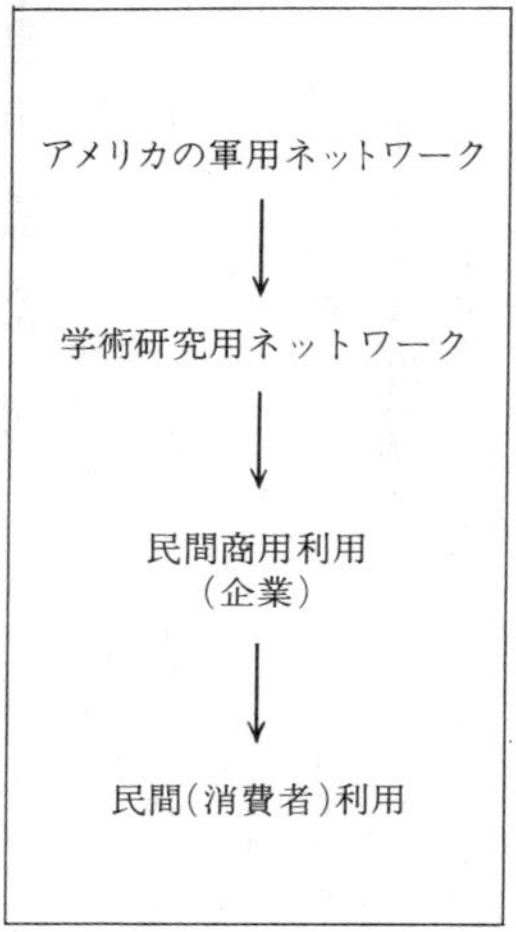

世界で打ち上げられた人工衛星の内訳（1972-98年）

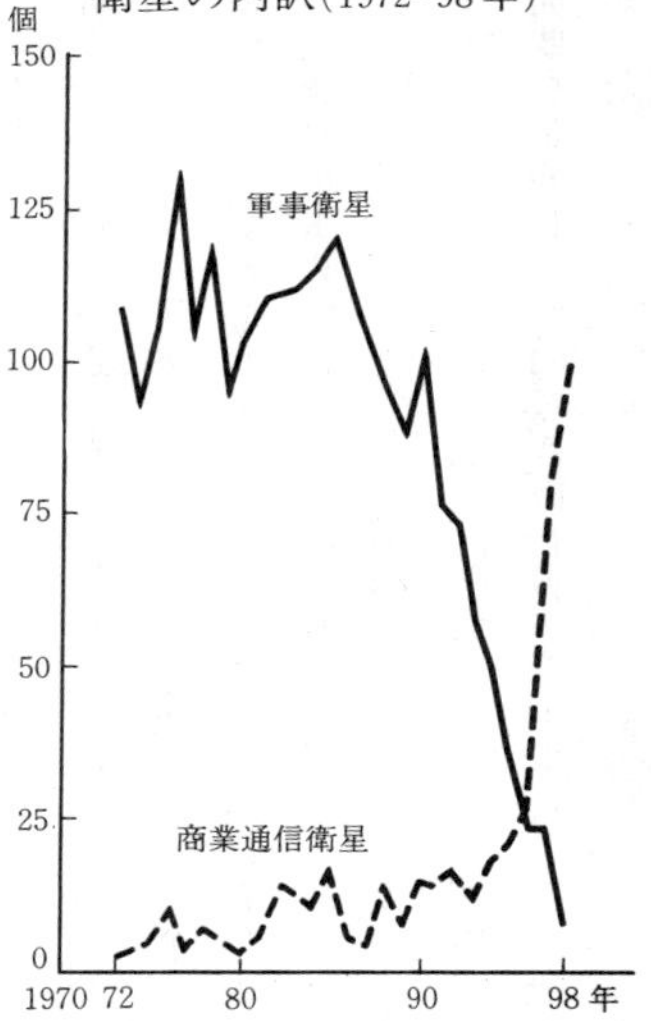

出所：Teal Group「Tiros Space Information」.

アメリカのインターネット・ホスト数

（台）

	全　体	うち軍用(%)	うち商用(%)
1995	3,178,266	175,961 (5.5)	1,316,966 (41.4)
1995	4,268,648	224,778 (5.3)	1,743,390 (40.8)
1996	6,053,402	258,791 (4.3)	2,430,954 (40.2)
1996	8,224,279	431,939 (5.3)	3,323,647 (40.4)
1997	10,110,908	655,128 (6.5)	3,965,417 (39.2)
1997	11,829,141	542,295 (4.6)	4,501,039 (38.1)
1998	20,623,323	1,099,186 (5.3)	8,201,511 (39.8)
1998	25,739,702	1,359,153 (5.3)	10,301,570 (40.0)
1999	30,488,565	1,510,440 (5.0)	12,140,747 (39.8)

注：年次は上半期・下半期を示す.

⑤軍事技術と民間技術　第二次大戦まで、軍事技術は一般に民間技術を圧倒していた。国防力強化ということで、資金とくに研究開発費や技術者が優先的に軍事部門に割り当てられた。そして、軍需製品については通常の市場での価格形成が行われず、独占的な注文主である国家（軍）によって、しばしばコスト・プラス・適正利潤という形で決められた。競争が十分でない市場で、軍事技術が発展し、かつそれは「国家の機密」ということで手厚く保護された。したがって、軍事技術が民間技術をリードしていた。

第二次大戦後、状況は変わった。民間部門が積極的に戦時の軍事技術の成果を採り入れ、国際競争力をつけた。アメリカの航空機産業はその一例だが、日本でも、戦時中の造艦技術が大型タンカー、大型輸送船を生み、また潜望鏡の技術がカメラ技術の優位性を作り出した。

もう一つ注目すべきことは、特に日本経済でみられることであるが、民生用の電子機器の発達が、世界とくにアメリカの軍事技術あるいは武器の性能を著しく高めたことである。日本では戦後の高度成長期が始まってから、〝大量消費〟の時代が訪れた。その過程で、性能の高い耐久消費財が求められるようになり、半導体、コンピュータ、セラミックスなどの民間技術が著しく伸びたが、同時にそれが輸出されアメリカの軍事技術を高めるに役立ったのである。

アメリカでは冷戦終結後、国防費は減少し、民間産業への軍需注文も減少した。その分、民間需要を刺激し、同時に民間技術の発展を促した。特に情報通信と医薬品の部門でそれが顕著であった。

研究水準の国際比較

基礎研究水準(1997 年)

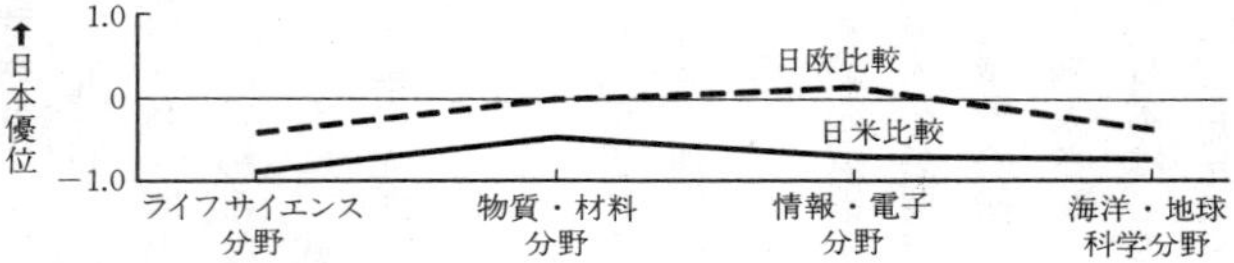

応用研究・開発研究水準(1997 年)

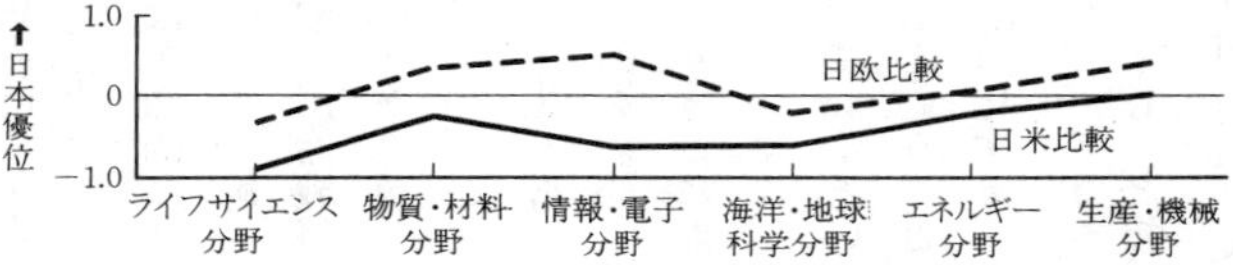

注：日本優位と回答したものを＋1，同等を 0，アメリカ(欧州)優位としたものを－1として算出した得点を，評価を回答した人数で割って算出.
資料：科学技術庁「我が国の研究活動の実態に関する調査報告」により作成.

重要軍事技術におけるアメリカの相対的地位

技術	軍民両用	アメリカが重要分野で遅れをとっている	アメリカが独自のものを持つ	アメリカがリードしている
バイオテクノロジー	○	○		
ガリウム=砒素化合物(最新の半導体で使用)	○	○		
兵器用高圧マイクロウェーブ		○		
光集積回路(メモリー・チップや信号処理用)	○	○		
人工知能・ロボット	○	○		
マイクロチップ	○	○		
パルスパワー・レーザーおよび超短波装置		○		
超伝導	○	○		
先端複合材料	○		○	
吸気推進エンジン(ジェット・エンジン)	○		○	
光ファイバー	○		○	
超高速発射台			○	
自動標的認識				○
流体計算	○			○
データ融合(大量の生データ処理のため)	○			○
高感度レーダー				○
並行処理	○			○
パッシブ・センサー				○
フェーズド・アレイ型レーダー				○
シグナチャー制御				○
シミュレーション・モデリング	○			○
ソフトウェア開発	○			○

注：軍民両用技術とは，民生用にも軍事用にも応用される技術のこと.
資料：アメリカ国防省.

⑥武器取引　いま世界的に国際間の武器取引がふえている。全世界で輸出入合計で五〇二億ドル（一九九七年）で、一九七三年の一三七億ドルに比べ、四倍ほどの増加である。

右のうち、輸出では金額的には先進国の比率が九割を占め、しかもこの割合は冷戦終焉後も基本的に変わらない。一方、輸入では、途上国が世界輸入の約四分の三を占めている。

このように、武器取引が冷戦終焉の後もつづいているのは、奇妙なことといわねばならない。特に軍縮の先頭に立つアメリカ・ロシアを始め、国連安保理事会の常任理事国たるフランス、イギリスでも武器輸出がつづいているのは、政策の整合性がない。おそらく、自国内の軍縮が進む結果、国内の武器市場が縮小するという事態に直面した軍事産業が、困難な民需転換よりも、輸出市場にその販路を求めていることが、実質的な動機であるように思われる。私企業にとっては、利潤を生むかぎりにおいては、武器も商品である。

もちろん、先進国の言い分は、それぞれの輸入国が自国の最小の防衛力を整備する一環として、新鋭の武器を欲しているということであろう。現に頻発している地域紛争解決のために、武器輸入が必要であるということでもあろう。しかし、武器の輸出よりもそれを停止することが、地域内の紛争を鎮静化する、よりよい方法ではなかろうか。現状はマッチ・ポンプ的に輸出入を増大させているとみられても言い逃れられない状態である。武器輸出の禁止を政策として持つ日本は、この点をもっと強調して然るべきである。もっとも、日本の武器輸入は世界の第八位（一九九四〜九八年）で少ないわけではない。

先進国・発展途上国の通常兵器輸出入の推移

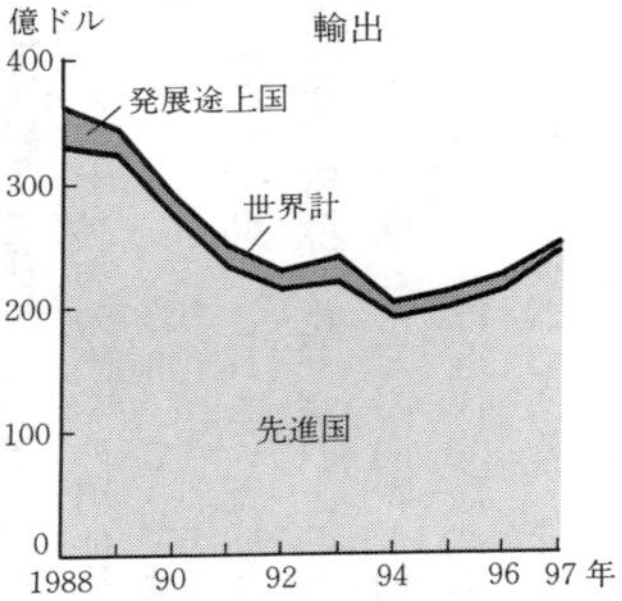

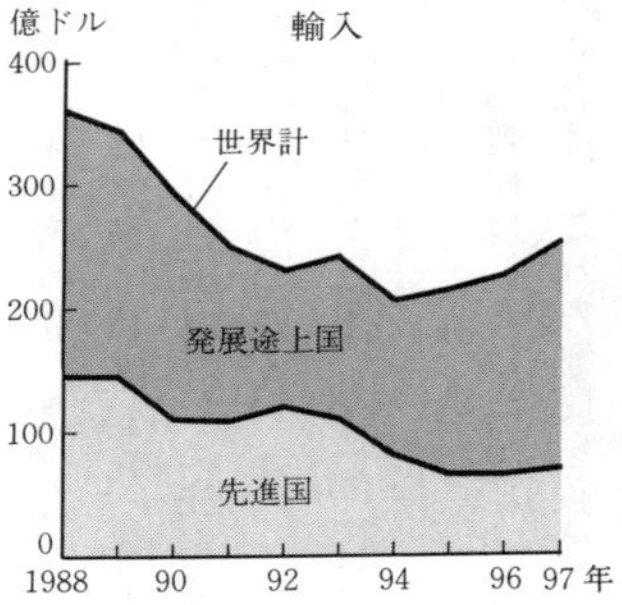

注：実際額ではなく，1990年価格を基準とした輸出入額．
資料：ストックホルム国際平和研究所「SIPRI年鑑」(1998年版)による．
出所：(財)矢野恒太記念会編「1999/2000 世界国勢図会」国勢社．

地域別・組織別の通常兵器輸出入

(1990年価格，100万ドル)

	輸出			輸入		
	1996	1997	1997(%)	1996	1997	1997(%)
ヨーロッパ	11,544	13,202	52.4	4,469	4,872	19.4
EU	6,774	8,516	33.9	2,111	2,755	11.0
北中アメリカ	9,788	10,921	43.4	715	862	3.4
南アメリカ	78	28	0.1	1,070	1,197	4.8
アフリカ	33	14	0.1	485	260	1.0
アジア	821	266	1.1	9,005	12,344	49.0
中東	268	408	1.6	6,471	5,049	20.1
オセアニア	10	318	1.3	327	574	2.3
計	22,542	25,156	100.0	22,542	25,156	100.0
OECD	16,890	19,906	79.1	5,325	6,576	26.1
OSCE	21,320	24,123	95.9	5,476	5,729	22.8
NATO	16,205	19,354	76.9	3,421	4,186	16.6
OPEC	4	81	0.3	5,378	4,069	16.2
ASEAN	—	69	0.3	1,636	2,934	11.7

注：OSCEは，ヨーロッパのNATO加盟国と旧ワルシャワ条約機構加盟国を含む全欧州安全保障協力機構のことで現在55ヵ国が加盟．
資料，出所：同上．

⑦地域紛争と難民　冷戦の終わりにもかかわらず、というより冷戦終結を機に、米ソ対決という巨大軍事勢力の衝突の可能性は遠のいたものの、地域的紛争あるいは一国内の部族紛争や民族紛争はむしろ増加している。冷戦の下での〝東西〟それぞれの陣営内の結束強化というタガが緩んで、抑圧されていた紛争の火種が現実に燃え出したというべきであろう。その原因は、人権問題、環境悪化、宗教上の問題、特定部族ないし少数民族への差別・抑圧とさまざまである。そして、ほとんどの内戦・紛争に輸入武器が使用されている。多くの紛争国ないしグループには武器、とくに近代的な武器を生産する能力がないからである。武器は輸入にたよるか、粗末な手製の小火器である。それが地域紛争や内乱を長びかせ、かつ陰湿化させ、社会的国際的問題をひきおこしている。

地域紛争の慢性化、多発化と関連して難民の問題がある。国際法によれば、難民とは「政治的あるいは宗教的信条から、また民族的事情から、迫害のおそれがあり」「自国の保護を求め得ないで」「〝自国以外〟に住んでいる人」である。その数は一九七〇年には約二五〇〇万人、八〇年には約五〇〇〇万人、九〇年には一五〇〇〇万人、そして今日では二七〇〇〇万人（九八年には減少）に達している。地域的にはアフリカ、アジアが最も多く、冷戦終結後はヨーロッパでもふえている。

これら難民はいわば地域紛争の犠牲者であり、また圧迫に対する抵抗力もない弱者である。国際社会は、これら難民を救済するのみならず、その根源である地域紛争をなくすべきである。

主な紛争・対立地域

資料：「ミリタリー・バランス 1998/99」などによる．
出所：「防衛白書 平成11年版」．

武力紛争の地域別件数

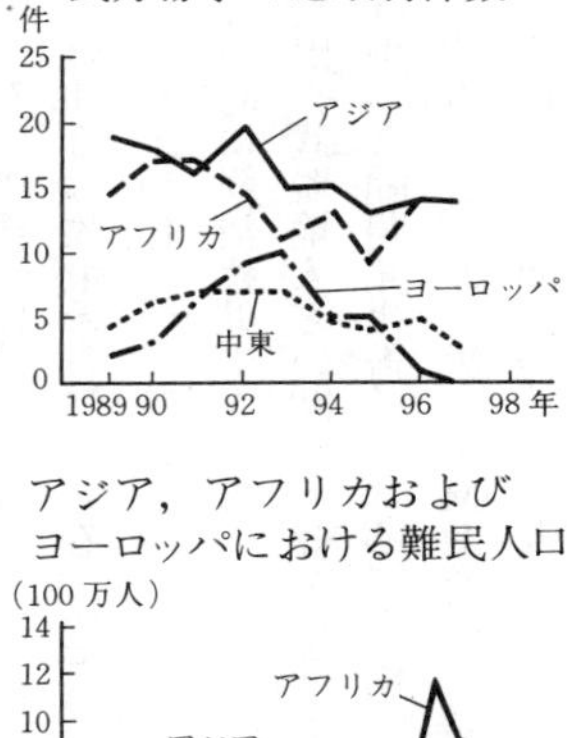

武力紛争の規模別件数

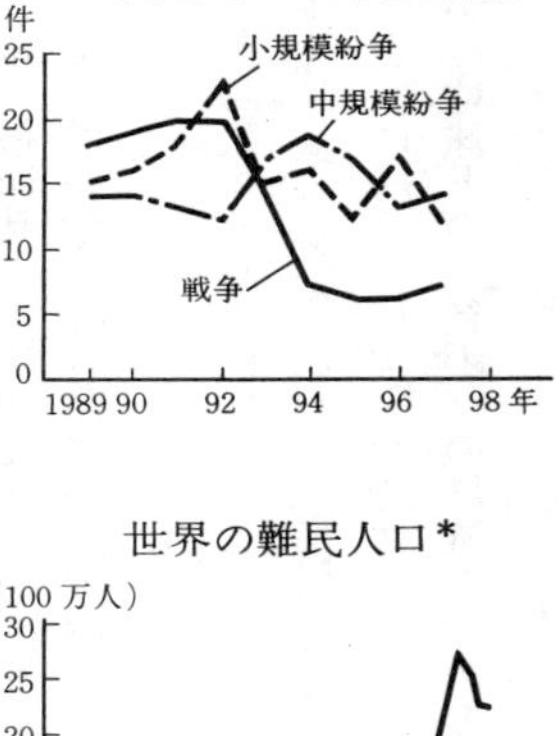

アジア，アフリカおよびヨーロッパにおける難民人口*

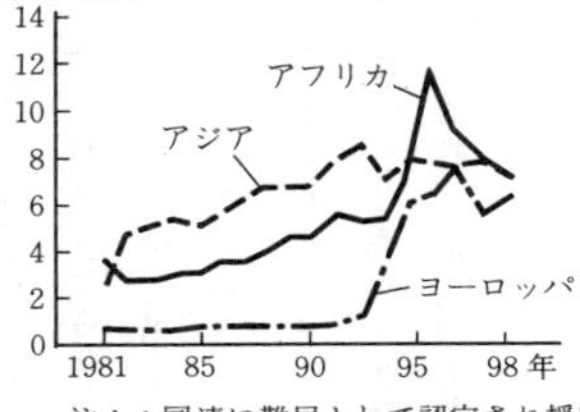

世界の難民人口*

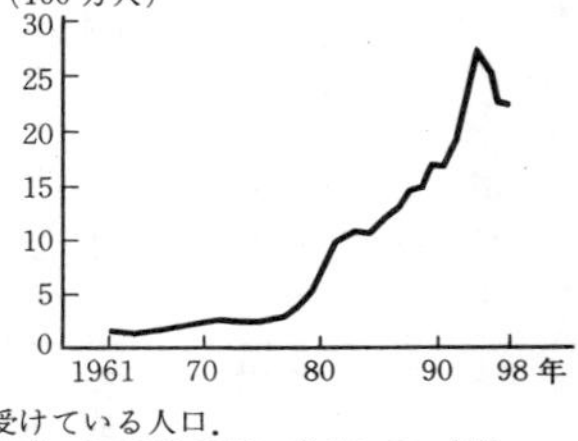

注：＊国連に難民として認定され援助を受けている人口．
出所：ワールドウォッチ研究所「地球データブック 1999-2000」ダイヤモンド社．

⑧軍縮と援助　現在、先進国は途上国に対して経済援助を行う一方、多くの先進国は被援助国に武器輸出を行っている。軍縮時代における〝政策矛盾〟である。他方、途上国の中には、国防費支出がGDP比でみて非常に高いにもかかわらず、保健・教育支出がきわめて低い国がある。これらの国は、武器輸入をすると同時に経済援助も受けているのが一般的である。

このような〝矛盾〟に対して、軍事支出や武器輸入との関係で経済援助を見直すべきだという声が国際的に存在する。①国連開発計画「人間開発報告」(一九九一年)において教育・医療支出が軍事費より少ない国への援助は打ち切るべし、②世銀・IMF合同会議で、過度の軍事支出を含む公的支出の再検討を(九一年)、③OECD閣僚理事会(九一年)は、援助に当って被援助国の過度の軍事支出の削減を、などと近年の国際機関が相次いで、この政策〝矛盾〟を改めるべきことを提案した。わが国でも、海部内閣時代から軍事支出や武器輸入と援助の関係を重視することが、援助決定の重要な基準になってきた(「政府開発援助大綱」(九二年六月)が閣議決定された)。

ただ、現実には、「過度の軍事支出」を認定することはむずかしく、各国を平等に取扱うことなど、問題が残されているが、〝二重標準〟や〝政策矛盾〟を放置すべきでない。

なお、援助と関連して、前項でのべたように紛争の根源をなくすことによって難民を救済すること、一般的経済援助もさることながら地球上の「貧困」の撲滅のための援助にもっと力を入れるべきである。

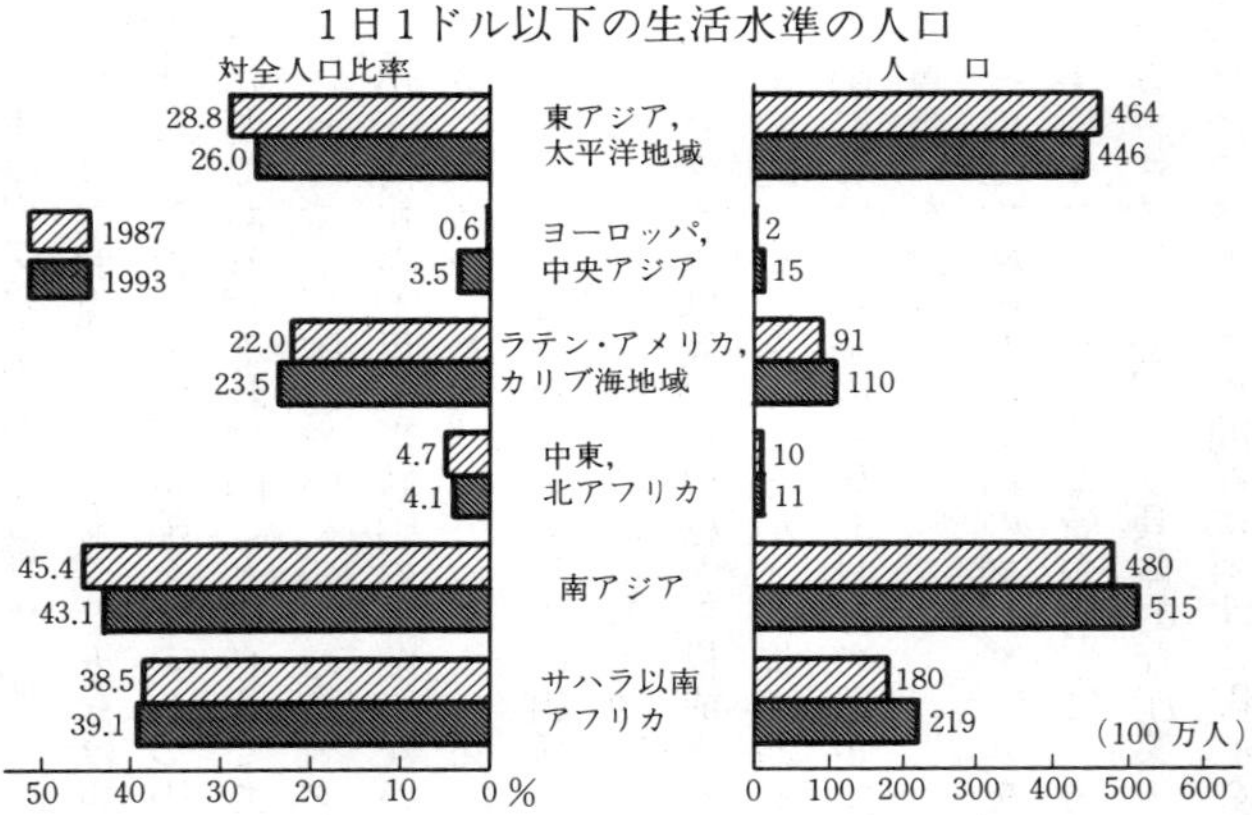

資料：World Bank「World Development Indicators」1998 により作成.

政府開発援助大綱(抜粋)

1992年6月30日
閣　議　決　定

我が国は，政府開発援助について，内外の理解を深めることによって幅広い支持を得るとともに，援助を一層効果的・効率的に実施するため，政府開発援助大綱を次のとおり定める.

1. 基本理念(略)
2. 原則

政府開発援助の実施に当たっては，国際連合憲章の諸原則(特に，主権，平等および内政不干渉)および以下の諸点を踏まえ，相手国の要請，経済社会状況，二国間関係等を総合的に判断のうえ，実施するものとする.

(1) 環境と開発を両立させる.
(2) 軍事的用途および国際紛争助長への使用を回避する.
(3) 国際平和と安定を維持・強化するとともに，開発途上国はその国内資源を自国の経済社会開発のために適正かつ優先的に配分すべきであるとの観点から，開発途上国の軍事支出，大量破壊兵器・ミサイルの開発・製造，武器の輸出入等の動向に十分注意を払う.

(以下，省略)

⑨**軍縮のプログラム**　軍縮は、何人《なんびと》によっても歓迎さるべきものである。しかし、全面軍縮への道はなお遠い。しかも、たとえば軍需からの民需転換にあたって、抵抗するグループも存在する。したがって、軍縮を確実かつ円滑に実施するためには、周到に準備されたプログラムが必要である。それは国ごとに必要であると同時に、国際協調もまた不可欠である。

これまでも、国連やいくつかの識者グループにより「軍縮プログラム」作成の試みがなされたが、情報の不足、当該国の無関心ないし非協力、あるいは国際協力の欠如によって、机上の空論に終わってきた。しかし、この間にも、たとえばＥＣＡＡＲ(「軍縮問題を考えるエコノミストの会」)のような民間レベルの組織やＳＩＰＲＩなどのグループによる「試案」づくりがつづけられてきた。国民感情に基く軍縮論も結構だが、理論的計画的軍縮論も大切である。

プログラムは幾つかの柱から構成されるであろう。第一は、軍縮の具体的目標(数量、時期)の国際的合意があることが大前提である。その上で、第二に、地球的規模の軍縮と整合的な個別国における軍縮の具体的目標の設定である。以上二つの作業のために、国際的な「目標設定委員会」を設ける。

その上で経済的な軍縮のプログラムを作成するが、それは、経済的なマクロ目標の設定とその実施のための整合的な資金(財政)、労働力配置、地域経済への配慮、武器輸出抑制などに関するプログラムと、より具体的な産業・地域レベルでの軍縮プログラムよりなる。経済学者・エコノミストのこの問題に対する関心の高まりが期待される。

軍縮のプログラムの作成

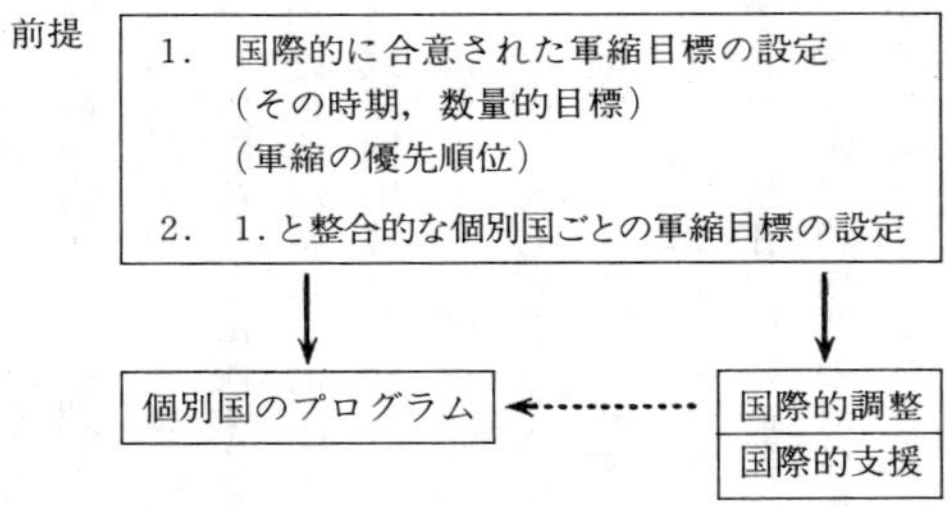

プログラムI. 軍縮実施関連プログラム

1. 軍縮監視
2. 兵器廃棄，処分．とくに核兵器，関連施設に注意

プログラムII. 軍縮の財政的プログラム

1. 軍事費の削減
（装備費，人件費，その他）
2. 関連費用の削減

プログラムIII. 軍事費の転用プログラム

1. 歳出削減（減税，負債償還）
2. 歳出振替え
（公共投資，福祉・教育計画，産業国際競争力強化）
3. マクロ経済に与える効果の測定

プログラムIV. 雇用（人員再配置）プログラム

1. 削減目標
（兵員，技術者，一般労働者，関連従事者）
2. 再教育，研修プログラム
3. 地域雇用プログラム

プログラムV. 海外経済協力プログラム

1. 被援助国の軍事費との関係
2. 援助目標の設定

⑩日本の教訓と役割　世界的な軍縮の動きに対して、日本が果すべき役割は大きい。第二次大戦に至るまでの、そして戦時中の苦い経験は反面教師としての良い教訓になるが、同時に、第二次大戦後の「平和憲法」の下での自由・民主・平和の理念の現実化――とくに著しい経済的発展は積極的な良い教訓となろう。

軍事との関わりでいえば、憲法のいう「国権の発動たる戦争と、武力による威嚇又は武力の行使は、国際紛争を解決する手段としては、永久にこれを放棄する」との精神にしたがい、①防衛力は自衛のための最小限にとどめ、近年GNPの一％程度以内に防衛費は抑えられてきた。②武器輸出は行わないとの原則を確立し、③また核兵器については生産、使用、持ち込みを厳重に禁止する原則を作り、このことを実行してきた。こうして日本に警戒感を抱きがちなアジア諸国に安心感を与え、アジア地域の安定と発展に寄与してきた。それはまた、アメリカのこの地域の安全保障に対する負担を軽減してきた。

しかし、海外には、いぜん日本の軍事力を〝不安〟の目でみる向きもある。その理由として、①日本自身が現在巨額の武器輸入(一九九四～九八年で計四〇億ドル、世界で八番目)を行っている。②日本の防衛費の対GNP比は一％以下と小さいが、絶対額としては圧倒的に大きく、アメリカ・ロシア・イギリスに次いでいる。③核開発やハイテク兵器開発で、技術的に軍事力強化の潜在力が大きい、などがあげられている。これらへの対応を明確にし、二度と再び軍事大国になってはならない。

十　主要国の経済動向

「米・欧・日の三極が大きな経済力を有するようになり、三極が共同して世界の経済運営に当たる、いわゆる共同運営体制の方向が強まるものとみられる」
（経済審議会・二〇一〇年委員会報告「二〇一〇年への選択」一九九一年）

①市場経済の諸形態　同じ市場経済といっても、歴史、伝統、文化などによって様々な形態がある。過度の単純化による弊害を恐れずにいえば、アングロ・アメリカ型、大陸欧州（またはライン）型、日本型が考えられ、多くのアジア諸国でも日本型市場経済の特徴がみられ、他方、中国は社会主義市場経済をめざしている。アングロ・アメリカ型の特徴は、市場の機能を重視し、供給者の自由な競争と需要者の選択の自由と自己責任が求められる。望ましい政府とは、市場に介入せず、公正で効率的なこと。その一方で、ボランティア活動などが盛んである。

これに対し、大陸欧州型、日本型では市場と社会の関係が重視され、取引を長期的関係でとらえる傾向がある。大陸欧州では労働者、地域社会が、日本では労働者、顧客が重視される。これらを反映して、企業は、米英では株主のものと考えられ、株主利益が最優先されるのに対して、大陸欧州、日本ではすべてのステークホールダー（利害関係者）のものとみられ、雇用が優先される。経済活動分野での国家（政治）権力も比較的大きい。

経済がグローバル化し、経済システムどうしの競争が激しくなったが、日本、大陸欧州諸国の変化への対応は緩慢なものだった。変化の時代にあっては、対応の速さが死命を制する。一九九〇年代の相対的な経済パフォーマンスは、規制緩和や行財政改革先進国としての米英経済の優位性を示唆しているが、アメリカなどにも貯蓄不足や外資依存の問題がある。今後、どういったシステムが優勢となるかは、長期的観点から労働生産性や社会的安定性がどうなるかによって決まってくるだろう。

株価指数の推移
（1990年＝100）

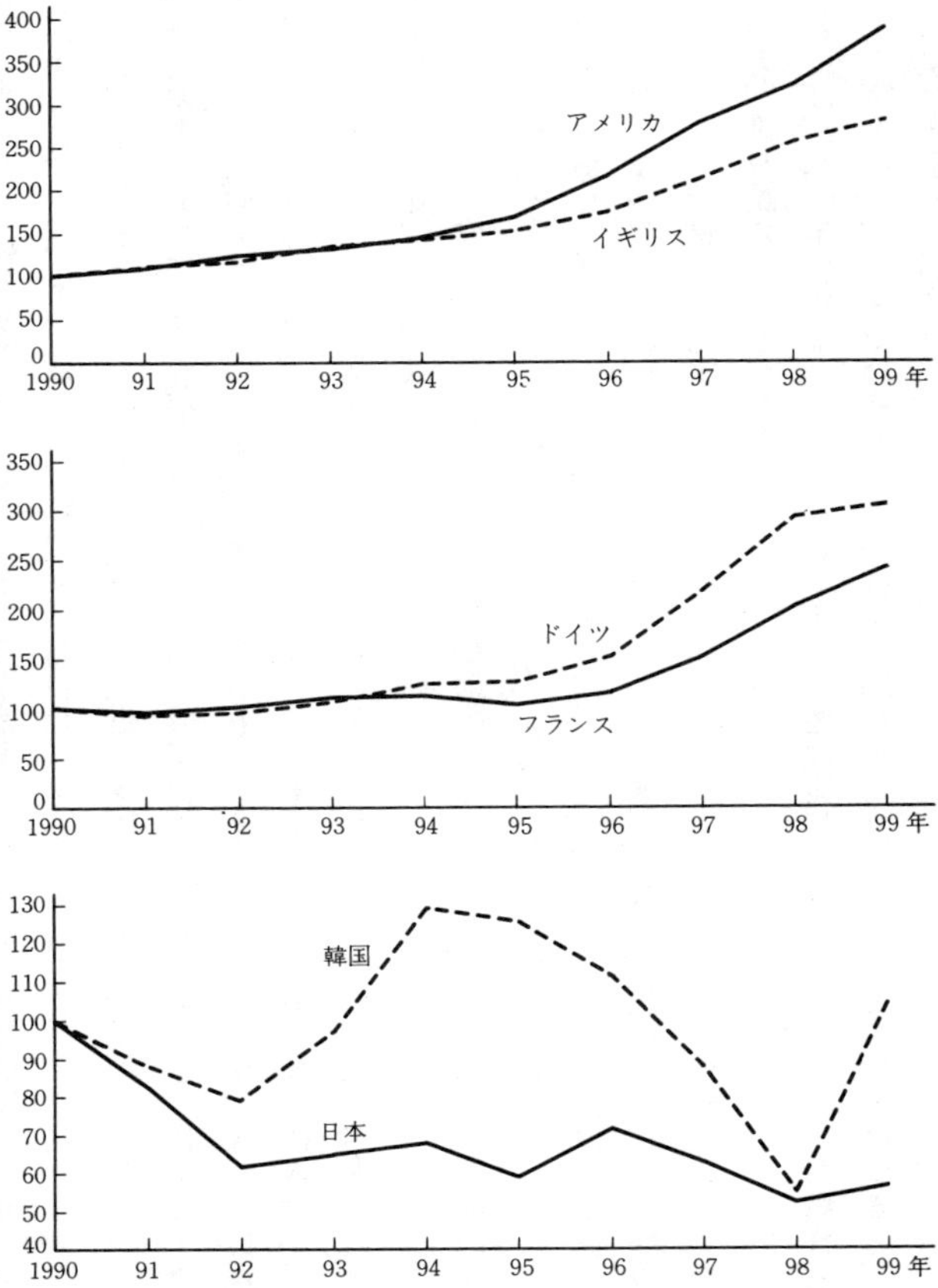

注：1999年は11月24日までの平均値．

②成長・インフレ・経常収支　ここでとりあげる主要国とは、OECD加盟国であり、その中でもいわゆるG7（日、米、英、仏、独、伊、加の七ヵ国）、その中でもとりわけG5（伊、加を除く）が中心である。これらの国は、先進国、先進工業国、主要先進国などと呼ばれているが、明確な基準があってそう範疇づけられているわけではない。GNP、とくにその一人当り水準とか貿易、投資の大きさなどから一般に判断されているが、一人当り所得をとれば産油国の一部にはG7より高いものがあり、貿易収支についてもアジアNIEsなどは成績がよい。ここでは、一般的にいわれる意味での先進国としたが、もちろん、良否の価値判断とは別箇である。対象期間も第二次大戦後、それも近年のところに限った。

これらの国の経済成長率は、おしなべて鈍化傾向にある。特に、一九九〇年代初めはマイナス成長に陥る国も多かった。循環的要因もあるが、総体的に〝冷戦疲れ〟であったり、〝冷戦終戦処理費の負担〟（とくにドイツ）のためであった。その後、二〇〇〇年に向けて各国とも景気は回復基調となった。ただし、日本経済は九〇年代を通して低迷が続いた。バブル崩壊後のバランス・シート調整や規制緩和などの構造改革が遅れたことが大きい。経済政策の失敗もあった。一方、絶好調のアメリカを含め、インフレはどこでも落ち着いている。

経常収支は、八〇年代になってから日独が黒字、他は概して赤字であったが、冷戦終焉後はドイツは赤字となり、いまではその他主要欧州諸国が黒字である。日本の黒字は大きく、アメリカの巨額な赤字と対照的で、目立っている。

実質経済成長率

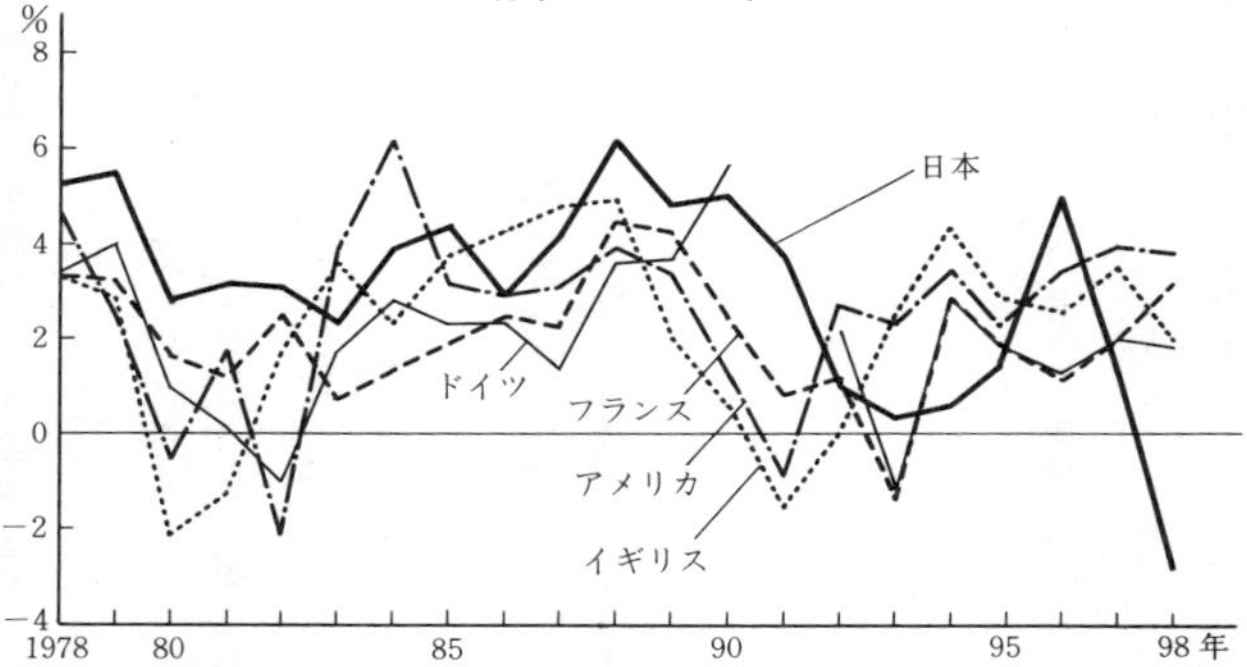

消費者物価の年平均成長率

(%)

	1960-73	73-79	79-89	89-98	1960-98
アメリカ	3.2	8.5	5.5	3.3	4.7
日本	6.2	9.9	2.5	1.5	4.7
ドイツ	3.3	4.6	2.9	2.5	3.2
フランス	4.6	10.7	7.3	2.2	5.7
イギリス	5.4	15.6	7.4	4.3	7.3
OECD	4.1	10.7	8.9	5.4	6.8

実質国内総生産の年平均成長率

(%)

	1960-73	73-79	79-89	89-98	1960-98
アメリカ	4.0	2.6	2.4	2.6	3.0
日本	9.7	3.5	3.8	2.1	5.4
ドイツ	4.3	2.4	2.0	3.4	3.2
フランス	5.4	2.7	2.1	1.9	3.3
イギリス	3.1	1.5	2.4	1.9	2.4
OECD	4.9	2.8	2.6	1.8	3.4

注：ドイツについては，1992年からは統一ドイツ，それ以前は西ドイツ．OECD合計は1995年までの平均．

資料：OECD「Historical Statistics 1960-95」1997, IMF「International Financial Statistics」1999. 9.

経常収支のGNP比率

(%)

	1960-73	73-79	79-89	89-98	1960-98
アメリカ	0.4	0.1	1.8	−1.5	−0.6
日本	0.5	0.3	1.9	2.4	1.3
ドイツ	0.6	1.0	−0.5	0.3	0.9
フランス	−0.3	0.4	−0.2	0.7	0.1
イギリス	0.0	−1.0	0.2	−1.3	−0.4

注：ドイツについては，1992年からは統一ドイツ，それ以前は西ドイツ．

資料：IMF「International Financial Statistics Yearbook」1990-98,「International Financial Statistics」1999. 9.

③雇用・生産性・一人当り所得　国際比較をする場合、マクロの数字としてしばしば一人当り所得とか生産性上昇率(ないし水準)が取りあげられる。経済の活力を示す重要な指標である。

しかし、実際には計測上むずかしい問題がある。たとえば所得比較をする場合には、為替の換算率をどうとるかという問題である。今日のように、一年間で幅のある変動をする場合、どの時点をとるのか、また平均だとどういう計算をするのか、方法によってかなり違ってくる。また為替市場でのレートをとるのか、購買力平価をとるのか。日本円の場合、一ドル＝一〇七・四五円(一九九三〜九七年平均)の為替市場レートに対して、購買力平価では一六〇〜一八〇円といわれている。一人当りGNPをみれば、前者の場合、日本はアメリカとそれほど変らないが、後者で計算すれば、日本はまだアメリカより低い。その上、時間当り、ということで調整すれば、生産性の水準は違ってくる。

しかし、概していえば、労働生産性の分母に当る人口ないし就業者の伸びは、フランス、ドイツでは日本より低く、一方、分子のGNP伸び率は日本が高いから、一人当り所得の伸び率＝労働生産性の伸び率も日本が高く、欧州諸国が低くなっている。ただ、その差は縮まってきている。

今後、日本の場合、就業人口も総人口も伸び率が大きく鈍化する。高い成長をつづけるためには、生産性の上昇をつづける以外にない。また、日本の平常時の労働時間は欧米にくらべて長く、これを短縮していかねばならないので、生産性上昇の必要はいっそう強まる。

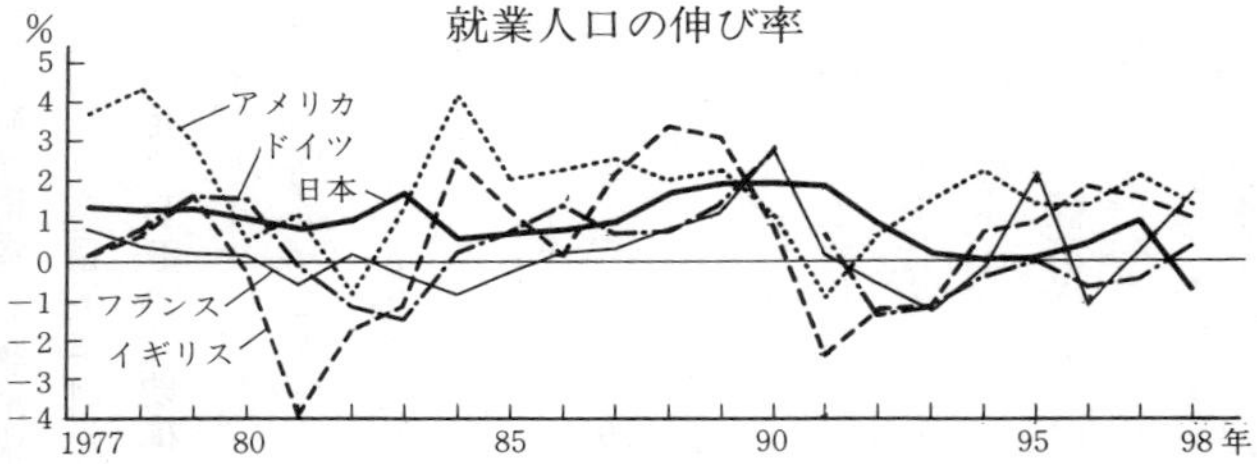

注：ドイツについては，1990年まで西ドイツ，91年から統一ドイツの数値．

労働生産性の国際比較(1993-97年平均)

	日本	アメリカ	ドイツ	フランス	イギリス	韓国
実際の為替レートを使用	100	81	144	103	76	32
購買力平価を使用	100	129	113	110	75	52

注：GDPを雇用者数で割ったもの．
資料：OECD「National Accounts, Main Aggregates 1960-1997」1999, IMF「International Financial Statistics Yearbook」1999.

就業人口の年平均伸び率

(%)

	1968-75	75-82	82-89	89-98	1968-98
日本	0.8	0.6	1.2	0.8	0.9
アメリカ	1.7	1.5	2.0	1.4	1.8
ドイツ	0.1	−0.3	0.3	0.2	0.2
イギリス	0.0	−0.8	1.2	0.6	0.3
フランス	0.7	−0.2	0.2	0.6	0.3
OECD	1.4	1.1	1.4	2.6	1.7

注：OECDについては1997年までの数値．
資料：OECD「Labour Force Statistics 1977-1997」1998，「Quarterly Labour Force Statistics」No.2, 1999.

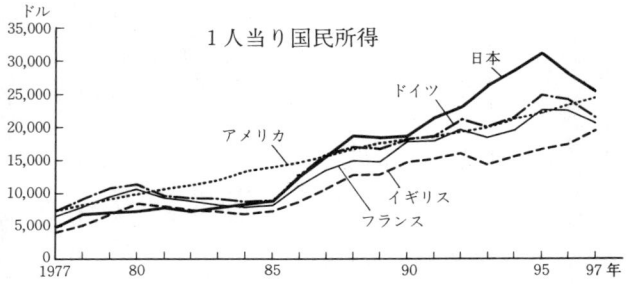

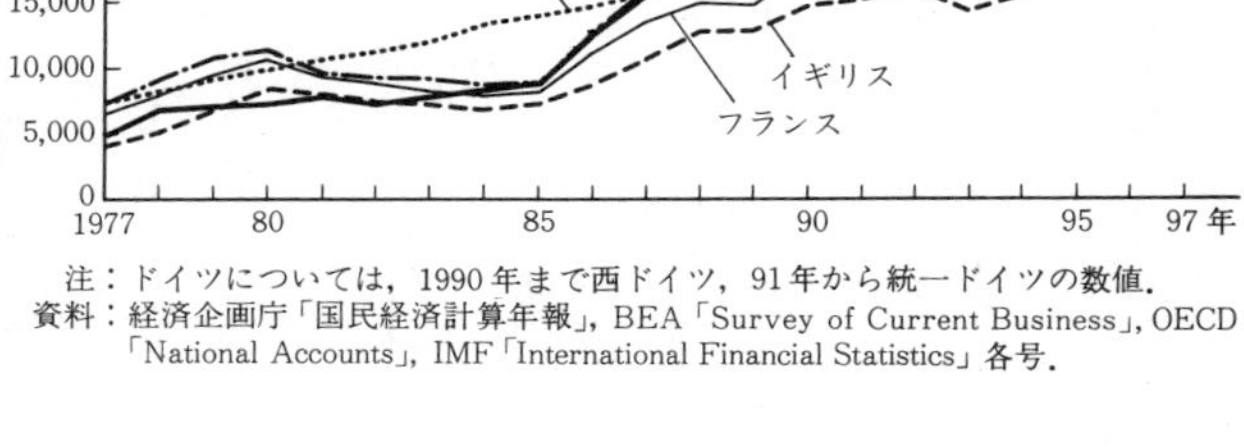

注：ドイツについては，1990年まで西ドイツ，91年から統一ドイツの数値．
資料：経済企画庁「国民経済計算年報」，BEA「Survey of Current Business」，OECD「National Accounts」，IMF「International Financial Statistics」各号．

④**経済構造**　「経済構造」とは幅広い概念で、統一的な学問的定義はない。定性的な解釈もあるし、定量的に計量することもできる。

いまGDPの需要構成でみると、アメリカ、イギリスは民間消費支出のウェイトが大きく、日本、ドイツ、フランスは小さい。対照的に日本の民間設備投資のウェイトは大きく、これが比較的高かった成長や輸出拡大を支えた。

OECD加盟国はいずれも市場経済であって、経済活動は民間の創意と工夫を中心に行われている。しかし、これらの国といえども、国防、景気調整、社会資本、社会保障の分野では、政府公共部門の役割も必須かつ重要である。政府支出のGDP比でみると、ヨーロッパ諸国が最も大きく、アメリカがこれに次ぎ、日本が最も小さい。しかし、社会資本投資ともいうべき政府支出中の総固定資本形成の対GDP比は、日本が最も大きい。これは社会資本の整備水準の引き上げに努力してきたあらわれである。最近では、景気対策による公共投資の積み増しを反映して上昇している。また、世界経済のグローバリゼーションを反映して、各国ともその輸出／GDP比率は上昇してきている。ただ、域内での市場統合が進んでいる結果、ヨーロッパ諸国の比率が日米より高い。

なお、経済構造を産業の構成でみると、いずれも第二次、第三次産業のウェイトが高く、就業ベースでみても所得ベースでみても第一次産業の割合は小さい。製造業は各国ともそのウェイトが低下し、サービス部門のそれは高まっている。

民間最終消費支出/GDP

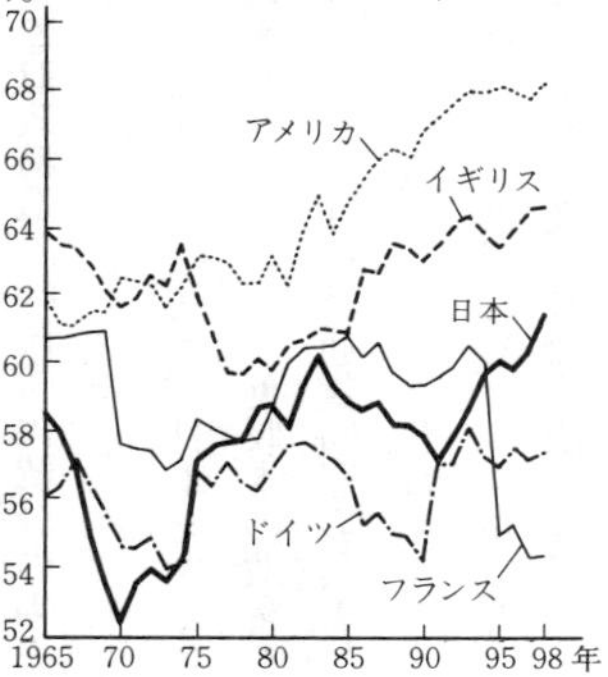

企業設備投資/GDP

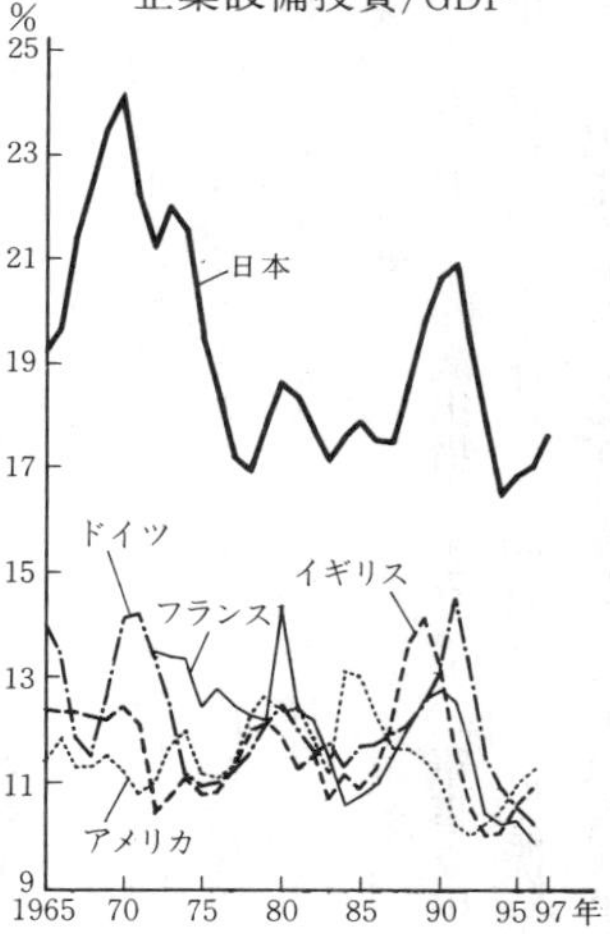

一般政府支出および一般政府
総固定資本形成の GDP 比率

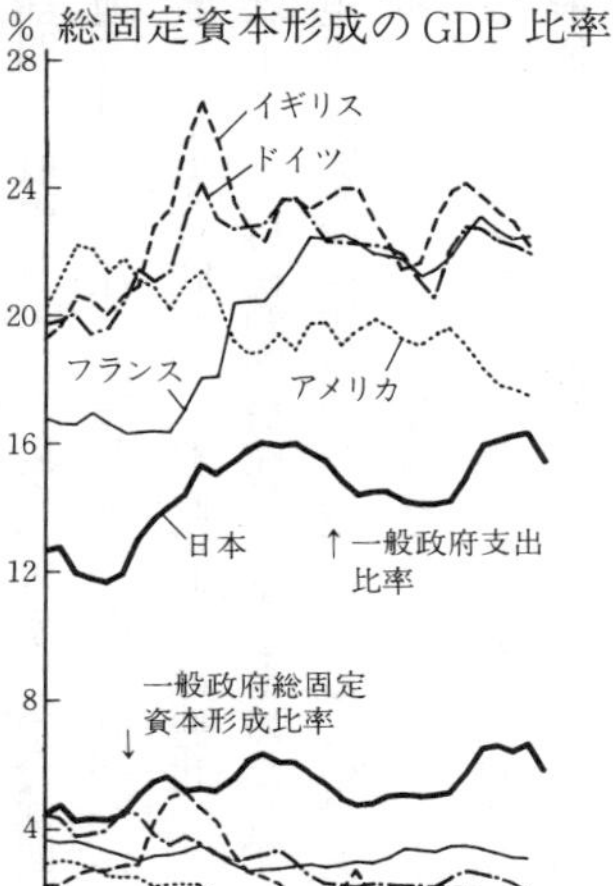

製造業比率

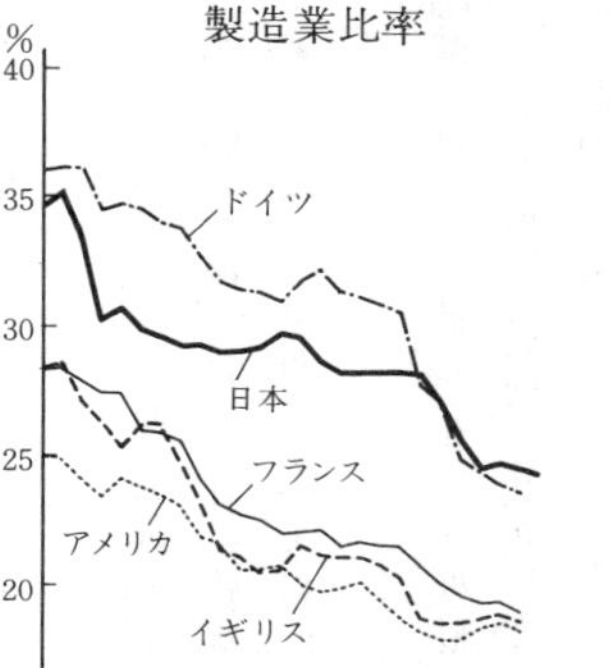

資料：OECD「National Accounts」各号,
「平成 11 年版 国民経済計算年報」.

⑤財政構造　国民所得統計の中で、政府部門（一般政府）という場合、企業（法人）部門、家計（個人）部門と並んで考えられ、中央政府、地方自治体、社会保障基金から成り立っている。

一九九〇年代初め、日本を除く各国とも景気後退を反映して一般政府収支は悪化したが、その後改善した。米・英収支の改善（黒字化）は主として持続的経済成長によるものだし、独・仏収支の改善は経済通貨同盟（EMU）の財政規律目標を満たすための努力によるものである。

日本の場合、八〇年代後半から九〇年代初めにかけて、一般政府収支は黒字となったが、その後の悪化が著しい。この間の景気低迷による税収減と景気支援策の継続による歳出増による。この結果、歳出の公債依存度が高まり、政府債務残高も急上昇している。もっとも、財政構造の健全、不健全性の度合は、その国の持続的成長力や国民貯蓄の大きさなどをも考慮して考えられるべきである。

国民負担率（租税および社会保障負担の対国民所得比）は日・米がそれぞれ四割弱、独・仏はいずれも五〇％を大きく上回りとくに社会保障負担が高い。今後、日本は社会資本の充実や高齢化社会への対応（年金、介護、医療などの充実）を考えれば、国民負担率はさらに上昇するであろう。

中央政府の主な歳出構成をみると、軍事支出は削減されたが、他の費用――保健、福祉、文化、教育など――はむしろ増額される可能性が強い。国民負担の軽減と関連して〝小さな政府〟が唱えられているが、果してそれは現実的な考え方かどうか。

一般政府収支/GNP

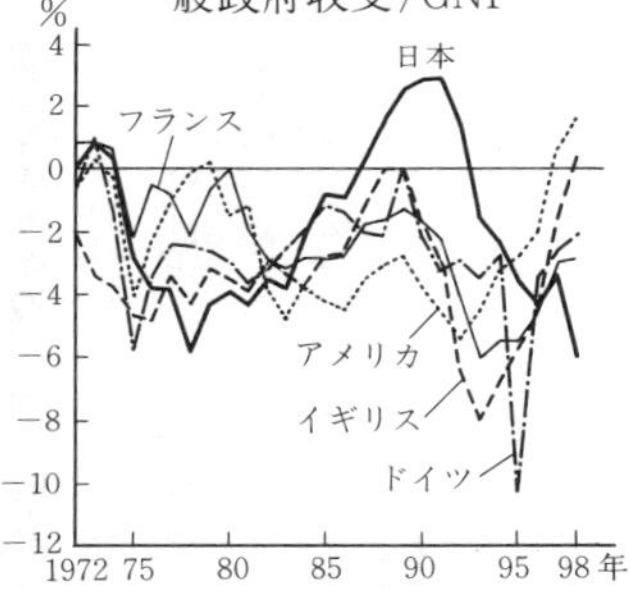

中央政府収支/GNP

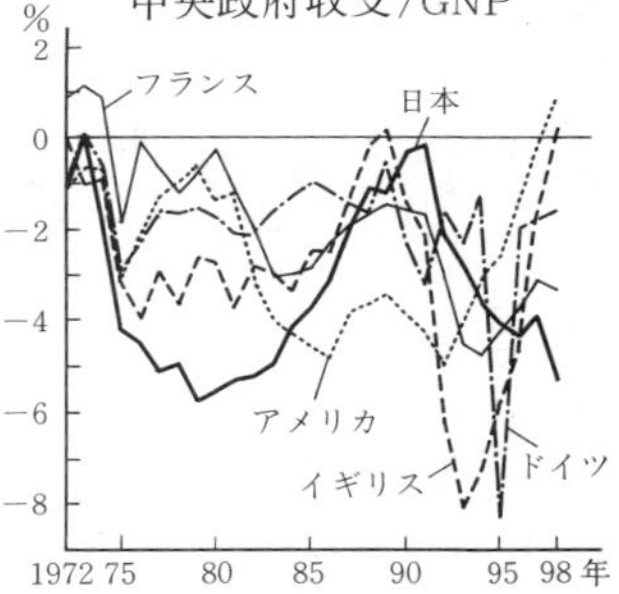

資料：OECD「National Accounts」,「Economic Outlook」June 1999.

歳入構成(対 GDP 比)

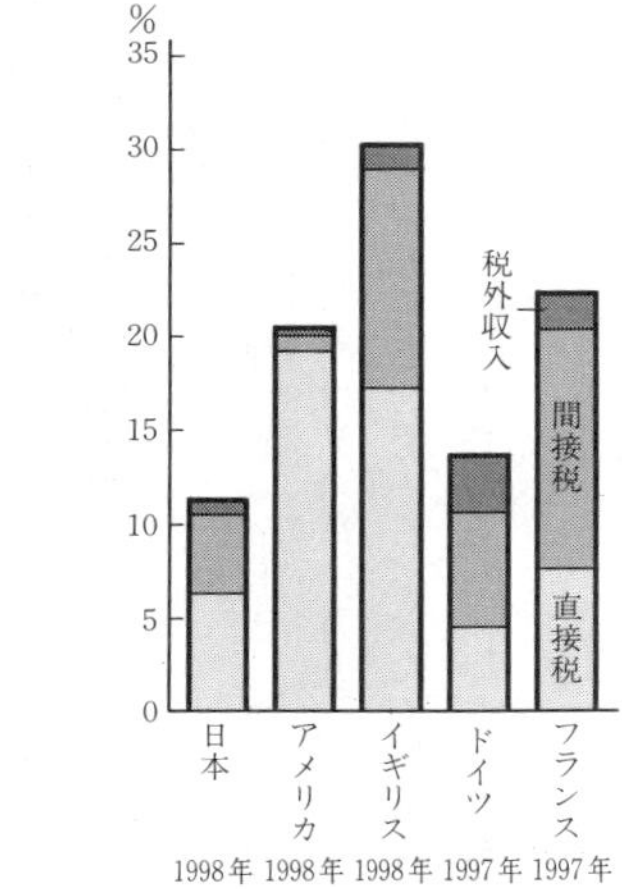

国民負担率(1997年,%) 37.1 35.3 46.9 55.7 60.2

注：国民負担率とは，国税＋地方税＋社会保障負担額の国民所得に対する比率.

資料：同右.

主要歳出構成(1998年)

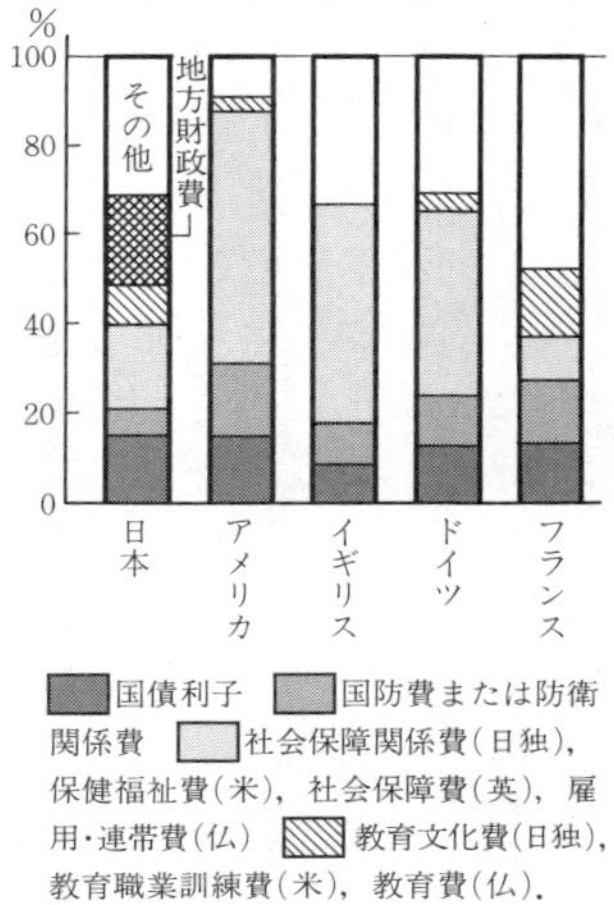

注：フランスは1997年.

資料：日本銀行国際局「国際比較統計1999」.

⑥国際収支構造　国際収支は対外取引の勘定を総括したものであるが、それはモノ（貿易）、サービス（貿易外）、カネ（資本）取引のほか贈与などの移転所得収支を含んでいる。その国の発展段階、特性に応じて、態様が異なっている。

貿易収支については、日本、ドイツ、フランスが黒字、貿易外収支、移転収支を加えた経常収支では日本、フランス、イギリスが黒字だが、ドイツは統合後一九九一年以来赤字から抜け出ていない。アメリカは貿易・経常収支の赤字を拡大させている。なお、経常収支は、理論的には国内貯蓄と国内投資の差に等しく、日本の場合は国内での過剰貯蓄または国内投資不足を意味している。

資本収支についてみると、日・独・仏・英の直接投資収支は基調として赤字、つまり対外投資が対内投資を上回っている。アメリカのみが時として大きな黒字を計上している。証券投資収支はそのときどきの内外経済情勢、金融環境によって大きな変動をくり返してきたが、ここでも最近のアメリカの黒字が目立つ。

なお、貿易について、商品別特化係数を用いて商品貿易の特徴をみることができる。日本の場合、輸出面で自動車、電機など機械、輸送用機器に特化しており、輸入面ではコメを除く食糧、原燃料に特化している。円高と輸入市場の開放で製品の輸入比率は八〇年代始めの三〇％以下の水準から、近年五〇％を超えるまでに上昇してきた。ただ欧州などの七〇〜八〇％と比べるとまだ低いが、今後アジア地域の工業化とともに高まることが期待される。

貿易収支

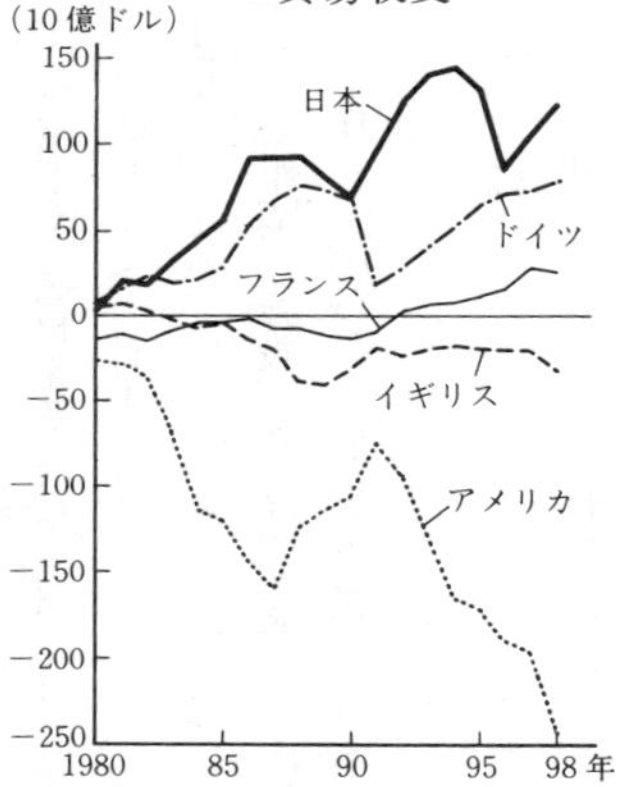

資料：IMF「International Financial Statistics」.

製品輸入比率

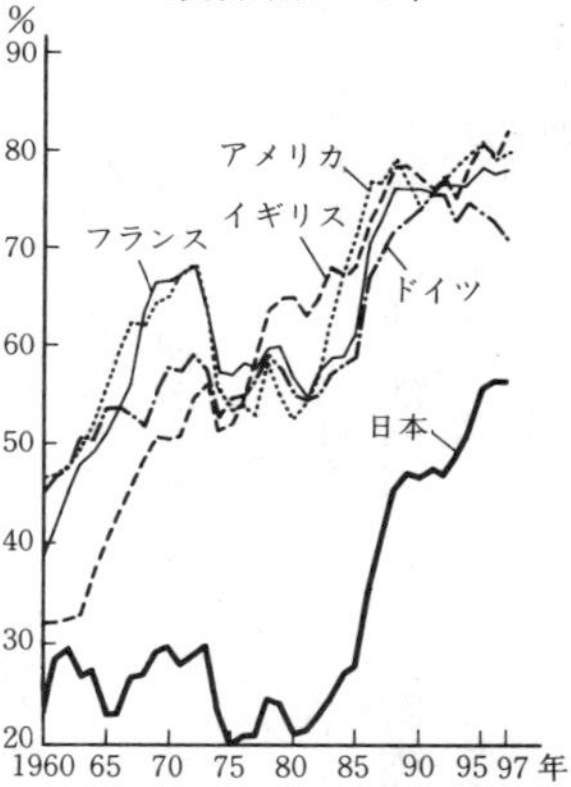

資料：日本銀行国際局「国際比較統計 1999」.

直接投資収支

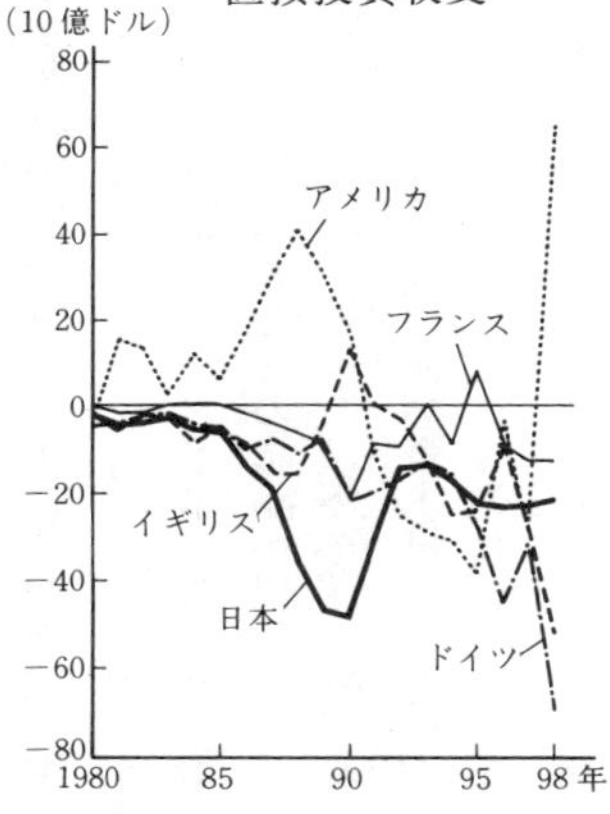

証券投資収支

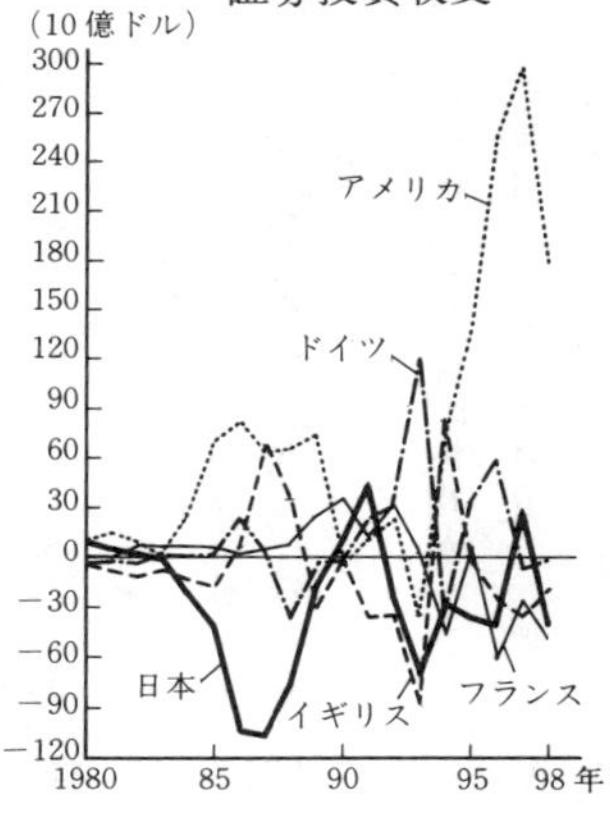

資料：IMF「International Financial Statistics」.

⑦社会資本・国民生活　社会資本は、生活および産業の物的基盤をなす公共的固定資本である。具体的には、日本では上・下水道、都市公園、道路、鉄道（地下鉄を含む）、港湾、空港、電話などとなっているが、国際的には、とくに途上国では発電設備なども含まれ、また最近日本では情報関連施設、教育関連施設、医療施設なども入れるべきだとの議論が出ている。

いずれも巨額の資本を必要とし、資本の懐妊期間も長い。したがって、公的資金が投入されることが多い。日本は他の先進国にくらべて第二次大戦後は多額の社会資本投資を行い、その伸び率も高い。しかし、戦前からの立ち遅れもあるし、整備水準としては欧米にくらべて低い。

元来、社会資本投資は長期展望の下で計画的に整備していくことが望ましい。イギリス、フランスなどは中期財政展望の下でプログラムを持ち、日本でも中期計画の中で社会資本の充実が図られ、関係各省がそれぞれ個別の長期計画の実施に当たっている。とはいえ、市場経済では景気変動が避け難いので、過熱のときは抑制の、低迷のときは刺激策の主役をつとめることが多い。最近は、何かと欧米から内需拡大の一環として社会資本投資の拡大を求められることが多い。その場合、適切に行われれば、「日本は社会資本の立ち遅れがみられるので、日本国民からも歓迎されるはずだ」（シュミット元西ドイツ首相）といわれる。

社会保障、国民生活の面で日本は欧米諸国の水準に近づいたが、休暇取得が少ないなど豊かさを十分享受するに至っていない。これも一部には生活関連社会資本の不足を反映しているのかもしれない。

主要国における社会資本，社会保障，国民生活の比較

	項　目	日　本	アメリカ	イギリス	ドイツ	フランス
社会資本	下水道普及率(%)	54 (95年度末)	71 (92)	96 (93)	90 (93)	78 (87)
	都市公園：1人当り面積(m^2)	全国 7.1 東京23区 2.9 (95年度末)	20.5 ニューヨーク (97)	25.6 ロンドン (82)	27.4 ベルリン (95)	11.8 パリ (94)
	道路：1万台当り高規格幹線道路延長(km)	0.98 (95年度末)	3.75 (93)	1.38 (93)	2.64 (94)	3.01 (94)
	鉄道：営業キロ(1996年，1,000 km)	20.2	203.9	16.7	40.8	31.9
	空港：主要空港の共用面積(1989年，ha)	580.1 成　田	7,204.6 ダラス・フォートワース	1,141.3 ロンドン・ヒースロー	1,203.3 フランクフルト・アム・マイン	3,104.2 パリ・シャルル・ドゴール
	病院：1,000人当り病床数(1990-97年のうち最近年，床/1,000人)	16.2	4.1	4.7	9.7	8.9
	電話普及率：100人当りの使用回線数(1995年，本)	48.8	62.6	50.2	49.3	55.8
	インターネット・ホスト数(1999年1月，万台)	169	3,049	142	132	49
社会保障	社会保障給付額の対GNP比(1997年，%)	12.1	7.9	5.9	14.3	18.7
	国民医療費の対GDP比(1997年，%)	7.3	14.0	6.7	10.4	9.9
	老齢年金額の平均賃金に対する比率(%)	43 (94)	48 (93)	43 (93)	31 (93)	—
国民生活	高等教育への進学率(%)	47.9 (97)	47.0 (95)	65.5 (95)	30.5 (95)	46.0 (95)
	休暇取得日数(日/年)	9.4 (96)	13.2 (95)	24.3 (96)	31.2 (96)	25.0 (92)
	持家世帯の割合(%)	60.8 (93)	59.7 (95)	65.9 (91)	38.8 (93)	54.3 (96)
	乗用車普及率(1996年，台/1,000人)	373	518	370	498	438
	パソコン保有率(1997年，台/100人)	20.2	40.7	24.2	25.6	—

注：表中の(　)内の数字は調査時点を示している．

資料：「建設白書 平成9年版」,「通信白書 平成11年版」，日本銀行国際局「国際比較統計1999」，運輸振興協会「海外運輸統計1998」，World Bank「World Development Indicators 1999」，その他．

⑧資産・その価格変動と景気　経済力を計る際に一番よく使われるのは、国民所得（または類似の国民総生産、国内総生産）である。これらはフローの概念だが、ストック（蓄積、国富）で計るべきだという議論もある。国の資産（国富）には、金融資産と物的固定資産があるが、一般的には所得の伸びが安定的で高ければ、その集積されたストックも大きくなるはずである。

これまで、多くの国で資産価格が大幅に変動し、それがマクロのフロー変数に大きな影響を与えてきた。古くは、一九二〇年代から三〇年代にかけて、アメリカにおいて株価の暴騰とその後の暴落があり、アメリカ経済はもとより世界経済が未曾有の不況に陥ったことがある。

最近でも、アメリカの株価上昇は伝統的な尺度からは正当化できない水準に達し、景気拡大が戦後最長を記録している。物価安定下の成長が続くから株価は上がるし、株価が上がるから成長が続く側面がある。株価が高すぎる、高すぎないは答えのない永遠のテーマであり、「資産価格バブルは、はじけて初めてバブルだったとわかる」のかもしれない。株式ばかりでなく土地、不動産を含めた資産ストックが蓄積されればされるほど、その価格変動の影響も大きくなる。

アメリカなどとは逆に、日本、スカンジナビア諸国、あるいは、アジア、中南米諸国などでは、一九〇年代、株価や地価の暴落が発生し、その結果、金融・経済危機が発生した。

資産価格バブルを抑制するには、基本的には適切なマクロ経済政策と金融システムの改善が必要だが、バブル崩壊に直面した時には迅速な対応が重要となる。

最近のアメリカの株価と
実質経済成長率

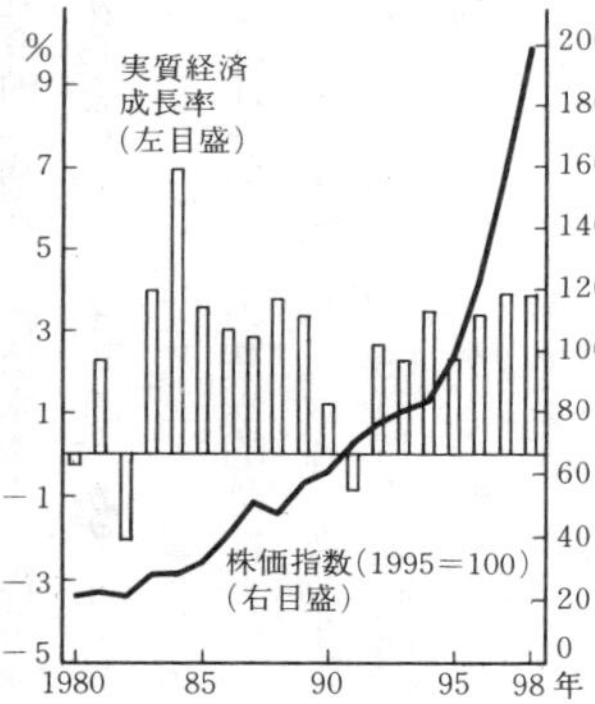

大恐慌(1929-32年)前後における
アメリカの株価と実質経済成長率

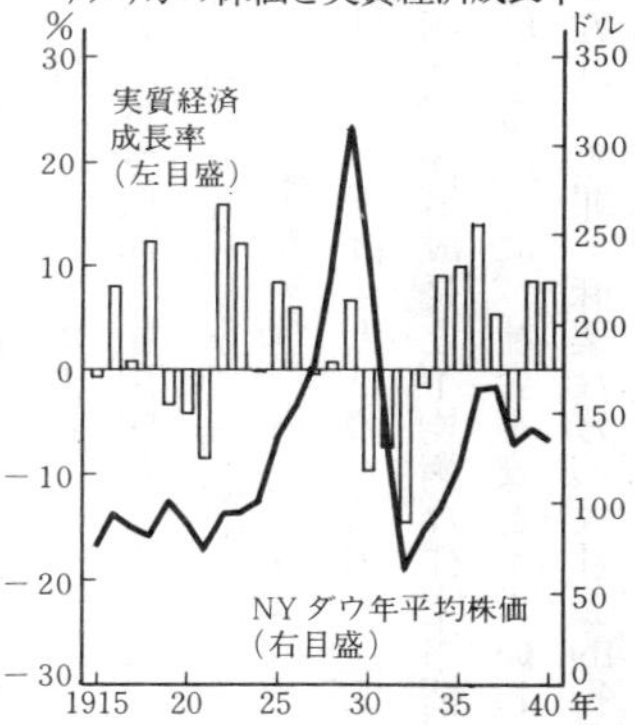

日本の株価と実質経済
成長率

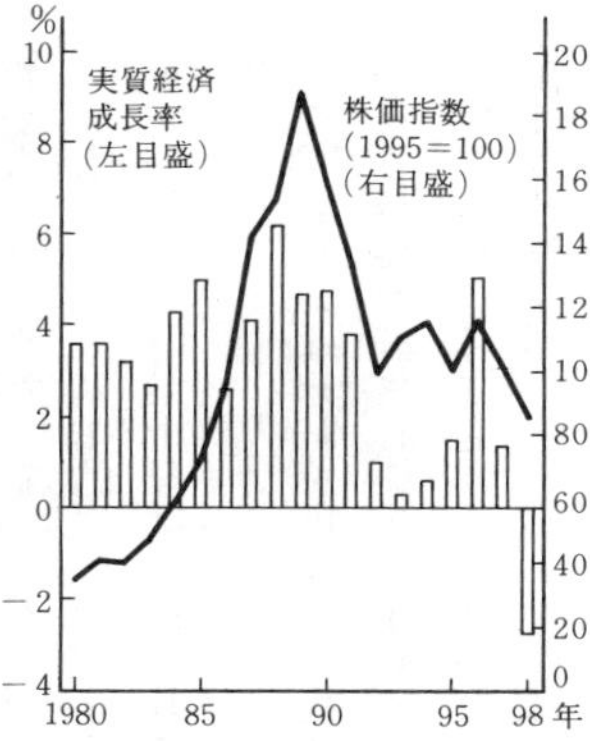

スウェーデンの株価と
実質経済成長率

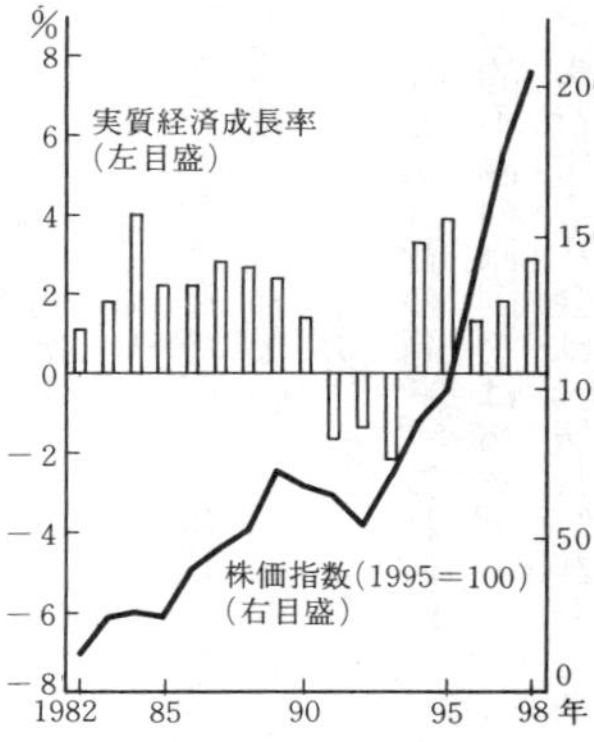

資料：IMF「International Financial Statistics」, その他.

⑨社会的〝病弊〟　経済水準――経済成長、国民所得、消費など――が高く経済活動が活発であるからといって、その社会が安定しているわけではない。もちろん、基本的には所得・消費水準が一定以上にあることが必要であり、また社会資本といった公共財が十分に供給されていることは社会的安定の基本的条件といってよい。

しかし、経済成長の〝マイナス効果〟もある。国によって、あるいはそれを構成する民族・階層などによって社会的慣習や価値観は異なるから、いかなる現象が好ましいか好ましくないか、判断はむずかしいが、一般に、つぎの点を〝マイナス〟と評価することができよう。

第一は、所得格差である。いかなる社会でも格差の存在は避け難いが、それが大きいほど不安定である。ただ、経済活力を鼓舞するためにはある程度の格差は容認される場合もある。

第二は、インフレである。インフレは常に一般消費者とくに低所得層を〝収奪〟する。一方、デフレも景気低迷と雇用悪化をともなうがために避けなければならない。

第三は、失業である。昔はいわゆる怠け者が失業することが多かったが、現代の失業者は「働く意志と能力を持つ人」がほとんどで、これらの人が職を得られないこと、あるいは十分に働けないことは「人材の不活用」「能力の放置」ということで、社会的な損失である。

第四は、経済成長と不均衡な住宅事情、社会資本、それと生計費の高さ。これらは、日本の場合にみるように、社会不安とまでいわなくとも、社会的不満の原因ではある。

第五は、犯罪、麻薬などの反社会的行為で、これらが盛行する社会は〝病む〟社会である。

日米の経済・社会指標比較

	アメリカ	日　本
成長率(%)	4.3	−2.1
(うち内需寄与)(%)	5.4	−2.6
インフレ率(%)	1.6	0.2
失業率(%)	4.5	4.3
所得格差[1](第1，第5分位比)	1:9.4	1:4.3
殺人事犯発生率(1996年，10万人当り)	7.4	1.0
住宅事情[2](取得費/年収)	3.5	5.6
労働時間(1997年，時間/週，製造業)	42.8	38.8
生計費(1998年12月，ニューヨーク＝100)	100(NY)	122(東京)

注：上段の数字はアメリカは1998年，日本は1998年度.
1) アメリカは1994年，日本は1997年.
2) アメリカは1994年，日本は1998年度.

資料：World Bank「World Development Indicators 1999」，「犯罪白書 平成10年版」，「国際比較統計1999」，住宅金融公庫資料，US Census Bureau「Historical Income Tables」，その他.

主要国の殺人・窃盗犯罪率，交通事故発生率

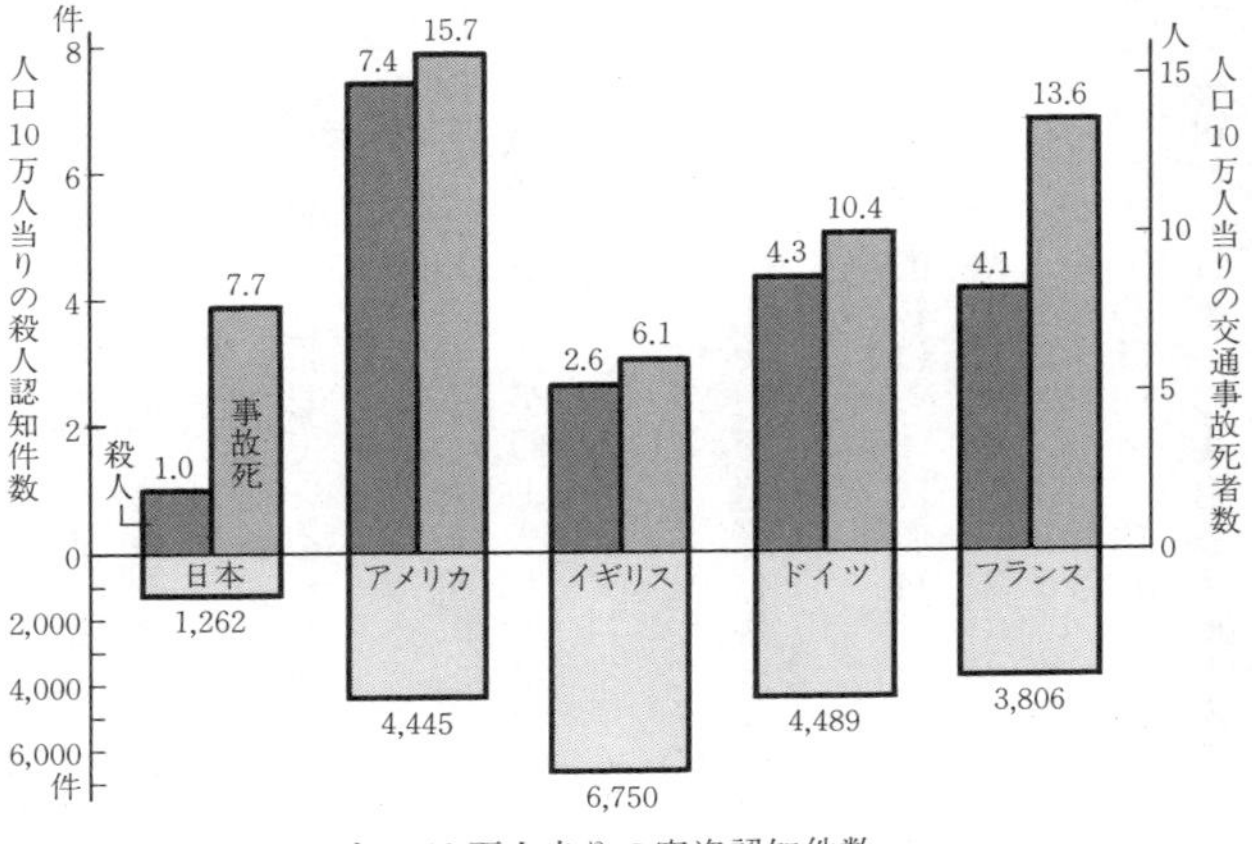

人口10万人当りの窃盗認知件数

注：殺人・窃盗はすべて1996年の数値を，交通事故は1997年の数値を使用.
資料：「犯罪白書 平成10年版」，IRF「World Road Statistics 1999」.

⑩世界の中の日本　日本経済は第二次大戦後、ゼロから出発し、その後、変動相場制への移行、二次にわたる石油危機、世界的同時不況などに見舞われたが、着実に発展してきた。九〇年代の景気低迷も早晩脱することができよう。今では国民総生産、貿易、経済協力などの経済指標をみると、世界のトップクラスの地位を占めるに至った。それだけに、今後どのように国際社会に対応していくか、日本人自らはもとより、世界が注目している。日本経済はつぎのような行動をとることが必要ではないか。

第一は、経済大国になったが、軍事大国を目指すといった過去の過ちを二度とくり返さないことである。冷戦が終わった今こそ、そのことを確認することが何よりも大事である。

第二は、国内経済を「整える」ことである。その意味は、インフレ(実質生活水準の切り下げ)もデフレ(失業、不完全雇用)もない持続的な安定成長をすること、そしてその過程で「生活の質」に重点を置く経済構造を作ることである。個人に社会的安定感を与えないかぎり、政治・経済の安定はえられず、国際社会への協力も期待できない。

第三は、経済力による国際社会への貢献である。具体的には、①国際経済と調和のある国際収支の確保と通貨の安定、②自由貿易体制の維持、③対外支援の強化。対ロシアだけでなく、新生の共和国、東欧の各国をも対象に加え、対外支援を、冷戦後にふさわしいやり方で行う。地域的にはアジアを重視し、形態的には資金援助、技術援助に加え、知的支援を行う。

このように「共生と平和」に貢献することが「新しい日本」の歩むべき道である。

あとがき

歴史は過去・現在・未来と切れ目なく流れていく。しかし、それは平坦でなく、絶えず変化している。変化はさざ波的なものもあれば、舞台が一回転するほど大きなものもある。

現在(二〇〇〇年)は、四十有余年つづいた冷戦体制が崩れ、新しい世紀を前にして「平和と共生」を模索している転換期である。

冷戦の終焉は、無条件に歓迎すべきことである。地球上の人類を何十回も殺戮するに十分な核兵器の脅威、外敵から身を守るという名目下での財政の膨脹と赤字化、体制を強化するための制限された自由、等々、その〝冷戦体制〟から人びとがいま解放され、新しい〝軍縮・平和・共生〟の時代が訪れる条件ができつつある。それを歓迎できない理由は何もない。

しかし、現実はそんなに甘くない。政治的に、私たちは世界各地で民族対立、地域紛争、テロをみているし、経済的にも「平和の配当」はまだ享受できず、むしろ冷戦時代にたまったツケを払わされ、また東西対立の下でそれぞれ陣営内の団結のために無理強いされた制約がなくなろうとしている中で、混迷・摩擦・不信が随所にみられる。しかも、今日の〝転換〟が未経験であるだけに、事態を改善・収拾すべき処方箋を書いた教科書をまだ私たちは持ち合わせない。われわれの前に大きな問題が解決を待っている。

第一に、人々の価値観は二〇世紀前半の〝熱い戦い〟と後半の〝冷たい戦い〟の終焉によって、「争いから平和へ」(シモン・ペレス)に移った。経済についていえば単なる所得や生産の増加でなく――それは依然基礎的な人間の欲求だが――、より〝質の高い生活〟を望むようになった。しかし、長年にわたって構築された政治・経済・社会の諸システムの転換は容易ではない。〝冷戦疲れ〟もある。加えて現実には民族紛争、宗教観の衝突が絶えず、動揺と不安が各地で続いている。冷戦終結による軍事費からの解放や、軍需から民需への転換は、一部の国を除いて進んでいない。武器の国際間取引は逆に増大している。「平和の配当」を確実にする方法を人々は模索している。

第二に、冷戦の終結とほぼ同時的に、かつて「指令経済」下にあった国を含めて、世界のほとんどの国が国内の自由化改革と対外的な開放政策を進め、市場経済が拡大・深化した。その結果、世界経済全体が「一つの市場経済」を形成しつつある。個人の自由な参加と公正な競争によって、市場経済は大多数の幸福と、最大の効率をもたらすはずであるが、現実には市場経済への移行に巧拙の差があり、また内外におけるセーフティネットの未整備によって、「勝者と敗者」の経済的格差が、社会的不平等を生んでいる。国民国家の変容によって、国際間の調整もむずかしくなった。我々はそれを改善する方法を、模索している。

第三に、情報通信の革新は、市場経済に構造的衝撃を与えている。従来の生産要素――労働力・土地・資本・技術——の性格を一変せしめ、産業構造を大きく変えている。これまでの空間的・時間的距離の観念は、それが死滅したといわれるほどに変化した。なかでも金融システム、物流システムに与えている影響は、まさに革命的である。

第四に、経済学・経済政策の領域が拡大している。従来、国際経済政策あるいは国際経済論といえば、マクロの成長・投資・貿易・産業構造、ミクロの多国籍企業論・生産性比較論に限られていた。それが最近、人口・環境問題に拡がりをみせ、また、人口移動の増大の一環としての難民・移民・外国人労働力の問題が登場してきた。エイズ・麻薬・犯罪なども問題が尖鋭化してきているが、これらもまた「経済」とは無縁でなくなってきている。

他方、日本経済もいま大きな〝転換期〟にきている。平成不況からはいずれ脱出するであろう。その後遺症がまだ幾分か残るという問題もあるが、もっと大きな〝構造転換〟をしなければならないという課題を背負っている。それは、一つには世界経済が冷戦の終焉とともにますます市場経済の下で〝一体化〟の傾向を強めようとしており、それへの適応が求められるとともに、積極的に平和経済の建設への寄与が求められていることとである。もう一つの課題は、国内において、経済成長の成果をより多く国民の〝生活の質〟の向上にふりむけるということである。これら二つの課題は、これまで冷戦体制下ということもあって十分に果せなかっただけでなく、日本経済自体にもそれに応える十分な条件がなかった。しかし、いまそれらの条件は整ってきた。どう対応するか。

本書は、以上のような冷戦終焉から新しい体制への転換期にある世界経済について、歴史的・総括的にポイントを整理し、問題に関心ある人びとの参考になれば、という趣旨でまとめたものである。

私はさきにやはり岩波書店から、同じ新書版の『日本経済図説』(一九八九年。九二年に第二版)を刊行した。本書はいわばそれと対《つい》をなすものであり、とりまとめの考え方、表現の形式(記述と図表を問題ごとに対照的に配置)も、基本的にそれと同じと考えていただいてよい。併せ読んでいただければ幸いである。

もとより、広範で、しかも刻々変化する世界経済である。私たちの認識に間違いもあろうし、遅れもあろう。私自身も十分注意し、柔軟に変化に対応したいが、読者も客観的に世界経済を観察し、自らの公平な世界経済観をもっていただきたい。本書がその手助けになれば、著者としてこんなに嬉しいことはない。

本書の旧版は、世界を駈けめぐりながら仕事をしていた友人の田谷禎三氏(当時大和総研理事)との緊密な協力作業の下でまとめられたものであった。この第二版ではより大きな協力を得るために、共著者になっていただき、とくに国際金融や情報通信革命について力添えをいただいた。氏の献身的な協力がなければ第二版は出来なかったであろう。なお、田谷氏はこの版の原稿が出来たとき、日本銀行政策委員会の審議委員に任命されたから、本書の誕生にとっては幸いであった。当然のことであるが、この第二版にのべられている氏の意見は個人の意見であって、日本銀行政策委員会の意見ではない。
最後に、本書の統計・文献整理など、根気と緻密さを必要とする多くの仕事をしていただいた本庄眞さん、西渕雅江さんと岩立佐津紀さん、河合美智子さんに心から感謝を表したい。そして、『日本経済図説』と同様、本書の旧版では岩波書店の坂巻克巳氏に、そしてこの第二版では早坂ノゾミさんに親切な教示と激励をいただいたことを、深甚な謝意をこめて記しておきたい。

二〇〇〇年正月

宮崎　勇

世界経済年表(第二次大戦後)

西暦	月	
1945	2	ヤルタ会談
	5	ドイツ，無条件降伏
	7	ポツダム宣言
	8	広島，長崎に原子爆弾．日本，無条件降伏
	10	国際連合成立
	11	連合国最高司令部「人権に関する五大改革」日本に指示
	12	ブレトンウッズ協定発効
1946	5	第1次吉田内閣
	6	国際復興開発銀行(世界銀行)業務開始
	11	日本国憲法公布
1947	3	IMF(国際通貨基金)発足
	3	トルーマン・ドクトリン宣言
	6	片山内閣．マーシャル・プラン発表
	7	日本，第1回経済白書発表(国も企業も家計も赤字)
	8	パキスタン独立，インド独立
	8	日本，民間貿易再開
1948	1	GATT(関税と貿易に関する一般協定)発足
	3	芦田内閣
	4	ソ連，ベルリン封鎖
	8	大韓民国樹立
	9	朝鮮民主主義人民共和国樹立
1949	3	ドッジ・ライン発表(「竹馬の足を切れ」)
	4	単一為替レート(1ドル＝360円)実施
	9	シャウプ税制勧告
	10	中華人民共和国成立
	11	COCOM(ココム)設立
1950	6	朝鮮戦争勃発
1951	3	イラン，石油国有化法案可決
	9	サンフランシスコ講和条約調印，日米安保条約調印

西暦	月	
1952	8	日本，IMF・世界銀行に加盟
1953	3	スターリン・ソ連首相死去
	7	朝鮮戦争休戦協定調印
1954	4	日本，ECAFE(アジア極東経済委)に加盟
1955	9	日本，GATT に加盟
1956	7	日本，経済白書「もはや戦後ではない」と宣言
	7	エジプト，スエズ運河国有化
	12	日本，国連加盟
1957	2	岸内閣
	10	ソ連，人工衛星打上げ
1958	1	EEC(ヨーロッパ経済共同体)発足
	7	イラクでクーデター
	9	フランス，第五共和制発足
1959	3	日本，「貿易自由化対策方針」決定
1960	1	日本，為替・貿易自由化措置
	7	中ソ国境紛争
	12	池田内閣，「国民所得倍増計画」発表
1961	1	アメリカ，キューバとの国交断絶
	9	OECD(経済協力開発機構)発足
1962	1	アメリカ，ケネディ大統領就任
	11	日中総合貿易(LT 貿易)協定調印
1963	1	日本，GATT 11 条国移行
	11	ケネディ米大統領暗殺さる
1964	4	日本，IMF 8 条国移行，OECD 加盟
	10	東海道新幹線開通，東京オリンピック開催
	11	第 1 次佐藤内閣
1965	6	日韓基本条約調印
	9	印パ戦争起こる
1966	8	中国，文化大革命始まる
	11	アジア開発銀行設立
1967	5	ケネディ・ラウンド妥結
	6	第 3 次中東戦争，スエズ封鎖
	6	資本取引自由化基本方針決定

西暦	月	
	7	EC(ヨーロッパ共同体)発足
	8	ASEAN 結成
	9	IMF 総会(SDR 創設)
1968	3	金プール停止，金の二重価格制採用
1971	6	沖縄返還協定調印
	8	アメリカ，金・ドル交換停止，10% 課徴金など新政策発表
	12	スミソニアン協定(1ドル=308円に)
1972	2	ニクソン米大統領訪中(「頭越し外交」)
	6	田中首相，「日本列島改造論」発表
	9	日中共同声明調印
1973	1	ベトナム和平．拡大 EC 発足
	2	日本，変動相場制に移行
	5	資本自由化(原則 100% 自由化)決定
	7	アフガニスタンでクーデター
	9	東京ラウンド宣言
	10	第4次中東戦争，第1次石油ショック(OPEC 原油価格 70% 引上げ)
1974	2	アメリカ，金利平衡税全廃
	5	シュミット，西ドイツ首相に．ジスカールデスタン，フランス大統領に
	8	ニクソン米大統領辞任
	9	フォード大統領就任
	12	三木内閣
1975	5	サイゴン政権降伏
	8	ヘルシンキ宣言(35ヵ国調印)
	11	初の主要先進国首脳会議(サミット)始まる(ランブイエ)
1976	1	ロッキード事件．中国，周恩来首相死去
	9	毛沢東主席死去
	10	アメリカ，カーター大統領当選
	12	福田内閣
1977	4	アメリカ，インフレ再燃
1978	8	日中平和友好条約調印
	12	第2次石油ショック．大平内閣

西暦	月	
	12	ソ連，アフガニスタン介入
1979	2	イラン革命（ホメイニ指導）
	3	EMS（ヨーロッパ通貨制度）発足
	5	イギリス，サッチャー首相登場
	6	東京サミット．一般消費税導入問題
	11	米・イラン経済断交
1980	6	大平首相急逝
	7	鈴木内閣
	9	イラン・イラク戦争勃発
1981	1	アメリカ，レーガン政権発足
	3	第 2 次臨調発足
	12	ポーランド紛争激化
1982	4	フォークランド紛争
	11	中曽根内閣
1983	11	レーガン大統領来日
	12	自民党，総選挙で大敗
1984	5	日米円ドル委員会発足（金融自由化明示）
1985	3	ソ連，ゴルバチョフ政権誕生
	9	プラザ合意（G5 でドル高是正）
1986	4	「前川リポート」発表
	5	東京サミット
	9	ウルグアイ・ラウンド（新多角交渉）宣言
	10	国鉄分割
	11	米ソ会談（レイキャビック）
1987	2	G5，ルーブル合意
	4	東芝ココム事件
	10	ウォール街の株価暴落（ブラックマンデー）
	11	竹下内閣
	12	米ソ，INF 廃止合意．G7，ルーブル合意再確認
1988	6	トロントで第 14 回サミット
	8	イラン・イラク戦争休戦
1989	1	昭和から平成へ改元
	1	アメリカ，ブッシュ政権発足

西暦	月	
	3	ブレイディ構想(累積債務処理問題)
	4	消費税実施
	6	宇野内閣
	6	中国,「天安門事件」
	9	海部内閣
	11	ベルリンの壁崩壊
	11	東欧支援12ヵ国会議
	12	マルタで米ソ首脳会談
	12	欧州復興開発銀行設立決定
1990	3	ゴルバチョフ,ソ連初代大統領に
	8	イラク軍,クウェート侵攻
	10	ドイツ再統一
1991	1	湾岸戦争(2月末終結)
	8	ソ連でクーデター未遂事件,ソ連邦解体
	10	カンボジア和平協定調印(パリ,19ヵ国)
	11	宮沢内閣
	12	ソ連邦に代わり「独立国家共同体」(CIS)発足
1992	2	EC加盟12ヵ国,欧州連合条約(マーストリヒト条約)調印
	3	国連カンボジア暫定統治機構(UNTAC)発足
	6	国連環境開発会議(リオデジャネイロ宣言)
	6	日本,「生活大国5ヵ年計画」発表
	8	日本,PKO協力法施行
	8	NAFTA(北米自由貿易協定)締結
	12	デンマーク,マーストリヒト条約否認
1993	1	アメリカ,クリントン大統領登場(民主党)
	1	EC市場統合
	3	フランス社会党,総選挙で敗北
	7	東京サミット
	8	細川内閣(非自民連立政権)
	9	カンボジア,新憲法採択
	11	マーストリヒト条約発効
	12	GATTウルグアイ・ラウンド最終協定
1994	1	NAFTA発効

西暦	月	
	4	羽田内閣(社会党連立政権より離脱)
	6	円高，戦後初めて1ドル100円突破
	6	村山内閣(自・社・さ体制)
	11	APEC首脳会議，ボゴール宣言採択
1995	1	WTO(世界貿易機関)発足
	1	阪神淡路大震災
	8	第2次村山内閣
	11	ボスニア・ヘルツェゴビナ，包括和平合意
1996	1	橋本内閣
	11	第2次橋本内閣
	11	クリントン大統領再選
1997	2	鄧小平氏死去
	5	イギリス，ブレア政権誕生
	7	香港，中国に復帰
	7	タイ，バーツ危機——アジア通貨危機の始まり
	12	金大中氏，韓国大統領に
1998	4	北アイルランド，和平合意
	5	インドネシア，スハルト大統領辞任
	5	インド・パキスタン核実験
	7	小渕内閣
	8	ロシア，経済危機
	12	米英軍，イラク空爆
1999	1	EU共通通貨「ユーロ」発足
	2	ヨルダン，フセイン国王死去
	3	ハンガリー，チェコ，ポーランド，NATO加盟
	3	NATO，ユーゴスラビア空爆(コソボ紛争)
	10	東チモール，インドネシアより独立
	12	マカオ，中国に返還

略語一覧

ACP　Asian, Caribbean and Pacific (Group of States)　アジア・カリブ・太平洋諸国(グループ)

ADB　Asian Development Bank　アジア開発銀行

AFTA　ASEAN Free Trade Area　アセアン自由貿易地域

APEC　Asian Pacific Economic Cooperation　アジア太平洋経済協力会議

ASEAN　Association of South-East Asian Nations　アセアン．東南アジア諸国連合

ASEM　Asia-Europe Meeting　アジア欧州会合

BIS　Bank for International Settlement　国際決済銀行

BOP　Balance of Payment　国際収支

CCD　Conference of Committee on Disarmament　軍縮委員会会議

CE　Council of Europe　欧州評議会

CER　Australia-New Zealand Closer Economic Relationship Treaty Agreement　オーストラリア・ニュージーランド経済協力緊密化協定

CIS　Commonwealth of Independent States　独立国家共同体

COCOM　Co-ordinating Committee for Export Control　ココム．対共産圏輸出統制調整委員会

CSIS　Center for Strategic and International Studies　米戦略国際研究センター

CTBT　Comprehensive Test-Ban Treaty　包括的核実験禁止条約

DAC　Development Assistance Committee　開発援助委員会

DOC　Department of Commerce　米商務省

EBRD　European Bank for Reconstruction and Development　欧州復興開発銀行

EC　European Community　欧州共同体(EUの前身)

ECAAR　Economists Allied for Arms Reduction　軍縮問題を考えるエコノミストの会

ECB　European Central Bank　欧州中央銀行

ECSC　European Coal and Steel Community　欧州石炭鉄鋼共同体

ECU　European Currency Unit　ヨーロッパ通貨単位

EEA　European Economic Area　欧州経済領域

EEC European Economic Community 欧州経済共同体
EFTA European Free Trade Association 欧州自由貿易連合
EMI European Monetary Institute 欧州通貨機構
EMS European Monetary System ヨーロッパ通貨制度
EMU Economic and Monetary Union 経済・通貨同盟
ERM exchange rate mechanism 欧州為替相場メカニズム
ESA Employment Standards Administration 米労働基準局
ESCAP Economic and Social Commission for Asia and the Pacific エスカップ．国連アジア太平洋経済社会委員会
EU European Union 欧州連合
EURATOM European Atomic Community ユーラトム．ヨーロッパ原子力共同体
FAO Food and Agriculture Organization of the United Nations 国連食糧農業機関
FTAA Free Trade Area of the Americas 米州自由貿易圏構想
GATT General Agreement on Tariffs and Trade ガット．関税と貿易に関する一般協定
G7 Group of seven countries 主要7ヵ国
IBRD International Bank for Reconstruction and Development 国際復興開発銀行
ICBM Intercontinental Ballistic Missile 大陸間弾道ミサイル
IEA International Energy Agency 国際エネルギー機関
INF Intermediate-range Nuclear Force 中距離核戦力
IMF International Monetary Fund 国際通貨基金
MERCOSUR メルコスール．南米南部共同市場
MFN Most-Favored-Nations 最恵国
MTN Multi-national Trade Negotiations 多国的貿易交渉
NAFTA North America Free Trade Agreement 北米自由貿易協定
NATO North Atlantic Treaty Organization 北大西洋条約機構
NGO Non-Governmental Organization 非政府団体
NIEs Newly Industrializing Economies 新興工業経済地域
NIRA National Institute for Research Advancement 総合研究開発機構
NIS New Independent States 新独立国家群
ODA Official Development Assistance 政府開発援助
OECD Organization for Economic Cooperation and Development 経済

協力開発機構

OPEC Organization of Petroleum Exporting Countries 石油輸出国機構

PKO United Nations Peacekeeping Operations 国連平和維持活動

SDR Special Drawing Rights IMF の特別引き出し権

SIPRI Stockholm International Peace Research Institute ストックホルム国際平和研究所

SLBM Submarine-launched Ballistic Missile 潜水艦発射弾道ミサイル

START Strategic Arms Reduction Treaty 戦略兵器削減条約

UNCTAD United Nations Conference on Trade and Development 国連貿易開発会議

UNEP United Nations Environment Program 国連環境計画

UNESCO United Nations Educational, Scientific and Cultural Organization 国連教育科学文化機関

UNFPA United Nations Fund for Population Activities 国連人口活動基金

UNHCR Office of the United Nations High Commissioner for Refugees 国連難民高等弁務官事務所

USDA United States Department of Agriculture 米農務省

USTR The United States Trade Representative 米国通商代表

WHO World Health Organization 世界保健機関

WTO World Trade Organization 世界貿易機関

宮崎　勇

1923年 佐賀県に生まれる
1947年 東京大学経済学部卒業
経済安定本部に入る
経済企画庁事務次官，大和総研理事長などを経て，経済企画庁長官(1995-96年)
現在 ― 大和総研特別顧問
著書 ―『日本経済図説 第二版』(岩波新書)
『軍縮の経済学』(岩波新書)
『人間の顔をした経済政策』(中央公論社) ほか

田谷禎三

1945年 埼玉県に生まれる
1967年 立教大学社会学部卒業
1977年 カリフォルニア大学(UCLA)経済学部博士課程修了，国際通貨基金を経て
1983年 大和証券入社，のち大和総研常務理事
現在 ― 日本銀行政策委員会審議委員
著書 ― *The Functioning of Floating Exchange Rate: Theory, Evidence and Policy Implications* (共編著, Ballinger Publishing Co.) ほか

世界経済図説 第二版　　岩波新書(新赤版)657

2000年2月18日　第1刷発行

著　者　宮崎《みやざき》　勇《いさむ》　田谷禎三《たやていぞう》

発行者　大塚信一

発行所　株式会社 岩波書店
〒101-8002 東京都千代田区一ツ橋 2-5-5

電　話　案内 03-5210-4000　営業部 03-5210-4111
新書編集部 03-5210-4054

印刷製本・法令印刷　カバー・半七印刷

ISBN 4-00-430657-4　　Printed in Japan

岩波新書創刊五十年、新版の発足に際して

岩波新書は、一九三八年一一月に創刊された。その前年、日本軍部は日中戦争の全面化を強行し、国際社会の指弾を招いた。しかし、アジアに覇を求めた日本は、言論思想の統制をきびしくし、世界大戦への道を歩み始めていた。出版を通して学術と社会に貢献・尽力することを終始希いつづけた岩波書店創業者は、この時流に抗して、岩波新書を創刊した。

創刊の辞は、道義の精神に則らない日本の行動を深憂し、権勢に媚び偏狭に傾く風潮と他を排撃する驕慢な思想を戒め、批判的精神と良心的行動に拠る文化日本の躍進を求めての出発であると謳っている。このような創刊の意は、戦時下においても時勢に迎合しない豊かな文化的教養の書を刊行し続けることによって、多数の読者に迎えられた。戦争は惨澹たる内外の犠牲を伴って終わり、戦時下に一時休刊の止むなきにいたった岩波新書も、一九四九年、装を赤版から青版に転じて、刊行を開始した。新しい社会を形成する気運の中で、自立的精神の糧を提供することを願っての再出発であった。赤版は一〇一点、青版は一千点の刊行を数えた。

一九七七年、岩波新書は、青版から黄版へ再び装を改めた。右の成果の上に、より一層の課題をこの叢書に課し、閉塞を排し、時代の精神を拓こうとする人々の要請に応えたいとする新たな意欲によるものであった。即ち、時代の様相は戦争直後とは全く一変し、国際的にも国内的にも大きな発展を遂げながらも、同時に混迷の度を深めて転換の時代を迎えたことを伝え、科学技術の発展と価値観の多元化は文明の意味が根本的に問い直される状況にあることを示していた。

その根源的な問は、今日に及んで、いっそう深刻である。圧倒的な人々の希いと真摯な努力にもかかわらず、地球社会は核時代の恐怖から解放されず、各地に戦火は止まず、飢えと貧窮は放置され、差別は克服されず人権侵害はつづけられている。科学技術の発展は新しい大きな可能性を生み、一方では、人間の良心の動揺につながろうとする側面を持っている。溢れる情報によって、かえって人々の現実認識は混乱に陥り、ユートピアを喪いはじめている。わが国にあっては、いまなおアジア民衆の信を得ないばかりか、近年にいたって再び独善偏狭に傾く惧れのあることを否定できない。

豊かにして勁い人間性に基づく文化の創出こそは、岩波新書が、その歩んできた同時代の現実にあって一貫して希い、目標としてきたところである。今日、その希いは最も切実である。岩波新書が創刊五十年・刊行点数一千五百点という画期を迎えて、三たび装を改めたのは、この切実な希いと、新世紀につながる時代に対応したいとするわれわれの自覚とによるものである。未来をになう若い世代の人々、現代社会に生きる男性・女性の読者、また創刊五十年の歴史を共に歩んできた経験豊かな年齢層の人々に、この叢書が一層の広がりをもって迎えられることを願って、初心に復し、飛躍を求めたいと思う。読者の皆様の御支持をねがってやまない。

（一九八八年一月）